暨南大学港澳台侨学生使用教材资助项目

梁玉霞　蒋训毅◎编著

中国刑事诉讼法教程

CHINA CRIMINAL
PROCEDURE LAW COURSE

暨南大学出版社
JINAN UNIVERSITY PRESS

中国·广州

图书在版编目（CIP）数据

中国刑事诉讼法教程/梁玉霞，蒋训毅编著．—广州：暨南大学出版社，2020.12
ISBN 978-7-5668-3003-6

Ⅰ.①中… Ⅱ.①梁…②蒋… Ⅲ.①刑事诉讼法—中国—教材 Ⅳ.①D925.2

中国版本图书馆 CIP 数据核字（2020）第 203800 号

中国刑事诉讼法教程
ZHONGGUO XINGSHI SUSONGFA JIAOCHENG
编著者：梁玉霞　蒋训毅

出 版 人：张晋升
责任编辑：付有明
责任校对：张学颖　陈皓琳
责任印制：周一丹　郑玉婷

出版发行：暨南大学出版社（510630）
电　　话：总编室（8620）85221601
营销部（8620）85225284　85228291　85228292　85226712
传　　真：（8620）85221583（办公室）　85223774（营销部）
网　　址：http：//www.jnupress.com
排　　版：广州市天河星辰文化发展部照排中心
印　　刷：佛山市浩文彩色印刷有限公司
开　　本：787mm×1092mm　1/16
印　　张：15.75
字　　数：287 千
版　　次：2020 年 12 月第 1 版
印　　次：2020 年 12 月第 1 次
定　　价：48.00 元

前　言

刑事诉讼法是一个有着悠久历史的法律部门。中华人民共和国于1979年制定了第一部《刑事诉讼法》，1996、2012年进行过两次比较大的修改。2018年《全国人民代表大会常务委员会关于修改〈中华人民共和国刑事诉讼法〉的决定》已由中华人民共和国第十三届全国人民代表大会常务委员会第六次会议于10月26日通过。

本书根据最新修改的《刑事诉讼法》，吸收近年来国家立法、司法机关颁发的各种有效的法律文件以及司法改革的成就，经过认真梳理分析而成。本书强调通用性、系统性、新颖性，注重理论解说，具有文字简明通俗、内容全面充实、知识新颖实用、体例生动活泼的特点。

本书由暨南大学港澳台侨学生使用教材资助项目提供出版资助，可作为高等学校法学专业港澳台侨学生的教科书，也可作为各高等学校内地学生、法律工作者、社会读者的参考书。

本书的出版得益于暨南大学出版社的大力支持，在此表示衷心的感谢！

梁玉霞
2019年8月于广州

目　录

第一章 刑事诉讼法概述

第一节 刑事诉讼的概念和特征

一、刑事诉讼的概念

刑事诉讼，就是解决有关犯罪与刑罚方面争议的诉讼形式，具体是指国家专门机关在当事人及其他诉讼参与人的参加下，依照法律规定的程序，追诉犯罪，解决被追诉人刑事责任的活动。刑事诉讼有广义和狭义之分。狭义的刑事诉讼指起诉到审判期间的诉讼程序，即以审判为中心的诉讼活动。广义的刑事诉讼还包括侦查程序和执行程序。我国刑事诉讼采广义说，其过程包括立案、侦查、起诉、审判和执行五个阶段。

二、刑事诉讼的特征

1. 刑事诉讼由多个国家专门机关主导进行

在我国，国家专门机关包括公安机关、人民检察院、人民法院和司法行政机关等，可以合称为公安司法机关。公安司法机关主持刑事诉讼的进行，在多数情况下，推动并决定刑事诉讼的进程。这一点不同于民事诉讼和行政诉讼，后两者基本上是当事人启动并推动程序。差别主要是公权力比重的大小。

2. 刑事诉讼是实现国家刑罚权的活动

刑罚权是国家对犯罪者施加刑事处罚的国家权力。刑事诉讼的中心内容是查明犯罪是否发生、犯罪嫌疑人或被告人是否实施了犯罪、应如何适用法律给予惩治，也就是通过追诉、审判犯罪，解决犯罪嫌疑人、被告人的刑事责任问题，从而确定并实现国家的刑罚权。

3. 刑事诉讼必须有被追诉人和其他诉讼参与人的参加

刑事诉讼要解决犯罪嫌疑人、被告人的刑事责任问题，就必须要有被追诉者参加，这既是查证犯罪、追究犯罪的需要，也是保障辩护权的需要和诉讼民主的要求。同时，为了确保程序和实体的公正，被害人、证人、鉴定人、翻译人员、辩护人、代理人等，根据需要也都要参加诉讼。

4. 刑事诉讼必须依照刑事诉讼法定程序进行

刑事诉讼不仅涉及国家的稳定和社会的秩序，而且关系到公民人身、财产等重大权益。由于诉讼涉及的利益的重大以及诉讼针对的社会冲突的尖锐性，依法进行诉讼就具有更为突出的意义。严格的程序，可以防止公权力的滥用，确保公民的合法权利不受侵害。依照法定程序，还有助于实现刑事诉讼的公正与效率。

第二节　刑事诉讼的理论范畴

一、刑事诉讼目的

刑事诉讼目的，是指立法者预先设定的、进行刑事诉讼所要达到的具体目标。刑事诉讼是控、辩、审三方共同活动的过程，各方在诉讼中有不同的利益追求，立法者根据占社会主导地位的价值观念对诉讼各方的直接利益及其所反映的潜在利益的权衡，使各方在诉讼中的活动受到统一的目的制约，任何一方都不得毫无限制地追求本方的利益，为自己的诉讼需要而不择手段。因此，刑事诉讼目的与控、辩、审中某一方参加刑事诉讼的目的是不同的，它们之间是包容与被包容的关系。

关于刑事诉讼目的的学说，在日本有实体真实说与正当程序说，前者主张刑事诉讼的目的就是要发现案件的实体真实，对犯罪予以查究和处罚；后者认为刑事诉讼的目的重在维护正当程序，也就是强调对刑事诉讼程序的严格遵守，以保障诉讼中的人权不受侵犯。当然，多数学者认为，实体真实与正当程序应当兼顾，共同构成刑事诉讼目的的两个方面。我国学术界普遍认为，刑事诉讼的目的应当包括两个不可偏废、不可分割的方面，即惩罚犯罪与保障人权。因而认为，我国刑事诉讼的目的就是惩罚犯罪与保障人权并重。① 笔者曾有著述主张，刑事诉讼的目的不是别的，仍然是消解冲突、解决纠纷，是解决国家与犯罪实施者之间发生的刑事冲突。因为诉讼的目的是解决纠纷，刑事诉讼虽然与民事诉讼、行政诉讼解决的案件类型不同，但它仍然是一种诉讼，因而不能背离诉讼的基本规律而人为地另行设置一个目的。②

① 宋英辉：《刑事诉讼目的论》，北京：中国人民公安大学出版社，1995 年。

② 梁玉霞：《论刑事诉讼方式的正当性》，北京：中国法制出版社，2002 年。

二、刑事诉讼阶段

按照诉讼任务、主体、方式等的不同，可以将刑事诉讼划分为若干独立的阶段。在我国，刑事诉讼有公诉和自诉两种类型，因而诉讼阶段也有差异。公诉案件一般有立案、侦查、审查起诉、审判和执行五个阶段，自诉案件包括立案、审判和执行三个阶段。

诉讼阶段的特点是：①各阶段有不同的任务、不同的诉讼方法；②按顺序排列，不能前后颠倒或任意编排顺序；③各阶段不能相互替代。

三、刑事诉讼职能

刑事诉讼职能，是指国家机关和诉讼当事人在刑事诉讼中所承担的特定职责与法定权能。在现代刑事诉讼中，由于控诉与审判的分离，被告人获得为自己辩护的权利，因而形成控、辩、审三种基本诉讼职能共存的格局。控诉职能，是指揭露、证实犯罪并要求法院对被告人定罪处罚的职能。控诉职能一般由侦查机关、检察机关或自诉人及其代理人承担。辩护职能，是犯罪嫌疑人、被告人及其辩护人针对有关犯罪的指控进行反驳，说明犯罪嫌疑或指控不存在、不成立，要求宣布犯罪嫌疑人、被告人无罪、罪轻或者从轻、减轻、免除刑罚处罚的职能。审判职能，是指通过审理确定被告人是否犯有被指控的罪行和应否处以刑罚以及处以何种刑罚的职能。审判职能由法院承担，法院是世界各国公认的行使审判权的唯一主体。

控、辩、审三大诉讼职能是相互联系、相互制约、缺一不可的，但审判始终是刑事诉讼的中心。控诉是审判的前提和根据，审判必须限定在控诉的事实和被告人范围内；审判是控诉的程序走向，控诉如果没有审判支持也就毫无意义；辩护必然针对控诉进行，对控诉成立起制衡作用；在审判中必须保障被告人的辩护权，没有辩护的控诉和审判是纠问式的武断专横的诉讼；辩护则促进审判的民主和公正。控诉、审判和辩护共同构成刑事诉讼活动的主要内容，确保刑事诉讼目的的实现。除了这三大职能外，刑事诉讼职能还有侦查职能、监督职能等。

四、刑事诉讼价值

价值是泛指客体对于主体表现出来的积极意义和有用性。理论上，将刑事诉讼价值分为外在价值和内在价值两种。

外在价值，即工具主义价值，简单说来就是相对于刑事实体法而言，刑事诉讼程序所具有的功用。有人比喻如程序法与实体法的关系，就如同植物的外形与植物的血肉，也被看作是实现实体法的手段。

内在价值，即程序独立的价值，是刑事诉讼程序自身存在不可或缺的意义或品质。如公正、效率、人权、文明等，都是程序自身特有的品质和对国家及当事人独特的效用，是其他法律如实体法所不能取代的。

当代刑事诉讼价值呈现相互兼容、大致平衡的趋势，不会过分强调某一种价值而忽略其他价值。基本上呈现三对价值观：

1. 打击犯罪与保障人权并重

打击犯罪与保障人权，是现代刑事司法活动的基本价值取向。打击严重危害国家、社会和人民利益的犯罪行为，是维护社会稳定，保证人民安居乐业的需要；尊重和保护人权，在法治框架下行使司法权力，是法治文明的内在要求，是促进社会和谐健康发展的重要保障。二者在促进社会发展和保护人民利益方面具有内在的统一性，在刑事司法活动中应当并重不能偏废。正确认识并恰当处理二者之间的关系，对于在新时期新阶段进一步发挥法律功能，具有至关重要的意义。

2. 公正与效率兼顾

公正在刑事诉讼中居于核心地位，刑事诉讼公正包括实体公正和程序公正两个方面。实体公正，是指公正地惩治犯罪，包括准确认定犯罪事实，正确分清罪与非罪界限，准确认定罪名，适度量刑。程序公正，是指诉讼程序本身符合公正标准，如程序中要求的裁判中立和独立，诉讼参与人尤其是当事人的诉讼权利要予以充分保障，在法律关系上最大限度地实现权利、义务平等及诉讼过程中的机会平等等。而刑事诉讼中的效率也称效益，是指以一定的司法资源投入换取尽可能多的刑事案件处理，即提高单位时间内的有用工作量，加速刑事程序的运作效率，降低诉讼成本，减少案件积压和司法拖延等现象。在刑事诉讼中，公正与效率两种价值有时会发生冲突，追求充分的公正可能会牺牲效率，过分追求效率则可能失去公正。一般性原则是兼顾公正与效率，如果二者发生了直接的冲突，应该以公正为第一选择，因为公正是刑事诉讼诸价值中的核心价值。

3. 实体与程序平衡

在实体与程序公正之间，有程序优先说、实体优先说、程序实体并重说等。应当是程序、实体并重，片面强调程序公正而忽视实体公正，司法公正就会无法实现。司法实践中有时需要程序优先，但有时基于其他考虑，程序还得让位于实体公正，应反对过分强调一方而忽视另一方的做法。联系当今实际，强调程序优先是有原因的，由于受到历史、文化等各种因素的影响，我国一直重实体轻程序，在司法实践中各种侵害犯罪嫌疑人、被告人权利的现象就是对程序轻视的表现。所以，现在强调程序的重要性不过是还程序应有的位置。而且从刑事诉讼法来看，现有的刑事诉讼法对程序的保障体现不够，违反程序的规定没有规定相应的法律后果，司法实践中对程序屡屡侵犯，因而目前适度强调程序优先有一定现实意义。

五、刑事诉讼模式

刑事诉讼模式，又称刑事诉讼构造或刑事诉讼结构，是指由一定的刑事诉讼价值追求所决定的，体现控诉、辩护、裁判三方基本法律地位和法律关系，并按特定程序和规则处理刑事案件的基本方式。历史上曾经出现过弹劾式诉讼和纠问式诉讼两种类型，近代以来存在以法国和德国为代表的大陆法系国家的职权主义模式也称审问式，以美国为代表的英美法系国家的当事人主义模式也称对抗式模式。“二战”后又出现以日本、意大利为代表的职权主义与当事人主义相结合的混合模式。

1. 弹劾式诉讼模式

其早期由私人追诉犯罪，原、被告平等对抗，裁判者居中处理刑事案件的模式。据考察，古巴比伦、古希腊、古罗马共和时期以及日耳曼法前期时代，大体上都采用这种弹劾式诉讼制度。其主要特征是：①控、辩、审职能分离；②原告和被告基本上由私人承当，都有主体地位，可以平等对抗，被告人有辩护权；③诉讼程序简单；④广泛实行神示证据。

2. 纠问式诉讼模式

中世纪后期，为巩固中央集权君主专制统治，加强对农民起义和异己力量的镇压，欧洲大陆国家普遍实行纠问式诉讼制度。所谓纠问式诉讼制度，是指国家司法机关对犯罪行为，不论是否有被害人控告，均依职权主动进行追究和审判的诉讼制度。其主要特点是：①对刑事案件的追究不再取决于被害人的控告，而是由司法机关主动追究犯罪；②侦查、控诉、审判权集中由法官行使，控、审不分；③对被告人实行有罪推定，被告人沦为诉讼客体，成为刑讯逼供的对象；④由于纠问式诉讼的审理不允许当事人在法庭上辩论，审讯通常又不公开进行，判决主要以审讯被告人的书面记录或被告人的输服供词为根据，因此这种诉讼模式下的审理又被称为书面审理主义或间接审理主义。

3. 当事人主义诉讼模式

当事人主义诉讼模式是英美法系国家形成和采用的诉讼模式，当事人在对抗式诉讼模式中发挥主导作用。其基本特征主要有：①法官居于消极仲裁者地位；②诉讼双方的律师主导证据的提出和事实调查程序。双方当事人地位平等，证据的提出和事实的调查是通过诉讼双方以攻击和防御的形式进行的，因而体现出强烈的对抗色彩；③当事人的诉讼权利较大，地位平等。在当事人主义诉讼模式中，当事人及其律师起主导作用。在诉讼中，双方积极主动的互相争辩，各种程序的开始和进行，证据的收集、提出、审查、适用，均以当事人为主，法官不主动进行调查，甚至不参加提问，在法庭上只起居中裁判的作用。在刑事诉讼中，双方还可达成辩诉交易。另外，在这种模式中，当事人还具有证人地位；④刑事诉讼强调对程序公正价值的追求。

4. 职权主义诉讼模式

控制犯罪的需要和国民对公共权力的信赖催生出刑事诉讼职权主义模式。这种模式的特征是：①以实体真实为刑事诉讼的首要价值，对案件事实的查证主要依赖侦查机关的侦查取证，侦查成为整个刑事诉讼的基础；②法官以积极姿态出现，在审判中起主动指挥作用，法官享有调查证据、查明真相的职权；③诉讼双方在证据提出和事实调查程序中居于次要和辅助地位，作用有限。诉讼双方提出证据和对证据进行调查，只能在法官提出证据并发问之后，并经过其同意才能进行；④当事人的诉讼权利相对较少。当事人一般很少能够获得与对方证人对质的机会。在刑事诉讼中，尽管有一些简易程序，但法律一般不允许被告人与控诉方进行辩诉交易。

5. 混合式诉讼模式

“二战”后，日本作为战败国被强行地进行了美国式当事人主义诉讼模式的改造。1988 年，意大利在修改刑事诉讼法中，大幅度地借鉴了英美法系的当事人主义诉讼元素。俄罗斯刑事诉讼法也抛弃了苏联时期的超职权主义的刑事诉讼模式，借鉴了当事人主义诉讼的许多内容。我国刑事诉讼在传统上具有明显的职权主义审问式特征，1996 年修改刑事诉讼法时，改采当事人主义对抗式庭审方式，形成了“流水作业式”加对抗辩论式的刑事诉讼模式。

第三节　刑事诉讼法的概念

一、刑事诉讼法的概念

刑事诉讼法是调整刑事诉讼活动的法律规范。具体讲，是指国家制定的用于规范国家专门机关和诉讼参与人刑事诉讼行为的法律规范的统称，是国家专门机关和诉讼参与人进行刑事诉讼都必须严格遵守的行为准则。在部门法中，刑事诉讼法涉及的范围是非常广泛的，包括国家的司法体制、司法理念、司法人员、诉讼原则与制度、诉讼程序等。从体制、制度、机制、到具体的程序，都属于刑事诉讼法可调整的范围。

刑事诉讼法有广义和狭义之分，狭义的是指国家制定的单行刑事诉讼法典，广义的则包括各种法律文件中有关刑事诉讼的法律规范。

二、刑事诉讼法的渊源

刑事诉讼法的渊源，是指刑事诉讼法律规范的存在形式或载体。我国刑事诉讼法的渊源主要有以下多种：

（1）宪法。宪法是国家根本大法，也是刑事诉讼法的制定根据。在国家法律中，宪法与刑事诉讼法的关系极为密切，宪法关于公民基本权利的规定，都需要在刑事程序中给予直接的保护。

（2）刑事诉讼法典。指1979年制定，1996年和2012年两次修改的《中华人民共和国刑事诉讼法》（以下简称《刑事诉讼法》），它是我国主要的刑事诉讼法渊源。

（3）有关的法律规定。指全国人大及其常委会制定的法律中有关刑事诉讼的规定，如《中华人民共和国刑法》（以下简称《刑法》）、《中华人民共和国人民法院组织法》（以下简称《人民法院组织法》）、《中华人民共和国人民检察院组织法》（以下简称《人民检察院组织法》）等，以及全国人大常委会所作的关于刑事诉讼的立法解释。

（4）司法解释。指最高人民法院、最高人民检察院就刑事诉讼法的实施所作出的具体规定或解释，是司法机关办案的具体指导性规范。

（5）行政法规、规定。指国务院制定的法规和主管部、局制定的规定中有关刑事诉讼的规定，如公安部制定的《公安机关办理刑事案件程序规定》。

（6）地方性法规。享有地方立法权的机关制定的适用于本地区的法规中涉及刑事诉讼的内容。当然也有人认为，行政法规和地方性法规不能成为刑事诉讼法的渊源，因为刑事法律涉及人权问题，只能由国家最高立法机关制定。

（7）国际条约。国际条约是国际法的主要渊源，本不属于我国国内法的范畴。但我国缔结或加入的国际条约是经过全国人大常委会批准的，体现了我国的国家意志，故也属于我国国内法渊源之一，具有法律约束力。

综上所述，刑事诉讼法就是由调整刑事诉讼活动的法律规范所构成的有机整体。一般来说，国家确认的，规范执法、司法机关和诉讼参与人诉讼行为的法律、法规、司法解释和判例都属于刑事诉讼法，其中，判例作为刑事诉讼法的法律渊源，只存在于实行判例法的国家。我国不属于判例法国家，在法律意义上，已生效的判决不能作为今后同样案件的判决依据。

三、刑事诉讼法的任务

我国《刑事诉讼法》第二条规定：“中华人民共和国刑事诉讼法的任务，是保证准确、及时地查明犯罪事实，正确应用法律，惩罚犯罪分子，保障无罪的人不受刑事追究，教育公民自觉遵守法律，积极同犯罪行为作斗争，维护社会主义法制，尊重和保障人权，保护公民的人身权利、财产权利、民主权利和其他权利，保障社会主义建设事业的顺利进行。”根据这条规定，中国刑事诉讼法负有四项具体任务：

（1）保证准确、及时地查明犯罪事实，正确应用法律。

（2）惩罚犯罪者，保证无罪的人不受刑事追究。

（3）尊重和保障人权，保护公民的人身权利、财产权利、民主权利和其他权利。

（4）教育公民自觉遵守法律，积极同犯罪斗争，维护社会主义法制。

第二章　刑事诉讼中的专门机关和诉讼参与人

我国刑事诉讼中的专门机关有：人民法院、人民检察院、公安机关、司法行政机关、国家安全机关、军队保卫部门、中国海警局。诉讼参与人有当事人和其他诉讼参与人。这些机关和个人在诉讼中的地位和职能权限都不完全一样。

第一节　人民法院

一、人民法院的性质和任务

人民法院在性质上是国家专门的审判机关，代表国家独立行使审判权。《中华人民共和国宪法》（以下简称《宪法》）第128条规定："中华人民共和国人民法院是国家的审判机关。"《刑事诉讼法》第3条规定："审判由人民法院负责。"人民法院作为我国唯一的审判机关，代表国家集中行使对各种案件的审判权。

人民法院在刑事诉讼中的主要任务是：通过刑事审判活动，调查核实证据，查明案件事实，确定被告人的行为是否构成犯罪、构成何种犯罪、应否判处刑罚、判处何种刑罚，并作出相应的判决和裁定。

二、人民法院的组织体系和领导体制

根据《人民法院组织法》的规定，我国人民法院分最高人民法院、地方各级人民法院和专门法院。

1. 最高人民法院

《人民法院组织法》规定"最高人民法院是最高审判机关"，负责监督地方各级人民法院和专门人民法院的审判工作，代表国家行使对各种案件的终审权。最高人民法院由院长、副院长、庭长、审判员等组成，内设刑事审判庭、民事审判庭、行政审判庭和根据需要设立的其他审判庭。

2. 地方各级人民法院

地方人民法院分设三级，即高级人民法院、中级人民法院和基层人民法院。高级人民法院包括省高级人民法院、自治区高级人民法院和直辖市高级人民法院。中级人民法院包括省、自治区所辖市（地区）的中级人民法院；直辖市内设立的中级人民法院；自治州中级人民法院。基层人民法院包括县人民法院、县级市人民法院、基层自治县人民法院、市辖区人民法院。《人民法院组织法》第26条规定："基层人民法院根据地区、人口和案件情况，可以设立若干人民法庭。人民法庭是基层人民法院的组成部分。人民法庭的判决和裁定即基层人民法院的判决和裁定。"

3. 专门法院

专门法院是在普通人民法院之外设立的专门性法院。我国现在的专门法院有：军事法院，铁路运输法院，海事法院，知识产权法院，互联网法院，金融法院。其中，受理刑事案件的只有军事法院和铁路运输法院。除以上提及的各项专门法院，我国还设有矿区、林区、垦区、森林法院等，主要设立在新疆、黑龙江地区，受理各类行政、民事、刑事诉讼案件及民事、经济非诉讼案件、执行案件和申诉案件，专门管辖所在区域的特定案件。

4. 我国人民法院的权力来源及其内部的上下级关系

各级人民法院由本级人民代表大会产生，对本级人大及其常委会负责并报告工作，受其监督。最高人民法院院长由全国人民代表大会选举产生，副院长、庭长、副庭长、审判员由全国人民代表大会常务委员会任免。

人民法院内部上下级之间是业务上指导、监督与被指导、被监督的关系，上级人民法院指导、监督下级人民法院的审判工作。上下级人民法院之间不是领导与被领导的关系，上级人民法院只能按照法律规定的权限和程序指导、监督下级人民法院的审判工作，不能命令下级人民法院对某一具体案件作出某种处理。

三、人民法院在刑事诉讼中的职权

为了保证人民法院实现其法律规定的任务，切实履行审判职能，《刑事诉讼法》和《人民法院组织法》赋予人民法院可以依法行使下列职权：

1. 案件受理或立案权

案件受理或立案权是人民法院行使审判权的第一步，是审判权的重要组成部分。该项职权包括对人民检察院提起公诉的刑事案件依法给予受理权；对直接受理的自诉案件决定立案权。

2. 对刑事案件的审理和裁判权

刑事审判权的核心是对刑事案件的审理和裁判。审理是一种了解认识案情的过程，裁判则是一种处理决定或结果。所以，人民法院刑事审判权的重心是审理和裁判案件。作为一项具体的职权，审理权包括人民法院对刑事案件的审查、开庭审理、主持指挥法庭审判活动，以及对违反法庭秩序的人给予惩戒的权力。裁判权具体是指人民法院依照法定程序，对受理的刑事案件具体作出的判决或裁定，如判决被告人有罪、无罪等。

3. 强制措施决定权

人民法院根据案件的需要，有权对犯罪嫌疑人、被告人决定采取拘传、取保候审、监视居住、逮捕措施。

4. 调查核实证据权

为了正确行使审判权，人民法院有权调查核实证据，在必要的时候，可以进行询问、勘验、检查、扣押、鉴定、查询和冻结等调查活动。人民法院的庭外调查取证权，在1996年刑事诉讼法规定实行对抗制庭审方式以来，受到了较大的限制，一般只在特殊情况下或者经当事人或其律师同意，方可使用。

5. 赃款、赃物的收缴、处理权

对刑事案件所涉及的赃款、赃物及其孳息，人民法院有权依法予以收缴与处理。

6. 某些判决裁定的执行权

人民法院对部分生效刑事判决、裁定，如罚金刑、没收财产刑等，享有执行权。

第二节　人民检察院

一、人民检察院的性质和任务

根据我国《宪法》第134条的规定，人民检察院是国家的法律监督机关，代表国家行使检察权。人民检察院通过检察监督，维护宪法和法律在全国范围内的统一正确实施。

人民检察院的任务是：通过行使检察职权，镇压一切叛国的、分裂国家的和其他危害国家安全的活动，追查犯罪分子，维护国家的统一，维护人民民主专政制度，维护社会主义法制，维护社会秩序、生产秩序、教学科研秩序和人民群众的生活秩序，保护国家财产和劳动群众集体所有的财产，保护公民私人所有的合法财产，保护公民的人身权利、民主权利和其他权利，保卫社会主义现代化建设的顺利进行。

二、人民检察院的组织体系和领导体制

1. 组织体系

根据我国《宪法》和《人民检察院组织法》的规定，人民检察院的组织设置包括：最高人民检察院、地方各级人民检察院和专门检察院。

最高人民检察院是我国的最高检察机关，是全国检察机关的领导机关，领导地方各级人民检察院和专门检察院的工作。最高人民检察院检察长领导最高人民检察院的工作。最高人民检察院内设多个业务部门。

地方各级人民检察院包括：①省、自治区、直辖市人民检察院；②省、自治区、直辖市人民检察院分院，省辖市、自治州人民检察院；③县、市、自治县和市辖区人民检察院。省级人民检察院和县级人民检察院，根据工作需要，经提请本级人民代表大会常务委员会批准，可以在工矿区、农垦区、林区等区域设立人民检察院，作为派出机构。此外，为适应检察工作的需要，地方各级人民检察院还先后在监狱、劳教所、看守所设立驻监、驻所检察室，在税务机关设立税务检察室等。也可以对上述场所进行巡回检察。

专门检察院是在特定的行业部门内设置的。我国的专门检察院有军事检察院和铁路运输检察院。铁路法院、检察院正在逐步回归普通司法机关体制内。

2. 领导体制

人民检察院的权力来源及其内部上下级关系是：

人民检察院由人民代表大会产生，对人民代表大会及其常委会负责并报告工作。最高人民检察院对全国人民代表大会及其常委会负责，最高人民检察院检察长由全国人民代表大会选举和罢免，最高人民检察院副检察长、检察委员会委员和检察员，由最高人民检察院检察长报请全国人大常委会任免。省、自治区、直辖市人民检察院及其分院的检察长，由省、自治区、直辖市人民代表大会选举和罢免。自治州、省辖市，县、市、自治县人民检察院检察长，由本级人民代表大会选举和任免。下级人民检察院检察长的任免，须报上级人民检察院检察长提请其同级人大常委会批准。

我国人民检察院实行检察一体的领导体制——上级人民检察院领导下级人民检察院的工作，最高人民检察院领导全国的检察工作，检察长统一领导检察院的工作。上级人民检察院对下级人民检察院作出的决定，有权予以撤销或变更；上级人民检察院发现下级人民检察院已经办结的案件有错误的，有权指令下级人民检察院纠正。下级人民检察院对上级人民检察院的决定应当执行，如果认为决定有错误，应当在执行的同时向上级人民检察院报告。

三、人民检察院在刑事诉讼中的职权

人民检察院在刑事诉讼中的职权，主要体现为立案侦查权、批捕权、公诉权和诉讼监督权等，具体包括如下方面：

1. 立案侦查权

根据《刑事诉讼法》第19条的规定，人民检察院对于司法机关工作人员的职务犯罪或者利用职务之便实施的侵犯公民人身权利、民主权利的犯罪，有权直接立案侦查。

2. 公诉权

对于一切公诉案件，人民检察院享有提起公诉权或者决定不起诉权。在刑事诉讼中，人民检察院代表国家行使控诉职能，对各种严重的刑事犯罪依法进行刑事追诉，启动审判程序以打击、惩罚犯罪。对于不需要刑事追究的，则及时作出不起诉决定，维护当事人的合法权益。

3. 批捕权

对于公安机关侦查的案件，人民检察院有权依法决定批准逮捕或者不批准逮捕。批捕权是人民检察院对于涉及公民人身自由的强制措施，实行法律监督的具体权能，具有对逮捕发放司法令状的含义。

4. 立案监督权

人民检察院对于公安机关不立案的决定，有权予以监督，如果认为其不立案的决定有错误，有权要求公安机关立案。

5. 抗诉权

对于人民法院所作出的判决或裁定，无论是否已经生效，人民检察院如果认为确有错误，都有权提出抗诉，要求上级人民法院重新审判予以纠正。

6. 违法行为监督权

人民检察院对于公安机关的侦查活动，人民法院的审判活动，监狱、看守所的执行、监管活动以及有关机关在监外执行、减刑、假释方面的处理决定等，有权进行检察，发现违法行为，有权要求相关机关及时予以纠正。

7. 检察建议权

基于法律监督职责，人民检察院对各机关、团体、企事业单位和个人，都可以提出检察建议，以防范违法犯罪行为的发生。

第三节 公安机关和其他专门机关

一、公安机关的性质、任务和组织体系

1. 公安机关的性质和任务

公安机关是国家的治安保卫机关，是武装性质的国家行政力量和刑事司法力量，是各级人民政府的组成部分，负责社会治安和国内安全保卫工作。

在刑事诉讼中，公安机关的主要任务就是负责刑事案件的侦查，通过各种侦查手段和措施，收集证据，查明犯罪事实，查获犯罪嫌疑人，为公诉和审判奠定基础。《刑事诉讼法》第19条规定："刑事案件的侦查由公安机关进行，法律另有规定的除外。"在刑事诉讼中，绝大部分刑事案件由公安机关立案侦查。公安机关处在同犯罪做斗争的第一线，肩负着揭露犯罪、证实犯罪、查获犯罪嫌疑人的使命。

2. 公安机关的组织体系及领导体制

公安机关是各级人民政府的组成部分。在国务院设立公安部，负责组织和领导全国公安部门的工作。公安部设有国际刑警组织中国国家中心局，负责与国际刑警组织和境外警方联络，打击跨国、跨境刑事犯罪和国际侦查协助。

地方各级人民政府分别设立负责本地公安工作的公安部门，在乡镇或街道等可设公安派出所。此外，国家在铁路、民航、林业等具有行业特殊性的系统和大型企业、事业单位中设立公安局、处或具有派出机构性质的保卫处、科，负责本系统或者本单位的治安保卫工作。

作为各级人民政府的职能部门，公安机关实行双重领导体制。公安机关在接受本级人民政府领导的同时，下级公安机关还必须接受上级公安机关的业务领导。

二、公安机关在刑事诉讼中的职权

在刑事诉讼中，公安机关的职权主要有：

1. 立案权

对于属于自己管辖的案件，公安机关有权决定是否立案。立案权是公安机关启动刑事诉讼程序、有效控制与打击犯罪的重要权力。与立案权相对应的是撤案权。公安机关对于已经立案，但后来发现不应当或者不需要追究刑事责任的案件，有权作出撤销案件的处理。

2. 侦查权

公安机关是我国主要的刑事侦查机关，除了法律规定的少部分刑事案件由其他机关侦查外，公安机关担负着绝大多数刑事案件的侦查任务。公安机关的侦查职权主要包括：依法讯问犯罪嫌疑人；询问证人、被害人；进行勘验、检查、搜查；扣押物证、书证；冻结存款、汇款；进行鉴定；通缉在逃案犯；对现行犯和重大嫌疑分子实施拘留；对犯罪嫌疑人采取拘传、取保候审、监视居住等强制措施；向人民检察院提请批准逮捕和执行逮捕。

3. 执行权

在刑事诉讼的执行阶段，公安机关负责对被判处管制、拘役、剥夺政治权利的罪犯的执行，或者缓刑、假释、监外执行犯的监督与考察等。

三、其他专门机关及其职权

在我国刑事诉讼中，承担诉讼职能的专门机关除公、检、法机关以外，还有国家安全机关、军队保卫部门、海关和司法行政机关中的监狱、律师，因此，这些机关也是刑事诉讼中的专门机关。一般地，为了省却用语的烦琐，人们在一般情况下论及公安机关的职责权限时所说的“公安机关”，其实是包括了国家安全机关、军队保卫部门、海关和监狱在内的。所以，“公安机关”的范围有广义和狭义之分。

1. 国家安全机关

国家安全机关负责立案侦查特务、间谍等危害国家安全的刑事案件。敌特案件，过去也是由公安部门立案侦查的，为适应改革开放的需要，1983 年国家成立了国家安全部，在省、市、自治区设立国家安全厅，专门负责对特务、间谍等案件的立案侦查和监控工作。1993 年 2 月 22 日，第七届全国人民代表大会常务委员会通过的《中华人民共和国国家安全法》，规定国家安全机关是国家安全工作的主管机关，对于涉及国家安全的刑事案件，依法行使立案侦查、拘留、预审和执行逮捕以及法律规定的其他职权。

2. 军队保卫部门

军队保卫部门是武装力量内部设立的安全保卫机构，负责军队内部发生的刑事案件的立案侦查。

3. 中国海警局

2013 年 7 月 22 日，重组后的国家海洋局和中国海警局正式挂牌成立。2018 年 6 月 22 日，海警局从国家海洋局调整组建为中国人民武装警察部队海警总队，称中国海警局。中国海警局统一履行海上维权执法职责，内部设有刑侦处、缉私处等部门。在海上执法、侦查海上犯罪包括走私犯罪过程中，享有与地方公安机关同样的权力，具有与公安机关同等的诉讼地位。

4. 司法行政机关

司法行政机关参与刑事诉讼的业务主要包括：刑事法律援助；监狱。

律师是刑事诉讼中为犯罪嫌疑人、被告人和刑事被害人等提供辩护或者代理的法律专业人员。在国家实行刑事法律援助和刑事辩护全覆盖的情况下，律接受政府委托，为刑事诉讼中的当事人提供广泛普及的法律援助，因而是刑事诉讼的重要参与力量。

监狱在刑事诉讼中的职权分为两部分：立案侦查权和执行权。一方面，刑事诉讼法规定，对罪犯在监狱内犯罪的案件，由监狱进行侦查。监狱警察在侦查中，享有公安机关侦查案件的各种职权，如讯问犯罪嫌疑人、询问证人、勘验、检验、搜查、扣押、鉴定等。侦查终结后，监狱认为应当追究犯罪嫌疑人刑事责任的，将起诉意见书，连同案卷材料、证据一并移送人民检察院审查起诉。另一方面，监狱是执行法院生效刑事判决与裁定的场所。在我国，刑罚的执行也是刑事诉讼程序的重要组成部分，所以监狱也是刑事诉讼中不可缺少的专门机关。监狱在刑罚执行过程中还有提出监外执行意见，减刑、假释建议等权力。

第四节　刑事诉讼参与人

刑事诉讼参与人，是指在刑事诉讼中除专门机关以外的，依法参加刑事诉讼活动并享有一定诉讼权利、承担一定诉讼义务的人。根据《刑事诉讼法》第 108 条的规定，我国刑事诉讼参与人主要包括当事人、法定代理人、诉讼代理人、辩护人、证人、鉴定人和翻译人员。诉讼参与人通过行使诉讼权利和承担诉讼义务，对刑事诉讼的进程和结局发挥着不同的影响和作用，保证刑事诉讼活动得以顺利进行。根据诉讼参与人与案件结局的利害关系以及对诉讼进程的影响，刑事诉讼参与人一般分为当事人和其他诉讼参与人。

一、当事人

当事人是指与刑事案件的结局有直接利害关系，对诉讼进程有较大影响的诉讼参与人。当事人与案件的结局有直接的利害关系。刑事诉讼一旦开始，当事人的人身自由、财产、甚至生命都处于待定状态，与诉讼结果有着密切关系。因此，与其他诉讼参与人相比，当事人享有更多的诉讼权利，也承担更多的诉讼义务。

根据《刑事诉讼法》第 108 条的规定，我国刑事诉讼的当事人包括：

1. 犯罪嫌疑人和被告人

（1）犯罪嫌疑人、被告人的概念和诉讼地位。在刑事公诉案件中，犯罪嫌疑人和被告人是对因涉嫌犯罪而受到刑事追诉的人在诉讼过程的不同阶段的两种称谓，实质上指的是同一个人。以检察机关制作起诉书并向人民法院提起公诉为界限，受刑事追诉人在公诉以前被称为“犯罪嫌疑人”，公诉以后则被称为“被告人”。

刑事诉讼就是一个对犯罪嫌疑人和被告人的刑事责任进行认定的过程，因此，犯罪嫌疑人和被告人是刑事诉讼的中心人物，刑事诉讼中的一切活动都是围绕确定犯罪嫌疑人和被告人的刑事责任展开的。没有犯罪嫌疑人、被告人，就没有刑事诉讼，所以，犯罪嫌疑人和被告人在刑事诉讼中具有不可替代性。犯罪嫌疑人和被告人一旦死亡，刑事诉讼活动即告终止。

犯罪嫌疑人、被告人的诉讼地位归纳起来为三个方面：①是享有诉讼权利、具有诉讼主体资格的当事人；②是与案件结局有直接利害关系的被追诉者；③是重要的证据来源。

（2）犯罪嫌疑人、被告人的诉讼权利和义务。在现代诉讼制度下，法律为犯罪嫌疑人和被告人确立了一系列诉讼权利。根据权利的性质和作用不同，犯罪嫌疑人、被告人享有的诉讼权利可分为两类：

一类是防御性权利，即指犯罪嫌疑人、被告人为对抗追诉方的指控，抵消其控诉效果所享有的权利。如：①使用本民族语言进行诉讼的权利；②及时获知被指控的罪名和理由的权利；③聘请律师提供法律咨询、代理申诉、申请取保候审的权利；④进行辩护的权利，该权利也包括拒绝辩护人继续为其辩护和另行委托辩护人；⑤有权拒绝回答侦查人员提出的与本案无关的问题；⑥核对讯问笔录并要求补充和修改的权利；⑦开庭前及时获得起诉书副本的权利；⑧参加法庭调查，就指控事实发表陈述，就书面证据发表意见，申请新的证人到庭，调取新的物证，申请重新鉴定或者勘验的权利；⑨参加法庭辩论的权利；⑩向法庭作最后陈述的权利；⑪自诉案件的被告人对自诉人提出反诉的权利。

另一类是救济性权利，即指犯罪嫌疑人、被告人对国家专门机关所作的对其不利的行为、决定或者裁判，要求另一专门机关予以审查并作出改变或撤销的权利。如：①对于侦查、检察和审判人员侵犯其诉讼权利，侮辱其人格的行为，有权提出控告；②对于公安机关、人民检察院、人民法院采取强制措施超过法定期限的，有权要求解除强制措施；③有权申请回避，对驳回申请回避的决定，有权向上级机关申请复议；④对法院的一审判决和裁定不服，有权提起上诉；⑤对人民法院已生效的判决、裁定，有权向人民法院、人民检察院提出申诉；等等。

在享有广泛的诉讼权利的同时，犯罪嫌疑人、被告人也必须履行一些诉讼义务，主要包括：①如实回答公安、司法人员的讯问；②在符合法定条件的情况下接受拘传、拘留、逮捕、监视居住、取保候审等强制措施，接受侦查人员的讯问、检查、鉴定、搜查、扣押等侦查行为；③不得伪造、毁灭证据或者串供，不得威胁、收买或以其他方式影响证人作证；④不得自杀或者逃跑；⑤依法按时出庭；等等。

2. 刑事被害人

（1）概念。刑事被害人，是指其人身、财产及其他合法权益遭受犯罪行为直接侵害的人。权益遭受侵害一方，应包括公诉案件的被害人、自诉案件的自诉人、附带民事诉讼的原告人。

（2）诉讼地位。刑事被害人的诉讼地位的确定，是一个较为重要的问题，在世界和我国都有一个发展变化过程。在古代弹劾式诉讼中，被害人担当着原告人的角色；在封建纠问式诉讼中，被害人则处于证人地位；在现代诉讼中，一般都确立了被害人作为刑事诉讼当事人的地位，我国也如此。

公诉案件中的被害人的地位比较复杂。在我国，被害人的地位可以从以下四个角度来阐述：①被害人是刑事诉讼当事人；②行使控诉职能；③作为当事人，其权利受到一定限制。因为在公诉案件中，被害人作为当事人的部分诉讼权利，实际上已经转移给了公诉机关，被害人的当事人权利就不再完整。在我国，刑事被害人没有独立的诉权；④是重要的证据来源。依据我国《刑事诉讼法》的规定，被害人陈述也是刑事诉讼七种证据之一。

我国刑事诉讼法赋予被害人广泛的诉讼权利。除了与其他当事人共同享有的诉讼权利外，被害人享有的特有诉讼权利主要有：①有权报案或者控告，要求专门机关进行立案；②自案件移送审查起诉之日起，有权委托诉讼代理人；③对于有关机关不依法立案的决定，有权获知原因，并申请复议；对于公安机关应立案而不立案的，有权向人民检察院提出，由后者要求公安机关说明理由，并予以纠正；④对于公安机关和人民法院不予追究的公诉案件，被害人可以自己向法院提起刑事诉讼；⑤对于人民检察院作出的不起诉决定，有权获得不起诉决定书，并向上一级检察院申诉；⑥对地方各级人民法院的第一审判决不服的，有权请求人民检察院提起抗诉。

3. 自诉人

自诉人，是指自诉刑事案件中依法直接向人民法院提起刑事诉讼的人。自诉人通常是权益受侵害一方，但在其死亡或者丧失行为能力的情况下，其法定代理人、近亲属有权向人民法院提起诉讼，担当自诉人的角色。在自诉案件中，自诉人的诉讼地位是原告，执行控诉职能，具有独立的诉讼地位。

4. 附带民事诉讼的原告人和被告人

（1）附带民事诉讼原告人。附带民事诉讼原告人，是指因被告人的犯罪行为而遭受物质损失，并在刑事诉讼中提出赔偿请求的人。

（2）附带民事诉讼被告人。附带民事诉讼被告人，是指在刑事诉讼中因其犯罪行为所造成的物质损失被起诉而承担民事赔偿责任的人。

二、其他诉讼参与人

其他诉讼参与人，是指除诉讼当事人以外的诉讼参与人。他们在刑事诉讼中不是独立执行诉讼职能的诉讼主体，而是协助当事人或者专门机关进行诉讼活动的人。

1. 法定代理人

法定代理人，是指根据法律规定，对被代理人负有保护义务、并有权代理其进行诉讼活动的诉讼参与人。

2. 诉讼代理人

诉讼代理人，是指接受被害人、自诉人、附带民事诉讼的当事人及其法定代理人或者被害人近亲属的委托，代理委托人参加诉讼活动的诉讼参与人。诉讼代理人在诉讼中不具有独立的诉讼地位。

3. 辩护人

辩护人，是指受犯罪嫌疑人、被告人及其法定代理人或者近亲属的委托，或者受人民法院指定，帮助犯罪嫌疑人、被告人行使辩护权，依法维护其合法权益的诉讼参与人。辩护人在诉讼中具有独立的诉讼地位，既不从属于犯罪嫌疑人、被告人，也不从属于诉讼专门机关。辩护人在诉讼中的职责主要是根据事实和法律，提出证明犯罪嫌疑人、被告人无罪、罪轻或者应当减轻、免除其刑事责任的材料和意见，维护委托人的合法权益。

辩护人既可以是律师，也可以是人民团体或者犯罪嫌疑人、被告人所在单位推荐的人，还可以是犯罪嫌疑人、被告人的监护人、亲友。由律师担任辩护人，是委托辩护的主要形式。法律赋予辩护律师较其他辩护人更为广泛的诉讼权利。

4. 证人

证人，是指除当事人以外的了解案件情况而向专门机关作证的自然人。证人是独立的诉讼参与人。在我国，凡是知道案件情况的人，都有作证的义务。

5. 鉴定人

鉴定人，是指受司法机关的聘请或者指派，运用自己的专门知识和技能对案件事实中的专门性问题作出书面鉴定结论的诉讼参与人。

6. 翻译人员

翻译人员，是指受专门机关的聘请或者指派，在刑事诉讼中进行语言文字或者手势翻译的诉讼参与人。

7. 见证人

侦查机关在勘验检查、搜查、扣押、侦查实验等活动中聘请的与案件无利害关系的正派人士。

8. 专家辅助人

是由公诉机关或者当事人聘请，在法庭上向审判人员说明案件事实中的专门性问题，协助控方或辩方对案件中的专门性问题进行质证的人。

第三章　刑事诉讼法的基本原则

第一节　侦查权、检察权、审判权由专门机关依法行使原则

一、该原则的基本内容

《刑事诉讼法》第 3 条规定："对刑事案件的侦查、拘留、执行逮捕、预审，由公安机关负责。检察、批准逮捕、检察机关直接受理的案件的侦查、提起公诉，由人民检察院负责。审判由人民法院负责。除法律特别规定的以外，其他任何机关、团体和个人都无权行使这些权力。人民法院、人民检察院和公安机关进行刑事诉讼，必须严格遵守本法和其他法律的有关规定。"这是侦查权、检察权和审判权由专门机关行使的法律依据。该原则也称为职权原则。主要包括以下三层含义：

（1）侦查权、检察权和审判权只能由公安机关、人民检察院和人民法院统一行使。

（2）公安机关、人民检察院和人民法院必须分别行使侦查权、检察权和审判权，不能混淆和互相取代。

（3）公安机关、人民检察院和人民法院必须严格依照刑事诉讼法和其他法律有关规定行使侦查权、检察权及审判权，尽职尽责，不得违反法律、滥用权力。

二、该原则的意义

确立和实施侦查权、检察权、审判权由专门机关依法行使的原则具有重要意义：

（1）侦查权、检察权和审判权由国家专门机关行使，明确了专门机关与犯罪做斗争的职责和权力。一旦犯罪发生，各专门机关应当依法分别行使各自的职权，主动及时查明犯罪，正确运用法律惩罚犯罪，以实现国家刑罚权，有

效地保障国家安全和社会公共安全，维护社会主义社会秩序。

（2）侦查权、检察权和审判权由国家专门机关行使，可以防止其他机关、团体或个人擅自私立公堂、非法搜查、非法拘禁，避免在追究犯罪问题上造成混乱状态，以保障公民个人的合法利益，维护国家法律的统一及正确实施。对于非法搜查、关押或审讯，任何公民都有权拒绝并向有关机关提出控告。

第二节　以事实为根据、以法律为准绳原则

一、该原则的基本内容

《刑事诉讼法》第六条规定："人民法院、人民检察院和公安机关进行刑事诉讼……必须以事实为根据，以法律为准绳。"这一规定确立了我国刑事诉讼"以事实为根据，以法律为准绳"的基本原则，体现了实事求是的思想路线和依法办事的法制精神。

以事实为根据，是指公安司法机关决定提起刑事诉讼、采取具体的诉讼措施以推进刑事诉讼的进程和最终定案处理时，必须以业已查明的案件客观事实为基础。它要求公安司法机关必须依法收集证据，尽可能地查明案件的事实真相，使案件的实体问题或程序问题的解决都奠定在证据能够证明的客观事实基础之上，而不允许把主观想象、推测、怀疑作为处理案件的根据。

以法律为准绳，是指公安司法机关在刑事诉讼过程中以及在各个诉讼阶段对案件做出最终的结论时，必须严格遵守程序法和组织法等法律关于国家专门机关的职权分配、相互关系以及办案程序的规定，并根据实体法关于犯罪的构成要件、量刑标准、量刑原则等规定做出适当的处理。

二、贯彻该原则需要注意的方面

（1）查明案件的事实真相必须受法定程序的约束。这就要求应特别坚持"重证据，重调查研究，不轻信口供"的指导原则，严禁刑讯逼供和以威胁、引诱、欺骗以及其他非法的方法收集证据。依据无罪推定原则的精神，充分保障犯罪嫌疑人、被告人的辩护权，绝不允许为了追求主观想象的所谓"客观真实"而不择手段，随意抓人、越权办案、非法取证。

（2）要正确认识和妥善处理事实不清、证据不足的案件。由于主客观多方面的原因，一些案件事实在法定期限内没有查清或者定案处理时发现证据不足的情况，也是存在的。对于这样的案件，公安司法人员必须严格依据法律的规定做出相应的处理，如变更强制措施、退回补充侦查、决定不起诉或者宣告

无罪等。不允许在法定办案期限已满的情况下，为了查明案件事实而继续羁押犯罪嫌疑人、被告人，更不允许为了追求控制犯罪的效果而通过相关部门的“协调”把本来证据不足的案件勉强定罪处罚。

（3）公安司法人员应不断提高业务素质。应该注意培养公安司法人员忠于事实、忠于法律的敬业精神，更新诉讼观念，增强法律意识，坚决排除外来干扰，严格依法办案。

第三节　对一切公民在适用法律上一律平等原则

一、该原则的基本内容

对一切公民在适用法律上一律平等的原则是我国诉讼法基本原则之一。《刑事诉讼法》第六条的规定确立了我国刑事诉讼中对一切公民在适用法律上一律平等的基本原则，也是“中华人民共和国公民在法律面前一律平等”的宪法原则在刑事诉讼中的具体体现。

这一原则规定有两方面的含义：

一是指人民法院、人民检察院、公安机关、国家安全机关进行诉讼时，对一切公民的合法权益，不分民族、种族、性别、职业、社会地位、宗教信仰、文化程度、财产状况、居住年限等一律依法予以保护，包括那些违法犯罪分子的合法权益。

二是指对于一切公民的违法犯罪行为，不论违法犯罪人的社会地位高低，财产多寡等都必须依法处理。该逮捕的逮捕，该起诉的起诉，该判刑的判刑。绝不允许因犯罪嫌疑人的出身、社会地位等不同于一般公民，就在适用法律上给予不平等的对待，甚至法外施恩。社会主义的诉讼法绝不允许在适用法律上出现一部分人享有特权，而另一部分人却受到歧视的现象存在。

二、该原则的适用

对司法实践中具体适用该原则时，要注意以下问题：一是公安司法机关在进行刑事诉讼中，必须严肃执法，公正司法。对任何犯罪的公民，都必须严格依法追究刑事责任，不能以党纪行政处分代替刑事处罚，也不能以罚代刑，以经济制裁代替刑事处罚；二是对所有诉讼参与人都应平等对待，保障一切诉讼参与人充分行使诉讼权利，平等履行诉讼义务；三是贯彻在适用法律上一切平等的原则，还包括使公民获得平等的司法保护。对某些经济困难或特殊案件的当事人，不能因其经济困难请不起律师或因身体残疾等因素而造成事实上适用法律不平等。应当建立法律救济制度，对他们提供特殊的司法救济。

第四节　人民法院、人民检察院依法独立行使职权原则

一、该原则的基本内容

该原则被认为是我国的司法独立原则。主要包括两层含义：一是审判权、检察权的“专属性”，即国家的司法权只能由宪法和法律规定的依法设立的人民法院和人民检察院专门行使，其他任何机关、组织、个人都不能行使；二是人民法院、人民检察院的职务行为具有不受干涉的“独立性”，人民法院行使审判权，人民检察院行使检察权时只服从宪法和法律，不受行政机关、社会团体和个人的干涉。

我国《宪法》第131条规定：“人民法院依照法律规定独立行使审判权，不受行政机关、社会团体和个人的干涉。”第136条规定：“人民检察院依照法律规定独立行使检察权，不受行政机关、社会团体和个人的干涉。”《刑事诉讼法》第五条、《人民法院组织法》第四条以及《人民检察院组织法》第四条也有相同的规定。这是司法独立原则在我国宪法和法律中的体现。

二、遵守该原则需要处理的几个关系

正确理解和执行人民法院和人民检察院依法独立行使职权原则，还应妥善处理好以下几个方面的关系：

（1）依法独立行使职权与中国共产党领导的关系。中国共产党是执政党，是领导我们一切事业的核心力量。坚持党对司法机关的领导是人民法院、人民检察院依法独立行使职权的根本保证。党的方针政策是制定法律的根据，是执行法律的灵魂，该原则同正确执行党的方针政策是一致的。执政党对司法工作的领导，是通过方针、政策，在思想上、组织上进行领导，一般不介入个案的处理，不在人民法院、人民检察院正常行使职权过程中加以干涉。

（2）依法独立行使职权与国家权力监督的关系。在我国国家机关体系中，各级人民法院和人民检察院均由同级国家权力机关产生，并向同级国家权力机关负责并报告工作，自觉接受监督。国家权力机关对人民法院、人民检察院的监督是以集体的方式进行，不会影响人民法院、人民检察院办案活动的正常进行，更不应代替人民法院、人民检察院行使审判权、检察权。

（3）依法独立行使职权与人民群众监督、社会舆论监督的关系。法律规定“不受行政机关、社会团体和个人的干涉”是指干扰诉讼活动正常进行的

非法行为，而不是指正常工作建议或批评意见。人民法院、人民检察院在依法独立行使职权中，应自觉接受来自各方面的监督，虚心听取各方面的批评、建议和意见，改进工作，更好地履行自己的职责。

（4）依法独立行使职权与法官、检察官个人独立的关系。人民法院、人民检察院依法独立行使职权强调的是机构的独立。《人民法院组织法》《人民检察院组织法》规定，法官、检察官实行员额制，合议庭成员、独任审判员要对案件的事实认定和法律适用负责。审委会、检委会委员要对自己发表的意见负责。这就是说，在内部，法官、检察官依法独立办案，并承担司法责任。

第五节　分工负责、互相配合、互相制约原则

一、该原则的基本内容

《刑事诉讼法》第七条规定："人民法院、人民检察院和公安机关进行刑事诉讼，应当分工负责，互相配合，互相制约，以保证准确有效地执行法律。"这是调整公、检、法三机关在刑事诉讼中的相互关系的基本准则，已经为《宪法》第140条所肯定，成为一项重要的宪法原则。

分工负责，是指人民法院、人民检察院和公安机关在刑事诉讼中应当根据法律规定的职权分工，在各自的职权范围内进行活动，各司其职，各负其责，既不能互相代替，也不能互相推诿。

互相配合，是指人民法院、人民检察院和公安机关进行刑事诉讼，应当在分工负责的基础上，互相支持，通力合作，使案件的处理能够前后衔接，协调一致，共同完成查明案件事实，揭露、证实、惩罚犯罪的任务。

互相制约，是指人民法院、人民检察院和公安机关在刑事诉讼过程中，应当按照职能的分工和程序的设置，互相制衡，互相约束，以防止发生错误或及时纠正错误，做到不错不漏，不枉不纵。

在分工负责、互相配合、互相制约的原则中，分工负责是互相配合、互相制约的前提和基础，没有分工，配合与制约就无从谈起。互相配合、互相制约是同一问题的两个方面，两者不可偏废。互相配合主要是要求各机关认真履行自己的职责，依法完成本机关的诉讼任务，就是对其他机关的支持和配合，如果公、检、法三机关都能按照法律的规定尽职尽责，依法前后协调、上下衔接，就能共同完成代表国家揭露犯罪、证实犯罪、惩罚犯罪的任务。互相制约则要求三机关互相监督，防止或减少工作中的偏差和错误，及时发现和纠正违法现象。从保证法律正确实施的角度来看，在分工的前提下互相制约是正确处

理公、检、法三机关相互关系的关键。因为诉讼职能的分工和侦查、起诉与审判权的制衡正是现代法制为保障诉讼的民主性、科学性而确立的一种基本结构，如果没有互相制约，三机关的分设与权力的分立就失去了意义。

二、该原则在刑事诉讼中的体现

公、检、法三机关互相配合、互相制约的关系体现在刑事诉讼的各个阶段。

（1）在侦查阶段中的体现。公安机关需要逮捕犯罪嫌疑人时，必须提请人民检察院审查批准，人民检察院对不符合逮捕条件的案件，可以做出不批准逮捕的决定；公安机关如果认为人民检察院不批准逮捕的决定有错误，可以要求复议，如果意见不被接受，可以提请上一级人民检察院复核。

（2）在审查起诉阶段中的体现。公安机关侦查终结的案件，认为需要追究刑事责任的，应当写出起诉意见书，连同案卷材料、证据一并移送人民检察院审查起诉；人民检察院审查后，如果认为符合起诉条件的，应当依法决定提起公诉，如果认为案件事实不清、证据不足的，可以退回公安机关补充侦查，也可以自行补充侦查；如果认为不应追究刑事责任的，或者犯罪情节轻微、不需要判处刑罚或可以免除刑罚处罚的，则依法做出不起诉决定；公安机关认为人民检察院不起诉决定有错误的，可以要求复议，如果意见不被接受，可以提请上一级人民检察院复核。

（3）在审判阶段中的体现。人民法院对于人民检察院依法起诉的案件，应当进行审查，对符合条件的，应当决定开庭审判；人民检察院对人民法院依普通程序审判的案件，应当派员出庭法庭支持公诉；人民法院经过审理以后，应当依法对被告人是否犯有被指控的罪行、应否判刑以及如何判刑做出判决；人民检察院认为人民法院的判决确有错误的，可以依据法定程序提出抗诉。

第六节　犯罪嫌疑人、被告人有权获得辩护原则

一、该原则的基本内容

我国《宪法》第130条规定：“被告人有权获得辩护。”《刑事诉讼法》第11条也规定：“被告人有权获得辩护，人民法院有义务保证被告人获得辩护。”辩护原则，是指在法律上确认犯罪嫌疑人、被告人享有辩护权，并在刑事诉讼过程中体现和保障这一权利的诉讼原则。

在我国，犯罪嫌疑人、被告人在刑事诉讼的任何阶段都有权进行辩护，既

可以自行辩护，也可以通过律师或其他人进行辩护。第二次世界大战以后，不断扩大和充实辩护权，成为法治国家刑事诉讼法发展的主流趋势之一，辩护原则由国内法的原则演变为国际刑事司法准则。为了保障犯罪嫌疑人、被告人的辩护权，国际人权法和各国国内法普遍规定应当赋予犯罪嫌疑人、被告人一系列相应的诉讼权利，如有权知悉被指控犯罪的性质和理由；有权被告知可以获得律师的法律帮助；有相当的时间和便利准备辩护，并与自己的律师进行联络；有权询问证人和鉴定人；有权借助于国家的力量强制有利于自己的证人出庭作证；有权对判决、裁定提出上诉；等等。

二、辩护权的理论基础

（1）人权理论。辩护权的实质是人权，是在刑事诉讼中体现对人的保护。将嫌疑人、被告人当人看待，当作诉讼的主体，而不是客体或对象。

（2）诉讼构造理论。诉讼是三方组合，缺少任何一方都是不符合诉讼的特征的。中国古代就是两方组合的诉讼，显然是诉讼的变形。要确立公正的刑事诉讼结构，就应当赋予犯罪嫌疑人、被告人以辩护权，以有效抗衡控方错误的、无根据的指控，保障司法裁判的实体正确性和程序公正性。

（3）查明真相的竞技理论。这是英美法系当事人主义诉讼的理论基础。给予控辩双方平等的权利和机会，使诉讼两造在如同体育竞技般的对抗中充分揭露案件的事实真相，比单方面的事实查证要高效而彻底。辩护权的充分行使有助于事实真相的发现。

（4）权力制约理论。刑事诉讼主要是公权力运行的舞台，赋予犯罪嫌疑人、被告人辩护权，是对国家公权力的必要抗衡与制约。

第七节　未经人民法院依法判决不得确定有罪原则

我国《刑事诉讼法》第 12 条规定：“未经人民法院依法判决，对任何人都不得确定有罪。”这确立了未经人民法院依法判决不得确定有罪的原则。

一、该原则的基本内容

（1）定罪权只能由人民法院统一行使。除人民法院以外，其他任何机关、社会团体和个人都无权确定被告人有罪。定罪权由法院统一行使，是审判权的应有之义，因为审判权的重要内容就是通过审理认定被告人是否应当承担刑事责任以及在何种程度上承担刑事责任。前者是定罪问题，后者是量刑的问题。定罪权只能由人民法院行使，意味着承担侦查职能的公安机关和承担控诉职能的人民检察院，均不能行使定罪权。他们在刑事诉讼中只能对刑事案件作出程序性处理决定，案件的实体处理决定只能由人民法院进行。

（2）未经人民法院依法判决，对任何人都不得确定有罪。这是要求在人民法院作出最终判决前，不得将嫌疑人、被告人视为有罪之人。为此：①应当区分“犯罪嫌疑人”与“被告人”的概念。公诉案件在人民检察院提起公诉前，称为“犯罪嫌疑人”，提起公诉后才称为“被告人”，以防止在起诉前对嫌疑人产生有罪推定；②应当由控诉方承担证明责任。证明被告人有罪的责任应当由控诉方承担，被告人不负提供证据证明自己无罪的责任。不能因为被告人无法提供证据证明自己无罪，就推定被告人有罪；③疑罪从无。当控诉方因为不能提供证据证明被告人有罪时，或者提供的证据不足、不能认定被告人有罪的，应当作出无罪认定。如在审查起诉阶段作不起诉处理；在审判阶段，人民法院应当作出证据不足、指控罪名不能成立的无罪判决。

二、关于无罪推定的理论争议

关于“未经人民法院依法判决不得确定有罪”原则是否就是国际通行的“无罪推定”原则，理论上存有争议。有立法人士解释：“按照《刑事诉讼法》的规定，我国的诉讼程序不是‘无罪推定’，也不是‘有罪推定’，而是以事实为根据，以法律为准绳”。①

但是，多数人认为，我国《刑事诉讼法》第 12 条的规定，与无罪推定的精神吻合，实际上就是关于无罪推定原则的表述。因为，犯罪嫌疑人、被告人在刑事诉讼中的法律地位只有两种：或者有罪，或者无罪。如果在法律上不能确定未受有罪判决的被告人有罪，则当然可以推定其在法律上无罪。既然《刑事诉讼法》第 12 条规定“未经人民法院依法判决，对任何人都不得确定为有罪，”那么其反对解释即为“未经人民法院依法判决，任何人都是无罪之人”，这正与无罪推定原则的表述和意旨相符。

第八节　保障诉讼参与人的诉讼权利原则

一、该原则的基本内容

《刑事诉讼法》第 14 条规定：“人民法院、人民检察院和公安机关应当保

① 胡康生，李福成主编：《中华人民共和国刑事诉讼法释义》，北京：法律出版社，1996 年，第 15 页。

障犯罪嫌疑人、被告人和其他诉讼参与人依法享有的辩护权和其他诉讼权利。诉讼参与人对于审判人员、检察人员和侦查人民侵犯公民诉讼权利和人身侮辱的行为，有权提出控告。”根据此条规定，保障诉讼参与人诉讼权利的原则有两方面内容：

（1）国家专门机关承担诉讼关照义务。诉讼参与人所享有的诉讼权利，是诉讼参与人参加刑事诉讼、维护自身合法权益的必要条件。作为国家专门机关的人民法院、人民检察院和公安机关在进行刑事诉讼活动时，应尊重和维护诉讼参与人的各种诉讼权利，对其不得以任何借口予以限制或剥夺。不仅如此，考虑到诉讼参与人并非法律专家，不一定完全清楚、了解自己所享有的诉讼权利和义务，因此，国家专门机关的工作人员负有关照和提醒的义务，这就是诉讼关照义务。

（2）诉讼参与人有权对侵犯权利的行为提出控告。诉讼参与人对于审判人员、检察人员和侦查人员以限制、剥夺等形式侵犯公民依法享有的诉讼权利和对其进行人身侮辱的行为，有权提出控告。对于控告，任何人不得阻止。如果查证属实，应当严肃处理；构成犯罪的，应当依法追究其刑事责任。

二、该原则的保障措施

（1）履行权利告知义务，保障诉讼参与人的知情权。知情权是诉讼参与人行使其他诉讼权利的基础，刑事诉讼法中有许多权利告知、文书送达的规定，公安机关、检察机关和人民法院，必须认真履行告知、送达义务，否则，就是对诉讼参与人权利的侵害。

（2）给诉讼参与人行使权利提供便利和条件，不得阻挠、限制、剥夺诉讼参与人正当行使其权利。

（3）赋予诉讼参与人以控告权。根据法律规定，诉讼参与人对于侵犯其诉讼权利以及侮辱人身的行为有权提出控告。

保障诉讼参与人诉讼权利的意义，在于保障所有参加刑事诉讼活动的公民的诉讼权利和人格尊严免遭侵犯；有助于公、检、法机关正确文明地进行刑事诉讼。

第九节　人民检察院依法对刑事诉讼实行法律监督原则

一、检察机关在刑事诉讼中的地位

《刑事诉讼法》第八条规定：“人民检察院依法对刑事诉讼实行法律监

督。”这是根据我国《宪法》第134条关于“中华人民共和国人民检察院是国家的法律监督机关”的规定，在1996年3月修改《刑事诉讼法》时新增加的一项基本原则，反映了我国刑事诉讼法的社会主义性质和特色。

二、法律监督在刑事诉讼中的内容

人民检察院对刑事诉讼实行法律监督是贯穿刑事诉讼全过程的一项基本原则，但在不同诉讼阶段，监督的对象、内容、方式和程序是不完全相同的。概括起来，人民检察院对刑事诉讼的法律监督主要包括四个方面的内容：

1. 立案监督

人民检察院认为公安机关对应当立案侦查的案件而不立案的，或者被害人认为公安机关对应当立案侦查的案件而不立案侦查，向人民检察院提出的，人民检察院应当要求公安机关说明不立案的理由；人民检察院如果认为公安机关不立案理由不能成立的，应当通知公安机关立案，公安机关接到通知后应当立案。

2. 侦查监督

人民检察院在审查批捕、审查起诉过程中，应当对公安机关的侦查活动是否合法进行监督，发现有违法情况的，应当通知公安机关纠正，公安机关应当将纠正情况通知人民检察院；同时，人民检察院根据需要可以派员参加公安机关对于重大案件的讨论和其他侦查活动，发现违法行为时，应当监督纠正；人民检察院在审查案件时，还可以要求公安机关提供法庭审判所必需的证据材料。

3. 审判监督

人民法院按照普通程序审判公诉案件时，人民检察院应当派员出庭支持公诉，并对审判活动是否合法进行监督，如果发现庭审活动违反法定的诉讼程序，应当由人民检察院在庭审以后向人民法院提出纠正意见；人民检察院认为人民法院的判决、裁定确有错误的，可以通过第二审程序或者审判监督程序提出抗诉。

4. 执行监督

人民检察院对执行机关执行刑罚的活动是否合法实行监督，如果发现有违法的情况，应当通知执行机关纠正；如果认为主管机关对罪犯监外执行的决定或者人民法院对罪犯的减刑、假释裁定不当，应当依法提出纠正意见，有关机关必须在法定期限内重新审查处理。

第十节　认罪认罚从宽处罚原则

2018年修改的《刑事诉讼法》第15条规定："犯罪嫌疑人、被告人自愿如实供述自己的罪行，承认指控的犯罪事实，愿意接受处罚的，可以依法从宽处理。"这是在经过两年试点的基础上，国家正式将认罪认罚从宽法定化，并且赋予其基本原则的地位，足以显示其重要性。

一、该原则的含义

认罪认罚从宽处罚原则是指，犯罪嫌疑人、被告人自愿如实供述自己的罪行，承认指控的犯罪事实并愿意接受处罚的，可以依法从宽处理。这里包含认罪、认罚和从宽三个关键词。认罪是指自愿如实供述自己的犯罪事实，对指控的基本犯罪不予否认。认罚是指同意人民检察院的量刑建议或不起诉决定，并签署具结书。有的地方实施细则规定，有能力有条件但拒不退缴赃款赃物、赔偿被害人损失，或者隐匿、转移财产逃避财产刑执行的，不属于自愿认罚。从宽是指依法给予从轻处罚，包括符合法律规定的实体从轻处理，如不起诉、降低量刑幅度、判处缓刑等，也包括程序上的快速、非羁押强制措施的使用等。

二、该原则的意义

（1）有利于将我国"坦白从宽"的刑事政策法定化，实现刑罚的目的。长期以来我国的坦白从宽政策在适用上一直是随意、不确定的。许多时候，坦白未必从宽，抗拒也未必从严。司法机关也无法给予准确的从宽处罚考量，在程序选择上也没有法律的明确指引。坦白从宽的政策效果不佳。认罪认罚从宽处罚原则将"坦白从宽、抗拒从严"基本刑事政策衍化为法律原则，并在程序机制的保障下将政策具体化，有利于充分发挥此政策的优势，有效促使被告人认罪和悔悟，实现刑罚对罪犯的矫正和预防再犯的目的。

（2）有利于刑事案件的繁简分流，节约司法资源，有助于简案快审、难案精审，在更高层次上实现公正和效率的统一。劳动教养被废止后，刑法修改将一些普遍存在的违法行为，如醉驾等多发违法行为入刑，使得刑事案件呈显著增长态势。2015年全国法院一审刑事案件比2005年增加约60%，"案多人少"矛盾日益突出。合理配置司法资源，就必须对刑事案件进行"区别对待"，合理繁简分流，将更加复杂的刑事诉讼程序用于处理少数疑难、复杂案件，将更简便的程序用于处理占绝对多数的简单、轻微案件。

（3）有利于培育诉讼民主化的理念和改善被告人诉讼地位。许多国家简易程序赋予被告人享有程序适用同意权，使被告人在一定程度上掌握了自己的命运，充分体现了尊重被告人主体性的价值理念。被告人作为一方当事人应有权自主作出选择，即便选择了有罪答辩，也是为了最大限度实现自身利益而作出的“自愿而理智”的选择。该原则在尊重被告人意志的基础上实现了认罪的自愿性，无疑有利于促进我国刑事诉讼的民主化和改善被告人诉讼地位。

（4）有利于通过发挥控辩双方在刑罚裁量中的作用，发扬司法民主，防止司法权过度集中化。近年来推行的不少司法改革措施使法官在刑事诉讼中的权力逐渐增大，这当然是树立司法权威、实现司法公正的必然要求。但是也应看到，由于我国没有陪审团对法官审判权的合理分割与制约，在一些法官现有素质不能适应公正司法要求的情况下容易演化成为权力的滥用。量刑过程是一个包括认知、心理、逻辑等多种因素的法律操作过程，在规定幅度内自由审酌的量刑权力是法官的职权，但是过大的裁量幅度会给法官的具体操作带来困难，也容易为司法腐败提供温床。认罪认罚从宽赋予被告人以程序选择权，被告人通过放弃部分诉讼权益，参与到量刑问题的决定过程中来，并获得明文规定的从轻处罚结果。控辩双方对量刑的意见通过公开的程序渠道反映出来，是对法官自由裁量权的一种制约。

第十一节　具有法定情形不予追究刑事责任原则

一、法定不追究的情形

我国《刑事诉讼法》第16条确立了具有法定情形的不予追究刑事责任原则。实行这一原则，可以防止和及时纠正对不应追究刑事责任人的错误追究，可以节约司法资源，避免无效劳动。

法定不予追究刑事责任的情形如下：

（1）情节显著轻微、危害不大，不认为是犯罪的。

（2）犯罪已过追诉时效期限的。

（3）经特赦令免除刑罚的。

（4）依照刑法告诉才处理的犯罪，没有告诉或者撤回告诉的。

（5）犯罪嫌疑人、被告人死亡的，追究犯罪所得的除外。

（6）其他法律规定免予追究刑事责任的。

如果按照刑法应当追究刑事责任，但其他生效法律规定免予追究刑事责任的，依据特别法优于普通法的原则，不予追究。

二、该原则的处理方式

（1）不立案或不予受理。对于公诉案件，如果在刑事诉讼开始前，就已经发现具有上述六种情形之一的，公安机关或检察机关应当决定不立案；如果法院对于检察院已经提起公诉的案件，在庭前审查阶段发现具有上述五种情形之一的，法院应当决定不予受理。

（2）撤销案件。如果在侦查阶段发现案件具有上述情形之一的，公安机关或人民检察院应当撤销案件。

（3）不起诉。如果在审查起诉阶段发现案件具有上述情形之一的，人民检察院应当做出不起诉决定。应当特别注意的是，人民检察院对于公安机关移送审查起诉的案件：①发现犯罪嫌疑人没有违法犯罪行为的，应当书面说明理由将案卷退回公安机关处理；②发现犯罪事实并非犯罪嫌疑人所为的，应当书面说明理由将案卷退回公安机关并建议公安机关重新侦查。人民检察院审查起诉部门对于本院侦查部门移送审查起诉的案件，发现具有上述情形之一的，应当退回本院侦查部门，建议作出撤销案件的处理。

（4）终止审理。如果在审判阶段发现案件属于《刑事诉讼法》第 16 条规定的第（二）至（六）这五种情形，人民法院应当裁定终止审理。

（5）宣告无罪。如果在审判阶段发现案件具有《刑事诉讼法》第 16 条规定的第一种情形，即情节显著轻微、危害不大，不认为是犯罪的，或者被告人死亡，但根据已经查明的案件事实和认定的证据材料，能够确认被告人无罪的，应当判决宣告被告人无罪。《最高人民法院关于执行〈中华人民共和国刑事诉讼法〉若干问题的解释》第 176 条第四款规定："证据不足，不能认定被告人有罪的，应当以证据不足，指控的犯罪不能成立，判决宣告被告人无罪。"

实行依法不追究原则的意义：保障国家的追诉权能够得到统一正确的行使，防止扩大追诉范围，保障依法不应当受到刑事追究的人不被追诉和被判刑。

第十二节 追究外国人刑事责任适用我国刑事诉讼法原则

这项原则实际上是刑事司法主权原则的体现，其法律依据是《刑事诉讼法》第 17 条的规定："对于外国人犯罪应当追究刑事责任的，适用本法的规定。对于享有外交特权和豁免权的外国人犯罪应当追究刑事责任的，通过外交途径解决。"

一、该原则的内容和要求

(1) 外国人（含无国籍人和国籍不明的人）犯罪，主要是指外国人在中华人民共和国领域内的犯罪，但同时也应包括外国人在中华人民共和国领域外对我们国家和公民的犯罪。外国人犯罪案件由我国公安、司法机关管辖，由我国公安、司法机关按照我国刑事诉讼法规定的原则、制度和程序进行处理。

(2) 如果我国缔结或者参加的国际条约中，有关于刑事诉讼程序具体的规定的，除我国声明保留的条款外，在处理外国人犯罪案件时，也应当适用该国际条约中的有关规定。

(3) 对于享有外交特权和豁免权的外国人犯罪应当追究刑事责任的，不受我国司法管辖，只能通过外交途径解决。

二、该原则的意义

既能体现和维护我国的司法主权，保护我们国家和公民的利益，维护我国的法律尊严，又可以妥善处理我国与外国的关系，防止因对刑事案件处理不当而影响我国同其他国家之间平等正常的交往。

第四章　回避

第一节　回避的概念和意义

一、回避的概念

刑事诉讼中的回避，是指侦查人员、检察人员和审判人员，因与案件或案件的当事人具有某种利害关系或其他特殊关系，可能影响刑事案件的公正处理，而不得参加对该案进行的诉讼活动的一项诉讼制度。

回避制度的基本内容是要求法官于案件有利益牵涉时，不得担任本案的审判官。回避制度设立的目的就旨在保证法官与案件利益无涉，防止法官在审判中因利益牵涉而丧失裁判者的中立性。

“利益牵涉应当回避”是一项古老的诉讼原则，早在古罗马时期的“自然正义”原则中就明确规定：一方面任何人不得作为自己案件的法官，另一方面应听取双方之词，任何一方之词未被听取不得对其裁判。

为了避免审讯活动中的偏袒行为，古代司法审判中就已规定了听讼回避制度。中国诉讼回避，在古代称为“换推制”，首见于《唐六典》，在唐代发展成为一项制度，“凡鞫狱管与被鞫狱人有亲属仇嫌者，皆听更之”。其中的亲，指负责办案的官员与被告有五服内之亲，大功以上姻亲，或者是被告授业师长。

我国宋代，规定知县要回避本籍。在宋代，诉讼回避的范围更广，规定更为细致。法官与被告为科考的同年、同门、同科目关系的；审判官本身就是被告人，或被告人上司的；涉及上下级关系隶属的；“事关有服之亲，并婚姻之家及曾受业师”；或者系有仇嫌之人，都必须回避。对于有应回避情形而不回避的，还要科以杖一百的处罚制度。

明律中专门有“听讼回避”条，回避情形大致可分为两类：一是地区回避；二是身份回避。清代在历代制度的基础上，建立了一套比较完备的回避制度，包括三方面：亲族回避、地区回避、职务回避。

二、回避的意义

建立回避制度的法治意义在于确保案件处理的实体公正和程序公正。

一方面，回避制度有利于保证案件在实体上得到客观公正的处理。刑事司法工作者如果与案件或当事人存在某种利害关系或其他关系，就可能对案件产生先入为主的预断或偏见，甚至徇私舞弊、枉法追诉或裁判。建立回避制度，切断那些与案件或当事人存有法定利害关系，或者其他可能影响案件公正处理关系的司法工作人员与案件处理结果之间的关系，才能保证案件在实体上得到客观公正的处理。

另一方面，回避制度有利于保证案件处理程序的公正性。回避制度通过构建一个“利益无涉”的诉讼空间，既避免了当事人各方受到偏袒、歧视或其他不公正对待，从而平等地、充分地享受诉讼权利、参与诉讼活动，也使得当事人以及社会公众从心理上更为认同司法工作人员的最终处理决定，有利于息讼。

第二节　回避的种类、理由和适用人员

一、回避的种类

根据我国刑事诉讼法的规定，回避可以分为自行回避、申请回避和指令回避三种。

（1）自行回避。是指审判人员、检察人员、侦查人员等在诉讼过程中遇有法定回避情形时，自行主动地要求退出刑事诉讼活动的制度。自行回避的特征在于其主动性，即通过司法工作人员的职业自律和自我约束，主动避嫌事先退出诉讼活动，以消除导致案件得到不公正处理的可能性。

（2）申请回避。是指案件当事人及其法定代理人、辩护人、诉讼代理人，认为审判人员、检察人员、侦查人员等具有法定回避情形，而向他们所在的机关提出申请，要求他们回避的制度。这是当事人及其代理人、辩护人的一项诉讼权利。因此，公安司法机关有义务保证当事人及其代理人、辩护人在刑事诉讼的各个阶段充分有效地行使申请回避权。

（3）指令回避。是指审判人员、检察人员、侦查人员等遇有法定的回避情形而没有自行回避，当事人及其代理人、辩护人也没有申请其回避，法院、检察机关、公安机关等有关组织或行政负责人有权作出决定，令其退出诉讼活动。指令回避是回避制度的重要组成部分，是对自行回避和申请回避的必要补充。

二、回避的理由

根据《刑事诉讼法》和相关司法解释的规定，回避的理由包括：

1. 利害关系回避

（1）是本案的当事人或者是当事人的近亲属的。即任何人不得担任自己为当事人的案件的裁判者。这里的“当事人”，是指本案的被害人、自诉人、犯罪嫌疑人、被告人、附带民事诉讼的原告人和被告人。这里的“近亲属”，根据《刑事诉讼法》第108条的规定，指的是“夫、妻、父、母、子、女、同胞兄弟姊妹”。

（2）本人或者他的近亲属和本案有利害关系的。侦查、检察或者审判人员本人或者他们的近亲属如果与本案有某种利害关系，也可能因为利益牵涉而影响案件的公正处理，因此，具备这一情形的司法工作人员也应当回避。

（3）担任过本案证人、鉴定人、辩护人或者诉讼代理人的。一方面，证人具有不可替代性，如果审判、检察或侦查人员在本案中曾担任过证人、鉴定人，或者为案件提供过证言或鉴定结论，那他就可能对案件事实或案件的实体结局产生了预断，无法保证客观公正的立场，容易导致先入为主甚至误判。另一方面，如果上述人员同时担任过本案的辩护人或诉讼代理人，就可能与委托过他们的当事人发生某种特殊关系，从而对案件事实有所了解，这样，就无法保证他们公正、客观地进行刑事诉讼活动。因此，司法工作人员遇有这些情形，应当回避。

（4）与本案当事人有其他关系，可能影响案件公正处理的。该项属于兜底条款，即审判、检察或侦查人员如果与当事人存有上述三种情形以外的“其他关系”，以至于“可能影响案件公正处理的”，也应当回避。

（5）违反规定会见当事人及其委托代理人或者接受其请客送礼的。《刑事诉讼法》第30条规定：“审判人员、检察人员、侦查人员不得接受当事人及其委托的人的请客送礼，不得违反规定会见当事人及其委托的人。审判人员、检察人员、侦查人员违反前款规定的，应当依法追究法律责任。当事人及其法定代理人有权要求他们回避。”根据这一规定，司法工作人员接受当事人及其委托人的“请客送礼”，违反规定会见当事人及其委托人，也构成回避的法定事由。

2. 任职回避

（1）重新审判案件的回避。《刑事诉讼法》第239条规定：“原审人民法院对于发回重新审判的案件，应当另行组成合议庭。”第256条规定“人民法院按照审判监督程序重新审判的案件，由原审人民法院审理的，应当另行组成合议庭进行。"根据上述规定，对于发回重审的案件，原审合议庭成员不得再参与对案件的审理。

（2）参加过本案侦查的侦查人员，如果调至人民检察院工作，不得担任本案的检察人员。

（3）参加过本案侦查、起诉的侦查、检察人员，如果调至人民法院工作，不得担任本案的审判人员。

（4）根据法官法、检察官法，法官、检察官从单位离任后二年内，不得以律师身份担任诉讼代理人或者辩护人。离任二年后，不得担任原任职法院、检察院办理案件的诉讼代理人或者辩护人。

（5）法官、检察官的配偶、子女不得担任该法官、检察官所任职单位办理案件的诉讼代理人或者辩护人。

三、回避的适用人员

回避的适用人员是指在法律明确规定的情形下应当回避的司法工作人员的范围。具体包括：

（1）审判人员。包括人民法院内处理本案的法官、人民陪审员、审委会成员等。

（2）检察人员。包括人民检察院中处理本案的检察官、检委会成员等。

（3）侦查人员。包括侦查机关办理本案的侦查人员。

（4）书记员。在侦查、起诉、审判阶段从事诉讼活动记录工作的书记员。

（5）翻译人员。包括公检法机关指派或聘请的，在侦查、起诉、审判各个阶段担任翻译的人员。

（6）鉴定人。包括公检法机关指派或聘请的在侦查、起诉、审判各个阶段进行鉴定并提供鉴定意见的人员。

第三节　回避的程序

审判人员、检察人员和侦查人员在各自刑事诉讼活动开始时，即应向犯罪嫌疑人、被告人等当事人及其法定代理人告知其享有申请回避的权利。对此，《刑事诉讼法》规定，开庭的时候，审判长应告知当事人有权对合议庭组成人员、书记员、公诉人、鉴定人和翻译人员申请回避。同理，在侦查和审查起诉阶段，侦查人员、检察人员也应当及时告知当事人及其法定代理人、辩护人等有权申请回避。

1. 回避申请的提出

自行回避或申请回避，均可以通过书面或口头的方式提出，并说明理由。

2. 回避申请的审查和决定

《刑事诉讼法》第 31 条规定："审判人员、检察人员和侦查人员的回避，应当分别由院长、检察长、公安机关负责人决定；院长的回避，由本院审判委员会决定；检察长和公安机关负责人的回避，由同级人民检察院检察委员会决定。对侦查人员的回避决定作出之前，侦查人员不能停止对案件的侦查。"

对书记员、翻译人员和鉴定人的回避，在哪个阶段就由哪个机关的负责人决定。

3. 对驳回申请回避决定的复议

为保障当事人的回避申请得到及时救济，法律和相关司法解释规定，在人民法院审判阶段，当事人及其法定代理人对驳回回避申请的决定有异议的，可以当庭申请复议一次。如果申请回避人当庭申请复议，合议庭应当宣布休庭，待作出复议决定后，决定是否继续法庭审理。但是，对于不属于《刑事诉讼法》第 29、30 条所列情形的回避申请，由法庭当庭驳回，并不得申请复议。

第五章　刑事辩护与代理

第一节　刑事辩护制度

一、辩护、辩护权和辩护制度

（1）辩护。是指刑事诉讼中的犯罪嫌疑人、被告人及其辩护人反驳控方对嫌疑人、被告人的指控，提出有利于犯罪嫌疑人、被告人的事实和理由，以说明犯罪嫌疑人、被告人无罪、罪轻或者应当减轻、免除处罚，维护犯罪嫌疑人、被告人合法权益的诉讼活动。辩护是针对控诉而言的，有控诉才有辩护。辩护是一种诉讼活动，辩护的主体包括犯罪嫌疑人、被告人及其辩护人，这些人都可以进行辩护活动。

（2）辩护权。是法律赋予犯罪嫌疑人、被告人反驳刑事指控的一种权利。任何一个公民，一旦被官方怀疑犯有罪行，按照现代法律，他就具有了辩护权。辩护权只有犯罪嫌疑人和被告人才享有，其他人包括辩护人都没有这个权利，辩护人只是代为行使辩护权。

（3）辩护制度。是国家关于刑事辩护的一系列法律规则所构建的制度，其中包括辩护主体、辩护种类、辩护方式、辩护人等多种内容。在古罗马时代，就有辩护制度的萌芽，被告人不仅可以进行辩护，还可以请法律家作辩护士帮助辩护。中国古代也有讼师之类的社会角色，但是，纠问式诉讼方式决定了辩护不可能盛行。

二、自行辩护

自行辩护是犯罪嫌疑人、被告人自己针对控诉方的指控进行的反驳和辩解，是自己为自己所作的辩护。这种方式贯穿在刑事诉讼的整个过程，无论是刑事案件的侦查、起诉或者审判阶段，犯罪嫌疑人、被告人都有权自行辩护。自行辩护是犯罪嫌疑人、被告人实现其辩护权的最基本的方式。犯罪嫌疑人、被告人是刑事诉讼的中心人物，是被追究刑事责任的对象。而且，他们对是否实施了犯罪、如何实施的以及犯罪的后果最清楚。为保护自己不受非法追究或者是罚当其罪，他们会竭力提供对自己有利的各种事实和证据，证明自己无罪、罪轻和应当或者可以从轻、减轻、免除处罚。

三、委托辩护

为更有效地维护犯罪嫌疑人、被告人的合法权益，法律允许犯罪嫌疑人、被告人在自行辩护的同时，还可以委托一至二人作为辩护人帮助其进行辩护。这种委托依犯罪嫌疑人、被告人的意愿进行，是其重要的诉讼权利。辩护人在刑事诉讼中与犯罪嫌疑人、被告人一起共同承担辩护职能。犯罪嫌疑人、被告人在押期间要求委托辩护人的，人民法院、人民检察院和公安机关应当及时转达其要求。犯罪嫌疑人、被告人在押的，也可以由其监护人、近亲属代为委托辩护人。

1. 可以被委托作辩护人的人

依照法律规定，下列人员可以被委托作辩护人：

（1）律师。

（2）人民团体或者犯罪嫌疑人、被告人所在单位推荐的人。

（3）犯罪嫌疑人、被告人的监护人、亲友。

2. 不能被委托担任辩护人的人

根据《刑事诉讼法》第33条第二款、第三款以及相关司法解释的规定，下列人员不能被委托担任辩护人：

（1）正在被执行刑罚的人。应当注意的是正在执行的刑罚包括主刑，也包括附加刑。主刑已被执行完毕，但仍在执行剥夺政治权利的，也不得担任辩护人。被宣告缓刑的人也不得担任辩护人。

（2）依法被剥夺、限制人身自由的人。

（3）无行为能力或者限制行为能力的人。

（4）人民法院、人民检察院、公安机关、国家安全机关、监狱的现职人员。

（5）本法院的人民陪审员。

（6）与本案审理结果有利害关系的人。

（7）外国人或者无国籍人。

（8）法官、检察官从人民法院、人民检察院离任后二年内，不得以律师身份担任诉讼代理人或者辩护人。

（9）法官、检察官从人民法院、人民检察院离任后，不得担任原任职法院或检察院办理案件的诉讼代理人或者辩护人。

(10) 法官、检察官的配偶、子女不得担任该法官或检察官所任职法院或检察院办理案件的诉讼代理人或者辩护人。

(11) 被开除公职和被吊销律师、公证员执业证书的人，不得担任辩护人。

应当注意的是，对属于上述不得担任辩护人范围中第4—7、11项的人员，如果是犯罪嫌疑人或者被告人的近亲属或者监护人，并且不属于第1—3项情形的，可以由犯罪嫌疑人或者被告人委托担任辩护人。

3. 委托辩护的时间

根据《刑事诉讼法》第34条、第187条的规定，委托辩护的时间分四种情况：

(1) 侦查阶段。犯罪嫌疑人自被侦查机关第一次讯问或者采取强制措施之日起，有权委托辩护人。在侦查期间，只能委托律师作为辩护人。侦查机关在第一次讯问犯罪嫌疑人或者对犯罪嫌疑人采取强制措施的时候，应当告知犯罪嫌疑人有权委托辩护人。

(2) 审查起诉阶段。人民检察院自收到移送审查起诉的案件材料之日起三日以内，应当告知犯罪嫌疑人有权委托辩护人。

(3) 审判阶段。无论公诉案件还是自诉案件，被告人有权随时委托辩护人。人民法院自受理案件之日起三日以内，应当告知被告人有权委托辩护人。

(4) 人民法院决定开庭审理后，应当将起诉书副本至迟在开庭十日以前送达被告人。对于被告人未委托辩护人的，告知被告人可以委托辩护人。

辩护人接受犯罪嫌疑人、被告人委托后，应当及时告知办理案件的机关。

四、指定辩护

指定辩护是依照法律规定，公检法机关为没有辩护人的犯罪嫌疑人、被告人指定律师提供法律援助，帮助其进行刑事辩护的情形。指定辩护是法律的强制性规范，对于公检法办案机关而言，是必须严格执行不得违反的规定。通过法律援助为被告人指定辩护，有利于提高辩护质量，有利于我国刑事司法与国际刑事司法准则的接轨。联合国《关于律师作用的基本原则》规定："任何没有律师的人在司法需要的情况下，均有权获得按犯罪性质指派给他的一名有经验和能力的律师以便得到有效的法律援助，如果他无足够力量为此种服务支付费用，可不交费。"我国的辩护制度从整体上来看也体现了该原则的精神。

在我国，指定辩护经历了特殊指定辩护与普遍指定辩护两个时期三个阶段。

1. 特殊指定辩护

特殊指定辩护，是法律规定对于特定人员给予指定辩护的情形。特殊指定辩护在 1979 年《刑事诉讼法》中，限于审判阶段被告人是未成年人、可能被判处死刑、无期徒刑的人、聋哑盲人而没有委托辩护人的三种情形是必须指定的，对于公诉人出庭公诉的案件，被告人由于经济困难而没有委托辩护人的，法律规定是可以指定，实际上很少指定。2012 年修订的《刑事诉讼法》，将指定辩护的对象从被告人扩大到犯罪嫌疑人，规定犯罪嫌疑人、被告人属于下列情形时，人民法院、人民检察院和公安机关应当通知法律援助机构指派律师为其提供辩护：

（1）是盲、聋、哑人而没有委托辩护人的。

（2）是尚未完全丧失辨认或者控制自己行为能力的精神病人而没有委托辩护人的。

（3）可能被判处无期徒刑、死刑而没有委托辩护人的。

（4）是未成年人而没有委托辩护人的。

2012 年《刑事诉讼法》取消了对于经济困难或其他原因没有委托辩护人的指定辩护。原因在于：经济困难与否以及其他原因，通常不易判断且涉及人数众多，既增加了法院审查的负担，又容易导致适用上的不公。因此规定，犯罪嫌疑人、被告人因经济困难或者其他原因没有委托辩护人的，本人及其近亲属可以向法律援助机构提出申请。对符合法律援助条件的，法律援助机构应当指派律师为其提供辩护。

2. 普遍指定辩护

普遍指定辩护即刑事辩护全覆盖阶段。为推进以审判为中心的刑事诉讼制度改革，加强人权司法保障，促进司法公正，充分发挥律师在刑事案件审判中的辩护作用，2017 年 10 月，最高人民法院与司法部联合开展刑事案件审判阶段律师辩护全覆盖试点工作。试点办法规定：被告人具有《刑事诉讼法》第 34 条、第 267 条规定应当通知辩护情形，没有委托辩护人的，人民法院应当通知法律援助机构指派律师为其提供辩护。除前款规定外，其他适用普通程序审理的一审案件、二审案件、按照审判监督程序审理的案件，被告人没有委托辩护人的，人民法院应当通知法律援助机构指派律师为其提供辩护。适用简易程序、速裁程序审理的案件，被告人没有辩护人的，人民法院应当通知法律援助机构派驻的值班律师为其提供法律帮助。在法律援助机构指派的律师或者被告人委托的律师为被告人提供辩护前，被告人及其近亲属可以提出法律帮助请求，人民法院应当通知法律援助机构派驻的值班律师为其提供法律帮助。

2018 年修订的《刑事诉讼法》第 36 条规定：“法律援助机构可以在人民

法院、看守所等场所派驻值班律师。犯罪嫌疑人、被告人没有委托辩护人，法律援助机构没有指派律师为其提供辩护的，由值班律师为犯罪嫌疑人、被告人提供法律咨询、程序选择建议、申请变更强制措施、对案件处理提出意见等法律帮助。人民法院、人民检察院、看守所应当告知犯罪嫌疑人、被告人有权约见值班律师，并为犯罪嫌疑人、被告人约见值班律师提供便利。”从试点到《刑事诉讼法》修正案的正式确认，普遍指定辩护在我国正式全面推行。

五、辩护人的职责

在我国，辩护人的责任是根据事实和法律，提出犯罪嫌疑人、被告人无罪、罪轻或者减轻、免除其刑事责任的材料和意见，维护犯罪嫌疑人、被告人的诉讼权利和其他合法权益。具体有如下方面：

（1）根据事实和法律，在实体上为犯罪嫌疑人、被告人作无罪、罪轻或者减轻、免除其刑事责任的辩护。

（2）从程序上帮助当事人维护其诉讼权利，在其权利受到侵害或阻挠时，依法进行抗争。

（3）提供法律咨询或其他法律帮助，如代写文书等。

辩护律师在侦查期间可以为犯罪嫌疑人提供法律帮助；代理申诉、控告；申请变更强制措施；向侦查机关了解犯罪嫌疑人涉嫌的罪名和案件有关情况，提出意见。

六、辩护人的诉讼地位

在我国，辩护人是诉讼参与人之一，《刑事诉讼法》第37条明确规定其责任是：根据事实和法律，提出犯罪嫌疑人、被告人无罪、罪轻或者减轻、免除其刑事责任的材料和意见，维护犯罪嫌疑人、被告人的诉讼权利和其他合法权益。可见，辩护人在刑事诉讼中的法律地位是独立的诉讼参与人，是犯罪嫌疑人、被告人合法权益的专门维护者。具有独立的诉讼地位，既不依附于犯罪嫌疑人或被告人，也不从属于法官、检察官。与控诉方地位平等，诉讼立场相对，共同维护法律的正确实施。具体而言：

（1）辩护人是犯罪嫌疑人、被告人合法权益的维护者，并不维护当事人的非法利益，不是犯罪的帮凶或庇护人。

（2）辩护人行使的是辩护职能，因而不能充当控告者对当事人进行检举、揭发。如果发现当事人有隐瞒的犯罪事实，可以劝其自首或者拒绝为其辩护。

（3）辩护人依据事实和法律，独立进行辩护，不受当事人意见的约束，不受法院、检察院的干涉。

七、辩护人的权利

辩护人依法享有诉讼权利和履行诉讼义务是正确开展辩护活动的重要保障。需要注意的是，在刑事诉讼中，律师与其他辩护人的诉讼权利不同，辩护人在不同诉讼阶段的诉讼权利也不同。2012 年、2018 年新修改的《刑事诉讼法》，对辩护人的权利给予了较大幅度的扩充与完善，辩护人依法享有的权利主要有：

（1）阅卷权。《刑事诉讼法》第 40 条规定："辩护律师自人民检察院对案件审查起诉之日起，可以查阅、摘抄、复制本案的案卷材料。其他辩护人经人民法院、人民检察院许可，也可以查阅、摘抄、复制上述材料。"这里所说的案卷材料，应当是全部的侦查卷宗材料。

（2）会见通信权。根据《刑事诉讼法》第 39 条规定："辩护律师可以同在押的犯罪嫌疑人、被告人会见和通信。其他辩护人经人民法院、人民检察院许可，也可以同在押的或者被监视居住的犯罪嫌疑人、被告人会见和通信。辩护人会见犯罪嫌疑人、被告人时不被监听。"

辩护律师持律师执业证书、律师事务所证明和委托书或者法律援助公函要求会见在押的或者被监视居住的犯罪嫌疑人、被告人的，看守所应当及时安排会见，至迟不得超过四十八小时。危害国家安全犯罪、恐怖活动犯罪案件，在侦查期间辩护律师会见在押的犯罪嫌疑人，应当经侦查机关许可。上述案件，侦查机关应当事先通知看守所。其他案件则无须获得侦查机关的批准。辩护人会见在押的犯罪嫌疑人、被告人，可以了解案件有关情况，提供法律咨询等；自案件移送审查起诉之日起，可以向犯罪嫌疑人、被告人核实有关证据。

（3）调查取证与申请调查取证权。根据《刑事诉讼法》第 41 条、第 43 条的规定，辩护人的调查取证权分三个方面：①辩护律师经证人或者其他有关单位和个人同意，可以向他们收集与本案有关的材料，也可以申请人民检察院、人民法院收集、调取证据，或者申请人民法院通知证人出庭作证；②辩护律师经人民检察院或者人民法院许可，并且经被害人或者其近亲属、被害人提供的证人同意，可以向他们收集与本案有关的材料；③辩护人认为在侦查、审查起诉期间公安机关、人民检察院收集的证明犯罪嫌疑人、被告人无罪或者罪轻的证据材料未提交的，有权申请人民检察院、人民法院调取。

（4）职业保密权。《刑事诉讼法》第 48 条规定："辩护律师对在执业活动中知悉的委托人的有关情况和信息，有权予以保密。但是，辩护律师在执业活动中知悉委托人或者其他人，准备或者正在实施危害国家安全、公共安全以及严重危害他人人身安全的犯罪的，应当及时告知司法机关。"

（5）要求回避、申请复议权。

（6）独立进行辩护权。辩护人依据证据、自己对案件事实的看法和对法律的理解，独立进行辩护，不受任何机关和个人的干涉，其人身权利和诉讼权利受法律保护。并且依照《律师法》，律师在法庭上发表的代理、辩护意见不受法律追究。但是，发表危害国家安全、恶意诽谤他人、严重扰乱法庭秩序的言论除外。这种独立辩护权还包含了特殊情况下的拒绝辩护权。

（7）重要事项的知情权。为保障辩护人、诉讼代理人履行职责，《刑事诉讼法》对辩护人的知情权作了三方面的规定：①公安机关侦查终结移送审查起诉时，应将案件移送情况告知犯罪嫌疑人及其辩护律师；②法院开庭前，应将人民检察院的起诉书副本至迟在开庭十日以前送达被告人及其辩护人。而以前只是送达被告人；③判决书应当同时送达辩护人、诉讼代理人。

（8）发表辩护意见的表达权。在侦查、审查起诉和审判各阶段，依照法律要求，办案机关都要听取辩护人的意见，因此，向公安司法机关提供辩护意见，是《刑事诉讼法》赋予辩护人的一项重要权利。作为专业人士的辩护律师，及时向办案机关表达意见和看法，有助于案件的正确、快速推进。辩护人的表达权体现在各个重要阶段。①在案件侦查终结前，辩护律师提出要求的，侦查机关应当听取辩护律师的意见，并记录在案。辩护律师提出书面意见的，应当附卷；②人民检察院审查批准逮捕，可以询问证人等诉讼参与人，听取辩护律师的意见；辩护律师提出要求的，应当听取辩护律师的意见；③人民检察院审查案件，应当讯问犯罪嫌疑人，听取辩护人、被害人及其诉讼代理人的意见，并记录在案。辩护人、被害人及其诉讼代理人提出书面意见的，应当附卷；④在开庭以前，审判人员可以召集公诉人、当事人和辩护人、诉讼代理人，对回避、出庭证人名单、非法证据排除等与审判相关的问题，了解情况，听取意见；⑤第二审人民法院决定不开庭审理的，应当讯问被告人，听取其他当事人、辩护人、诉讼代理人的意见；⑥最高人民法院复核死刑案件，应当讯问被告人，辩护律师提出要求的，应当听取辩护律师的意见。

（9）申请解除或者变更对犯罪嫌疑人、被告人强制措施的权利及其答复权。根据《刑事诉讼法》的规定，辩护人对于人民法院、人民检察院或者公安机关采取强制措施法定期限届满的，有权要求解除强制措施。对于已经采取的强制措施，有权申请予以变更。人民法院、人民检察院和公安机关收到申请后，应当在三日以内作出决定；不同意变更强制措施的，应当告知申请人，并说明不同意的理由。

（10）出庭进行辩护权。法庭是辩护人进行辩护、全面阐述辩护意见的主要舞台，因此，出庭辩护是辩护人履行职责的一项特别重要的权利。这项权利包含三个方面：①获取出庭通知权；②参加法庭调查权；③参加法庭辩论权。

（11）非法证据排除的申请权。根据《刑事诉讼法》第58条的规定："当事人及其辩护人、诉讼代理人有权申请人民法院对以非法方法收集的证据依法予以排除。"

（12）经被告人同意，代为上诉的权利。辩护人经被告人同意，可以代被告人提出上诉。

（13）控告、申诉权。辩护人享有的控告、申诉权包含两个方面，一是对妨碍履职的申诉、控告权。二是在当事人的权利受到侵害时为当事人进行控告、申诉。如关于人、财、物强制性措施的控告与申诉。

八、辩护人的义务

辩护人在刑事诉讼中承担的义务主要有：

（1）根据事实和法律，提出证明犯罪嫌疑人、被告人无罪、罪轻或者减轻、免除其刑事责任的材料和意见。辩护律师在接受委托或指定后，有义务为犯罪嫌疑人、被告人辩护，无法定理由不得拒绝辩护。

（2）会见在押犯罪嫌疑人、被告人时，应当遵守看管场所的规定。

（3）参加法庭审判时要按时出庭，履行辩护职责并遵守法庭规则。

（4）及时开示收集到的积极抗辩证据。根据《刑事诉讼法》第42条的要求，辩护人收集的有关犯罪嫌疑人不在犯罪现场、未达到刑事责任年龄、属于依法不负刑事责任的精神病人的证据，应当及时告知公安机关、人民检察院。这是与辩护人享有的阅卷权、调查取证权相对应的诉讼义务。

（5）辩护律师在执业活动中知悉委托人或者其他人，准备或者正在实施危害国家安全、公共安全以及严重危害他人人身安全的犯罪的，应当及时告知司法机关。这是律师执业保密特权的例外。

（6）根据《刑事诉讼法》第44条的规定："辩护人或者其他任何人，不得帮助犯罪嫌疑人、被告人隐匿、毁灭、伪造证据或者串供，不得威胁、引诱证人作伪证以及进行其他干扰司法机关诉讼活动的行为。违反前款规定的，应当依法追究法律责任，辩护人涉嫌犯罪的，应当由办理辩护人所承办案件的侦查机关以外的侦查机关办理。辩护人是律师的，应当及时通知其所在的律师事务所或者所属的律师协会。"

（7）其他义务。根据《律师法》的规定，辩护律师还有如下义务：应当保守在执业活动中知悉的国家秘密和当事人的商业秘密，不得泄露当事人的隐私；不私自接受委托，私自向委托人收取费用，收受委托人的财物；不利用提供法律服务的便利牟取当事人争议的权益，或者接受对方当事人的财物；不违反规定会见法官、检察官；不向法官、检察官以及其他有关工作人员请客送礼或者行贿，或者指使、诱导当事人行贿；不提供虚假证据，隐瞒事实或者威胁、利诱他人提供虚假证据，隐瞒事实以及妨碍对方当事人合法取得证据；不扰乱法庭秩序，干扰诉讼活动的正常进行。

第二节　刑事代理制度

一、刑事代理概述

所谓刑事代理，是指犯罪嫌疑人、被告人以外的当事人方委托诉讼代理人，代理委托人进行诉讼行为的法律制度。犯罪嫌疑人、被告人委托的人称为辩护人，其他当事人委托的人都称为诉讼代理人。

刑事诉讼中的代理可分为法定代理和委托代理两种。法定代理，是基于法律规定而产生的代理；委托代理，则是基于被代理人的委托、授权而产生的代理。刑事诉讼中的代理人可以是律师，也可是律师之外的其他公民。根据《刑事诉讼法》第 33 条、第 47 条的规定，委托诉讼代理人的范围与辩护人的范围相同。

刑事代理只是诉讼代理，其原理与民事代理相同。诉讼代理人应当向人民法院提交由被代理人签名或者盖章的委托书或者授权委托书。

诉讼代理人的责任是根据事实和法律，维护被害人、自诉人或者附带民事诉讼当事人的合法权益。无论是律师代理还是其他人的代理，代理人都必须在代理权限范围内进行代理活动，代理人在代理权限范围内的诉讼行为和法律行为与委托人自己的诉讼行为和法律行为具有同等效力，其法律后果由被代理人承担。

律师担任诉讼代理人，可以查阅、摘抄、复制与本案有关的材料，了解案情。其他诉讼代理人经人民法院准许，也可以查阅、摘抄、复制本案有关材料，了解案情。代理律师向证人或者其他有关单位和个人收集、调取与本案有关的材料，因证人、有关单位和个人不同意，申请人民法院收集、调取，人民法院认为有必要的，应当同意。代理律师直接申请人民法院收集、调取证据，人民法院认为代理律师不宜或者不能向证人或者其他有关单位和个人收集、调取，并确有必要的，应当同意。人民法院根据代理律师的申请收集、调取证据时，申请人可以在场。人民法院根据代理律师的申请收集、调取的证据，应当及时复制移送申请人。

二、刑事代理的种类

1. 公诉案件中的代理

公诉案件中的被害人或其法定代理人、近亲属，依法可以委托诉讼代理人，代理被害人进行诉讼活动，维护刑事被害人的合法权益。委托代理人的时间是自案件移送审查起诉之日起。

2. 自诉案件中的代理

自诉人及其法定代理人有权委托代理人代理诉讼行为。自诉人可以随时委托代理人，法院自受理案件之日起三日内，应当告知自诉人及其法定代理人有权委托诉讼代理人。

3. 附带民事诉讼中的代理

附带民事诉讼的原告与被告都可以委托诉讼代理人进行附带民事诉讼。附带民事诉讼代理如同民事诉讼代理，如果要进行和解、撤诉、反诉，则要特别授权。

第三节　刑事法律援助制度

刑事法律援助是指刑事案件中的犯罪嫌疑人、被告人、自诉人或被害人，如果符合法律规定的具体条件，可以申请援助或者直接由国家减免收费，提供法律帮助的一项司法救济保障制度。法律援助实质上是一种国家义务行为。确立法律援助制度，旨在保障人人都能获得法律服务，体现法律面前人人平等。

由国务院颁行，于2003年9月1日施行的《法律援助条例》规定，法律援助是政府的责任，县级以上人民政府应当采取积极措施推动法律援助工作，为法律援助提供财政支持，保障法律援助事业与经济、社会协调发展。

一、刑事法律援助的对象

我国1996年修改的《刑事诉讼法》首次规定了刑事法律援助制度，只是当时的法律援助对象仅限于弱势被告人。随着认识水平的提高，到2003年国务院《法律援助条例》的颁行，刑事法律援助的对象和范围都得到合理调整与扩展。2018年《刑事诉讼法》修正案将法律援助对象范围继续扩大到所有没有辩护人的刑事被告人，实现我国刑事辩护的全覆盖。

根据《刑事诉讼法》和《法律援助条例》的规定，我国刑事法律援助的对象是需要法律服务却没有辩护人或代理人帮助的刑事诉讼中的弱势当事人。可分为两大类：一类是特殊的弱势受援人；另一类是其他有需要的当事人。具体包括如下几种：①被告人是盲、聋、哑人而没有委托辩护人的；②被告人是尚未完全丧失辨认或者控制自己行为能力的精神病人而没有委托辩护人的；③被告人可能被判处无期徒刑、死刑而没有委托辩护人的；④被告人是18岁以下的未成年人而没有委托辩护人的；⑤被告人因经济困难或者其他原因而没有辩护人的；⑥犯罪嫌疑人在被侦查机关第一次讯问后或者采取强制措施之日起，没有聘请律师的；⑦公诉案件中的被害人及其法定代理人或者近亲属，自案件移送审查起诉之日起，没有委托诉讼代理人的；⑧自诉案件的自诉人及其法定代理人，自案件被人民法院受理之日起，没有委托诉讼代理人的；⑨其他适用普通程序审理的一审案件、二审案件、按照审判监督程序审理的案件，被告人没有委托辩护人的；⑩适用简易程序、速裁程序审理的案件，被告人没有辩护人的。

二、刑事法律援助的条件和程序

从启动程序看，刑事法律援助有公检法机关指定和当事人申请两种类型。

1. 公检法机关指定刑事法律援助律师的条件和程序

公检法机关指定刑事法律援助律师的条件，简单而刚性。只要是法律规定的上述犯罪嫌疑人、被告人、被害人、自诉人，在诉讼中没有委托辩护人或者代理人的，就必须依法指定承担法律援助的律师为其辩护或者代理。

人民法院自受理案件之日起三日内，应当告知被告人有权委托辩护人以及获得值班律师法律帮助。被告人具有法定指定辩护情形的，人民法院应当告知其如果不委托辩护人，将通知法律援助机构指派律师为其提供辩护。法律援助机构应当自收到通知辩护公函或者作出给予法律援助决定之日起三日内，确定承办律师并函告人民法院。法律援助机构出具的法律援助公函应当载明辩护律师的姓名、所属单位及联系方式。

2. 当事人申请刑事法律援助的条件和程序

《刑事诉讼法》第35条规定："犯罪嫌疑人、被告人因经济困难或者其他原因没有委托辩护人的，本人及其近亲属可以向法律援助机构提出申请。对符合法律援助条件的，法律援助机构应当指派律师为其提供辩护。"另外，侦查阶段犯罪嫌疑人需要法律援助的，公诉案件中被害人及其法定代理人或者近亲属需要法律援助的，自诉案件的自诉人及其法定代理人需要法律援助的，都需要向法律援助机构提出申请，由法律援助机构审查以决定是否给予指派律师提供法律援助。

3. 没有获得法律援助律师的当事人，依法有权获得值班律师的法律帮助

《刑事诉讼法》第36条规定，犯罪嫌疑人、被告人没有委托辩护人，法

律援助机构没有指派律师为其提供辩护的，由值班律师为其提供法律帮助。

4. 刑事法律援助人员的义务

办理法律援助案件的人员，应当遵守职业道德和执业纪律，提供法律援助不得收取任何财物。

第四节　值班律师制度

2018 年修订的《刑事诉讼法》笋 36 条规定：“法律援助机构可以在人民法院、看守所等场所派驻值班律师。”刑事诉讼法正式确立了值班律师制度。

一、值班律师的概念和意义

值班律师，在我国是指由法律援助机构指派，在公检法机关及看守所等处所值守，在侦查、起诉、审判各诉讼阶段免费为当事人提供即时法律咨询、法律帮助，或者作为被指控人的代理人，帮助被指控人办理有关法律事务的律师。值班律师是辩护律师的一种，是在特定场合为当事人免费提供法律帮助，维护当事人合法权益的刑事辩护人。

设立法律援助值班律师制度目的主要是为低收入人群提供及时性、专业化的法律援助服务。其意义主要是：

（1）是推进法律援助参与以审判为中心的刑事诉讼制度改革的重要内容。以审判为中心、庭审实质化的改革，是我国司法体制改革、员额制、司法责任制等各项改革的融汇点，决定着司法改革最终的成与败。在刑事诉讼中，以审判为中心，离不开辩护律师的实质性参与。我国在相当长时间内，基层法院刑事辩护律师的出庭率并不理想，这直接减损了当初人们对于对抗制庭审改革的制度预期。值班律师制度的及时推行，有助于实现以审判为中心的司法改革的落实。

（2）是确保认罪认罚从宽原则和速裁程序有效实施的配套措施。认罪认罚从宽原则是以犯罪嫌疑人、被告人认罪认罚并与检察机关达成量刑协商为重要特征的，这种制度、机制的良好运行显然离不开值班律师的参与。在如过去许多犯罪嫌疑人、被告人没有委托辩护人的案件中，如何保障当事人认罪认罚的自愿性、真实性，就成了突出的问题。速裁程序是以程序的简短高效为特征的，若让当事人按照普通程序委托律师在时间上是来不及的。值班律师制度最早是在速裁程序和认罪认罚从宽制度的试点工作中被正式确定下来的，在许多新型诉讼程序中也将扮演越来越重要的角色。目前，基层法院 70%—80% 的案件可以走认罪认罚从宽和速裁程序，这迫切需要值班律师的参与，促进程序分流的目标实现。

（3）有助于切实保障犯罪嫌疑人和被告人的刑事诉讼权利，加强人权司法保障，促进司法公正。在我国，值班律师可以及时帮助在押的被追诉人，就其受到刑讯逼供、非法取证的情况提出申诉、控告，有利于贯彻非法证据排除规则，杜绝冤假错案的产生。

（4）为许多刑事被告人和犯罪嫌疑人获得即时的法律帮助提供了普惠的便利。任何一个公民在面对刑事追诉甚至是被羁押的情况下，都可能陷入孤立无助、恐怖担忧的精神状态。国家提供值班律师，及时便利地为涉案当事人提供法律援助，为他们提供法律咨询，帮助分析是否认罪以及程序选择，申请变更强制措施，甚至对检察机关定罪量刑建议提出意见等。可以说，值班律师制度的确立和实施，标志着我国刑事司法现代化、民主化程度的显著提高，标志着国家法治的重要进步。

（5）能够最大限度地发挥律师群体的专业优势，为社会提供普惠的服务，展示我国律师群体为国家和社会勇于担当、积极作为的良好形象，提升其在国家的政治影响力。此外，在诉讼各阶段的相关机构内建立法律援助值班律师制度，对广大公检法工作人员的活动能够起到有效的专业监督，促使握有国家公权力的广大公、检、法工作人员养成依法办事的习惯。

二、值班律师的职责

根据最高人民法院、最高人民检察院、公安部、国家安全部、司法部《关于开展法律援助值班律师工作的意见》的规定，法律援助值班律师应当依法履行下列工作职责：

（1）解答法律咨询。

（2）引导和帮助犯罪嫌疑人、刑事被告人及其近亲属申请法律援助，转交申请材料。

（3）在认罪认罚从宽制度改革试点中，为自愿认罪认罚的犯罪嫌疑人、刑事被告人提供法律咨询、程序选择、申请变更强制措施等法律帮助，对检察机关定罪量刑建议提出意见，犯罪嫌疑人签署认罪认罚具结书应当有值班律师在场。

（4）对刑讯逼供、非法取证情形代理申诉、控告。

（5）承办法律援助机构交办的其他任务。

法律援助值班律师不提供出庭辩护服务。符合法律援助条件的犯罪嫌疑人、刑事被告人，可以依申请或通知由法律援助机构为其指派律师提供辩护。

第六章　刑事诉讼管辖

第一节　刑事管辖概述

一、刑事管辖的概念

刑事诉讼中的管辖，是指国家专门机关在受理刑事案件职权范围上的分工，是对刑事诉讼中公权力运行边界的一种限定。在我国，刑事管辖具体指公安机关、人民检察院和人民法院相互之间，以及人民法院内部之间，在受理或审判刑事案件范围上的权限划分。

二、刑事管辖的划分根据

刑事管辖的划分绝不是立法者的随心所欲。从有利于刑事诉讼顺利进行，有利于完成刑事诉讼任务的角度考虑，刑事管辖通常是根据以下因素来划分与确定的。

1. 确保办案的质量

刑事管辖的划分，首先必须考虑要保证案件的质量，尽可能防止或减少差错。为此，在管辖的确定上，一是突出办案的专业性，如国家安全机关侦查危害国家安全的案件，海关侦查走私犯罪案件，都能充分发挥其侦查的专业优势，比原来由公安机关侦查效果更好。二是保证大、要案要适当提高办理机关的级别。所以，严重的案件一般审级就会高一些。

2. 依据部门职能权限进行合理分工

管辖的划分必须要与公、检、法各机关的职责权限相适应，分工要合理，如检察机关就不适宜侦查普通刑事犯罪案件，法院也不宜负担案件的侦查工作。同时，各专门机关在刑事诉讼中的工作量还要均衡、协调。立案管辖就较好地体现了兼顾职责、合理分工的精神。

3. 提高诉讼效率

效率是司法的第二生命，失去效率的公正在许多时候是没有意义的。刑事管辖的划分，还必须要体现诉讼的效率，要能够使案件迅速及时地得到解决，避免拖延和司法资源的浪费。如犯罪地管辖原则及其延伸的最初受理地管辖原则，就体现了对诉讼效率的追求。

4. 便利诉讼

便利诉讼既包括诉讼参与人参加诉讼的便利，也包括公安、司法机关进行立案侦查、起诉和审判等刑事诉讼活动的便利。便利诉讼既是刑事诉讼民主化、人性化的表现，也有利于提高诉讼效率，节省财力和时间，还有利于群众参加或旁听案件，将司法置于人民群众的监督之下，从而扩大办案的社会效果。大量的普通刑事案件由基层人民法院管辖，扩大自诉案件的范围，实行犯罪地原则或居住地原则，都是刑事诉讼法在立法上便利诉讼的体现。

5. 原则性与灵活性相结合

刑事管辖既然是一种权力范围的划分，就应当具有刚性，能够确保法律规定的各项管辖原则得以实现，否则，管辖的划分就是没有意义的。但是，现实中的情况又是千变万化的，制度如果缺少灵活性就缺少了张力。因此，刑事管辖既要有原则性的规定，又要具有一定的灵活性，以应对特殊情况的发生。例如《刑事诉讼法》第 24 条关于上下级人民法院之间变通管辖的规定，第 27 条关于地区管辖中可以由上级人民法院指定管辖的规定，都体现了在依法管辖的前提下适度灵活的原则，即原则性与灵活性相结合，以利于处理管辖中的争议和例外情况。

三、刑事管辖的意义和分类

1. 意义

（1）有利于明确专门机关的权力和责任。明确刑事案件管辖权，可以使公、检、法机关在受理和审判刑事案件上分工清楚，责任明确，有助于充分发挥它们各自的职能作用，各司其职，各尽其责，增强它们处理刑事案件的自主性和责任感，防止因权力与职责不明而可能出现的互争管辖或者互相推诿的现象发生，从而保证刑事诉讼活动能够顺利开展。

（2）有利于各级、各地的公安司法机关统筹协调。在管辖明确的情况下，各级、各地、各相关部门之间就容易进行协调沟通，发现刑事案件就可以及时迅速地依照管辖权限予以分工与配合，特别是对于涉及面广的大案、要案，各地都能够迅速反应，通力合作，将原则性与灵活性相结合，保证案件得到正确、及时的处理。

（3）有利于机关、团体等单位和公民个人按照管辖范围进行控告、报案或者举报、自首。管辖明确，也便于社会各界进行控告、报案、举报或者自首，调动人民群众同犯罪作斗争的积极性，防止告状无门；同时也可以避免或者减少因控告、报案或者举报、自首不符合管辖规定而引起的案件移送环节的增多，有利于节省诉讼资源，便于公、检、法机关调查取证和公民参加诉讼。

2. 分类

管辖的分类，是指对管辖从不同的角度进行划分。依据法律规定，我国刑事诉讼管辖分为立案管辖和审判管辖两大类。审判管辖又分为普通管辖和专门管辖；普通管辖进一步分为级别管辖、地区管辖和指定管辖。这样便形成了一套科学的行之有效的管辖制度和管辖体系。

第二节　立案管辖

一、立案管辖的概念

立案管辖，又称部门管辖或职能管辖，是指人民法院、人民检察院和公安机关之间在直接受理刑事案件的职权范围上的分工。立案管辖的根据是部门之间的职责权限。

二、公安机关立案管辖的案件

公安机关立案管辖的案件，也就是公安机关进行立案侦查的案件。

目前，公安机关立案管辖的刑事案件范围还是非常庞杂的，主要是危害社会治安和公共秩序的普通刑事犯罪，具体来说，是除了法律规定的其他机关立案管辖以外的所有刑事犯罪案件。

根据我国《刑事诉讼法》的规定，享有公安机关侦查职权的其他机关及其立案范围是：

（1）国家安全机关。负责立案侦查危害国家安全的犯罪案件。

（2）军队保卫部门。负责立案侦查军队内部发生的刑事案件。

（3）监狱。负责立案侦查罪犯在监狱内犯罪的案件。

（4）中国海警局。负责侦查海上发生的刑事案件。

军队保卫部门、中国海警局、监狱办理刑事案件，适用刑事诉讼法的有关规定。

三、人民检察院立案管辖的案件

在监察委员会成立并接管原来归人民检察院立案侦查的国家机关工作人员利用职权实施的贪污贿赂、渎职犯罪案件之后，人民检察院的立案管辖发生了很大变化。2018年修订的《刑事诉讼法》第19条第二款规定："人民检察院在对诉讼活动实行法律监督中发现的司法工作人员利用职权实施的非法拘禁、刑讯逼供、非法搜查等侵犯公民权利、损害司法公正的犯罪，可以由人民检察院立案侦查。对于公安机关管辖的国家机关工作人员利用职权实施的重大犯罪案件，需要由人民检察院直接受理的时候，经省级以上人民检察院决定，可以由人民检察院立案侦查。"即从2019年1月1日起，人民检察院立案管辖的案件就限于两类：

1. 司法工作人员利用职权实施的侵权、损害司法公正的犯罪案件

检察机关直接进行立案侦查的14个罪名：①非法拘禁罪；②非法搜查罪；③刑讯逼供罪；④暴力取证罪；⑤虐待被监管人罪；⑥滥用职权罪；⑦玩忽职守罪；⑧徇私枉法罪；⑨民事、行政枉法裁判罪；⑩执行判决、裁定失职罪；⑪执行判决、裁定滥用职权罪；⑫私放在押人员罪；⑬失职致使在押人员脱逃罪；⑭徇私舞弊减刑、假释、暂予监外执行罪。

这类案件的特征：①犯罪主体是司法工作人员。包括侦查人员、检察人员、审判人员、刑事民事行政裁判执行人员、看守所监管人员等；②是职权犯罪。司法工作人员利用职权实施的犯罪，才归检察院立案侦查；③属于侵权、损害司法公正的犯罪。严重侵害诉讼当事人及其他诉讼参与人的人身、财产等合法权益，如非法拘禁、刑讯逼供、民事、行政枉法裁判等，损害司法公正。侵权与损害司法公正在这些案件中是并存的，只是有些案件会有偏重。

这些案件与人民检察院承担的诉讼监督职能密切相关，通常是由人民检察院在对诉讼活动实行法律监督中发现的。由人民检察院立案管辖，方便高效，同时也有助于强化检察机关对公安机关、人民法院和监狱、看守所等相关部门的诉讼监督，保障诉讼参与人的合法权益不受侵犯，实现司法公正。

2. 公安机关管辖的国家机关工作人员利用职权实施的重大犯罪案件

这类案件有三个特征：一是原本属于公安机关立案侦查；二是国家机关工作人员利用职权实施的；三是重大犯罪。

检察机关立案侦查这类案件，需要具备两个要件：一是需要由人民检察院直接受理。如与公安机关办案人员的职务侵权案件相关联，或者公安机关对此类案件存在该立案而不立案，或者不该立案而立案等情况。二是要报经省级以上人民检察院决定。

人民检察院仅在市级以上机关建立负责侦查的机构，也就是说，县市区基层人民检察院不再保留侦查机构，需要立案侦查的案件，全部由地（市）级以上检察机关管辖。这样规定，一方面是因为案件数量不会太多，不需要在基层检察机关设立侦查部门，节约司法投入；另一方面也是为了保证侦查不受干

扰，能够客观公正。因为司法工作人员涉嫌犯罪的案件，在立案侦查上可能会面临系统内的干扰或压力，市级检察机关具有更强的抵抗能力。

四、人民法院立案管辖的案件

人民法院立案管辖的案件，称自诉案件，是指不需要经过公安机关或人民检察院立案侦查，不经人民检察院提起公诉，而由自诉人或其法定代理人或者近亲属直接向人民法院起诉，由人民法院立案后直接给予审判的案件。自诉案件包括三类：

1. 告诉才处理的犯罪案件

告诉才处理的犯罪案件又称不告不理案，是指被害人或其法定代理人向人民法院提起控告或起诉，人民法院才受理的案件。这类案件实行不告不理原则，即没有被害人或其代理人的控告，或者被害人撤回控告的，人民法院不予受理。这类案件包括：侮辱、诽谤案，暴力干涉婚姻自由案，虐待案、侵占案。

2. 被害人有证据证明的轻微刑事犯罪案件

这类案件是自诉、公诉两可的案件，也就是说，可以由被害人一方直接向人民法院提起自诉，由法院立案审判，也可以由公安机关立案侦查。依据最高人民法院、最高人民检察院、公安部、国家安全部、司法部、全国人大常委会法制工作委员会的相关规定，被害人有证据证明的轻微刑事犯罪的案件包括：

（1）故意伤害案（轻伤）。

（2）重婚案。

（3）遗弃案。

（4）妨害通信自由案。

（5）非法侵入他人住宅案。

（6）生产、销售伪劣商品案件（严重危害社会秩序和国家利益的除外）。

（7）侵犯知识产权案件（严重危害社会秩序和国家利益的除外）。

（8）符合《刑法》“分则”第四章、第五章规定的，对被告人可以判处三年有期徒刑以下刑罚的其他轻微刑事案件。

上述所列八项案件中，被害人直接向人民法院起诉的，人民法院应当依法受理。对于其中证据不足，可由公安机关受理的，或者认为对被告人可能判处三年有期徒刑以上刑罚的，应当移送公安机关立案侦查。被害人向公安机关控告的，公安机关应当受理。被害人无证据或者证据不充分的，人民法院应当说服其撤诉或者裁定驳回起诉。必要时，人民法院也可以将案件移送公安机关处理。

3. 公诉转自诉的案件

即被害人有证据证明对被告人侵犯自己人身、财产权利的行为应当依法追究刑事责任，而公安机关或者人民检察院不予追究被告人刑事责任的案件。

这类自诉案件是 1996 年《刑事诉讼法》首次确定的，是在国家放弃刑事追诉权之后将起诉权交还被害人的开明之作。其意义在于：一方面可以有效保护刑事被害人的诉讼参与权，体现其诉讼的主体性，切实维护其合法权益；另一方面监督、制约国家侦查权、公诉权的实施。用自诉权监督公诉权、补充公诉权，以有效地打击刑事犯罪。

五、立案管辖的衔接

为了及时有效地发现和打击犯罪，鼓励人民群众积极与犯罪作斗争，《刑事诉讼法》第 110 条第三款对立案管辖作了变通规定："公安机关、人民检察院或者人民法院对于报案、控告、举报，都应当接受。对于不属于自己管辖的，应当移送主管机关处理，并且通知报案人、控告人、举报人；对于不属于自己管辖而又必须采取紧急措施的，应当先采取紧急措施，然后移送主管机关。"

第三节　审判管辖

审判管辖，是指普通人民法院之间、普通人民法院与专门法院之间以及专门法院之间在审判第一审刑事案件上的权限分工。法院有上下级之分，有地区之分，审判管辖就是解决不同法院之间的管辖分工。根据《刑事诉讼法》第 19 至 28 条的规定，我国刑事审判管辖可分为普通管辖和专门管辖，而普通管辖又分为级别管辖、地区管辖和指定管辖。

一、级别管辖

级别管辖，是指各级人民法院在审判第一审刑事案件上的权限划分。级别管辖所要解决的是上下级人民法院各自审判哪些第一审案件的问题，因此，级别管辖也称为审判管辖权的纵向划分。我国刑事诉讼法对级别管辖的具体分工如下图所示：

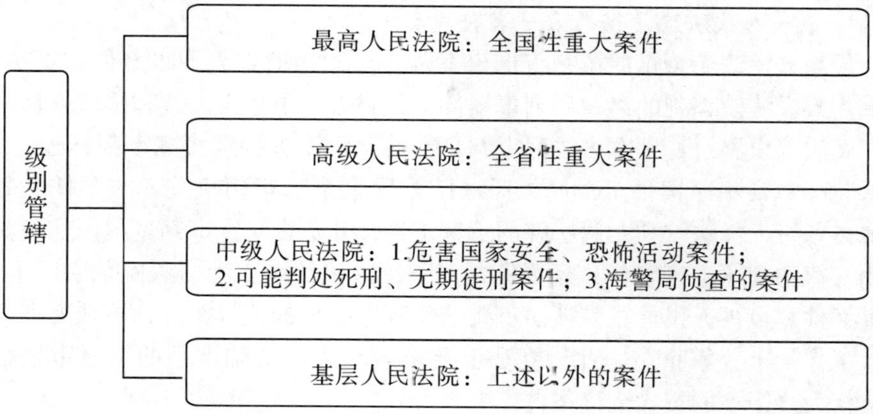

1. 基层人民法院管辖的第一审刑事案件

基层人民法院管辖的第一审刑事案件是除了上级人民法院管辖的第一审刑事案件以外的其他所有的普通刑事案件。我国《刑事诉讼法》第 20 条规定："基层人民法院管辖第一审普通刑事案件，但是依照本法由上级人民法院管辖的除外。"基层人民法院实际上承担着绝大多数刑事案件的审判任务，这是因为基层人民法院的任务单一，只是审判案件，在人民法院组织体系中数量也最多，而且案件的发生地都在其辖区内，由其进行审判，便于诉讼参与人参加诉讼，便于法院调查核实证据和审判，也便于人民群众旁听审判，接受法制教育。

2. 中级人民法院管辖的第一审刑事案件

根据《刑事诉讼法》第 21 条和《最高人民法院、最高人民检察院、公安部、司法部、海关总署关于走私犯罪侦查机关办理走私犯罪案件适用刑事诉讼程序若干问题的通知》第七条规定，中级人民法院管辖的第一审刑事案件有四类：

（1）危害国家安全的犯罪案件。

（2）恐怖活动犯罪案件。

（3）可能判处无期徒刑、死刑的普通刑事案件。

（4）海警局侦查的海上犯罪案件。

3. 高级人民法院管辖的第一审刑事案件

高级人民法院管辖的第一审刑事案件是全省（自治区、直辖市）性的重大刑事案件。这类案件具备两个特征：一是在全省（自治区、直辖市）有重大影响；二是犯罪特别严重。这一管辖范围的原则是比较灵活的，完全由高级人民法院或者最高人民法院斟酌把握。

4. 最高人民法院管辖的第一审刑事案件

最高人民法院管辖的第一审刑事案件是全国性的重大刑事案件。事实上，由最高人民法院审判的第一审刑事案件十分鲜见。中华人民共和国成立后，最高人民法院设置过特别军事法庭审判日本战犯，设置特别法庭审判林彪、“四人帮”反革命集团案件。最高人民法院是国家最高审判机关，主要任务是监督地方各级人民法院和专门法院的审判工作，并负责对在审判过程中如何具体应用法律的问题进行解释，还要审判对下级人民法院、专门法院裁判的上诉、抗诉案件和最高人民检察院按照审判监督程序提出的抗诉案件，核准死刑案件等，工作量十分繁重。因此，立法上要求最高人民法院审理的第一审刑事案件，仅为全国性的重大刑事案件。

5. 级别管辖的变通

（1）上级人民法院在必要的时候，可以审判下级人民法院管辖的第一审刑事案件；下级人民法院认为案情重大复杂，需要由上级人民法院审判的第一审刑事案件，可以请求移送上一级人民法院审判。这里的灵活性体现为管辖权“上移”而不能“下移”。

（2）基层人民法院对已经受理的公诉案件，如认为可能判处死刑、无期徒刑的，应当请求移送中级人民法院审判。

（3）人民检察院认为可能判处无期徒刑、死刑而向中级人民法院提起公诉的普通刑事案件，中级人民法院受理后，认为不需要判处无期徒刑以上刑罚的，可以依法审判，不再交基层人民法院审理。

（4）一人犯数罪、共同犯罪和其他需要并案审理的案件，只要其中一人或者一罪属于上级人民法院管辖的，就应当全案由上级人民法院管辖。

二、地区管辖

地区管辖，是指同级人民法院之间在审判第一审刑事案件上的权限划分。这是对审判管辖权的横向划分，所要解决的是第一审刑事案件审判权的最终地点问题。我国刑事诉讼法确定的地区管辖的原则是：

（1）犯罪地人民法院管辖为主，被告人居住地人民法院管辖为辅。

《刑事诉讼法》第25条规定：“刑事案件由犯罪地的人民法院管辖。如果由被告人居住地的人民法院审判更为适宜的，可以由被告人居住地的人民法院管辖。”

（2）在几个同级法院都有权管辖的情况下，由最初受理的人民法院审判。在必要的时候，可以移送主要犯罪地的人民法院审判。

（3）特殊地区管辖：①我国参加的国际条约所规定的罪行，由被告人抓获地的人民法院管辖；②中国公民在驻外的中国使馆内犯罪的，由该公民主管单位所在地或他的原户籍所在地的人民法院管辖；③中国公民在中国领域外犯罪的，由该公民离境前的居住地或原户籍地人民法院管辖；④外国人在中国领域外对中国公民犯罪应受处罚的，由该外国人入境地的人民法院管辖；⑤在中国领域外的中国船舶内的犯罪，由该船舶最初停泊的中国口岸所在地的人民法院管辖；⑥在中国领域外的中国航空器上的犯罪，由该航空器在中国的最初降落地人民法院管辖；⑦在国际列车上的犯罪，按我国与相关国家签订的协定确定管辖。没有协定的，由犯罪后该列车最初停靠的中国车站所在地或目的地的铁路运输法院管辖；⑧刑事自诉案件的自诉人、被告人一方或双方是在港、澳、台居住的中国公民或单位的，由犯罪地的基层人民法院审判。港、澳、台同胞告诉的，应当出示港、澳、台居民身份证、回乡证或者其他能证明本人身份的证件；⑨发现漏罪的管辖。发现正在服刑的罪犯在判决宣告前还有其他犯罪行为没有受到审判的，由原审人民法院管辖；如果罪犯服刑地或者新发现罪的主要犯罪地的人民法院管辖更为适宜的，可以由服刑地或者新发现罪的主要犯罪地的人民法院管辖。正在服刑的罪犯在服刑期间又犯罪的，由服刑地的人民法院管辖；⑩发现新罪的管辖。正在服刑的罪犯在服刑期间犯罪的，由服刑地人民法院管辖；在脱逃期间，如果是犯罪地发现并抓获的，由犯罪地人民法院管辖；如果是缉捕押解回监狱后发现的，由服刑地人民法院管辖。

三、指定管辖

在实践中，有时会发生人民法院因管辖界限不明而出现争议或者推诿，或者有管辖权的法院不宜行使管辖权的现象，为了使案件得到及时、公正审判，立法上赋予了上级人民法院指定管辖的权力。《刑事诉讼法》第 27 条规定："上级人民法院可以指定下级人民法院审判管辖不明的案件，也可以指定下级人民法院将案件移送其他人民法院审判。"

实践中常见的指定管辖有以下几种情形：

（1）地区管辖不明的刑事案件。例如，犯罪案件发生在两个法院管辖范围的交界处，或者犯罪地不能确定，被告人又无固定居住地的，为避免因地区管辖不明造成案件没有法院受理的情况，这类案件可由它们的共同上级法院指定某个下级人民法院审判。

（2）无管辖权的人民法院错误管辖而需要移送有管辖权的法院的。

（3）有管辖权的几个同级人民法院因移送案件发生争议的。

（4）有管辖权的人民法院由于特殊原因不能行使管辖权的。

（5）上级人民法院认为由其他人民法院审判更有利于正确、及时处理案件的。

（6）此外，对于共同犯罪不在同一地区抓获的犯罪嫌疑人，原则上应并案处理，由主犯抓获地人民法院就整个案件进行审判；主犯从犯难以确认的，可由主要犯罪地人民法院审判；发生争执的，报其共同上级法院指定。

四、专门管辖

专门管辖，是指专门法院之间、专门法院与普通人民法院之间审判第一审刑事案件的权限划分。

1. 军事法院管辖的刑事案件

军事法院管辖的刑事案件，是军队内部发生的刑事犯罪案件，主要包括在军队内部发生的，违反军人职责罪案件，现役军人的普通犯罪案件，在军队编制服务的无军职人员的犯罪案件，普通公民危害与破坏国防军事利益的犯罪案件。

根据 2018 年《刑事诉讼法》的规定，军队保卫部门负责立案侦查军队内部发生的刑事案件。这一规定意味着，军事法院的管辖也将根据属地管辖原则，受理非军人、随军家属在部队营区犯罪的案件。

2. 铁路运输法院管辖的刑事案件

铁路运输法院管辖的刑事案件主要是铁路运输系统公安机关负责侦破的刑事案件。如危害和破坏铁路交通和安全设施的犯罪案件，铁路职工职务犯罪的案件，在铁路沿线道轨内、火车内、站台上发生的犯罪案件等。铁路运输法院与地方法院因管辖不明而发生争议的，一般由地方各级人民法院管辖。

第七章　刑事强制措施

第一节　刑事强制措施概述

一、刑事强制措施的概念和特征

刑事强制措施，是指公安机关、人民检察院、人民法院为了保证刑事诉讼的顺利进行，依法对犯罪嫌疑人和被告人采用的限制或剥夺人身自由的各种强制方法。在我国，刑事强制措施与强制性措施是不同的。强制性措施包括一切具有强制特性的诉讼措施，如搜查、扣押、查封、冻结、强制性的人身检查等。而这里所讲的刑事强制措施，仅仅是针对人身所采用的部分措施，包括拘传、取保候审、监视居住、拘留、逮捕五种。

我国的刑事强制措施具有如下特征：

（1）有权适用强制措施的主体仅限于公安机关（包括法律规定的其他侦查机关）、人民检察院和人民法院。

（2）强制措施适用的对象仅限于犯罪嫌疑人、被告人。

（3）强制措施适用的目的是为保证诉讼的顺利进行，防止犯罪嫌疑人或被告人逃跑、自杀、毁灭罪证或者继续犯罪，而不是惩罚或教育。

（4）强制措施的形式是对人身自由的限制或剥夺。我国的刑事强制措施仅限于对人身自由的限制或临时性剥夺，不包括对物的强制，如查封、扣押、冻结等。

（5）强制措施是刑事法定措施。刑事强制措施只适用于刑事诉讼中，而且强制措施的种类、适用主体、适用对象、适用条件和程序等，都由法律给予明确规定。因此，必须按照法律严格执行。

二、刑事强制措施的适用及变更原则

刑事强制措施是刑事诉讼顺利进行不可缺少的制度保障，但若适用不当就可能侵犯公民的人身权利，因而，适用时必须坚持如下原则：

1. 必要性原则

必要性原则也称经济性原则或比例原则，有两层含义：其一，强制措施只在必要时适用，可用可不用时就不能适用，以免浪费有限的社会资源；其二，能适用较轻的措施达到目的，就不用较重的措施。因为强制措施的适用首先带来的是被强制者社会信誉的降低或是名誉的损害；其次是他本人及其亲属心理上的担惊受怕；最后是在拘留、逮捕的情况下，既减少了被羁押者积极创造的社会价值收益，又增加了羁押所带来的经济成本和被拘留、被逮捕者精神污染的可能性。因此，刑事强制措施必须在确有必要的情况下恰当地适用。

2. 合法性原则

由于强制措施的适用直接影响到公民的人身自由权，因此它的适用必须严格依照法定的条件、方式、期限等程序要求进行，不能违法适用以侵犯公民的人身权利。人身自由和不受非法逮捕，是宪法确立的公民最基本的权利之一，这一宪法规定是我国刑事诉讼法关于人身强制措施的法律基础。所以，适用强制措施必须严格按照法定条件和程序，必须由法定机关实施，其他机关、团体和个人在无法律授权的情况下，不得擅自适用强制措施。适用强制措施除紧急情况下对现行犯采取紧急处置外，均应执行审批程序，恪守执行强制措施必须持有由有权机关签发的法律文件的程序。通过正确运用强制措施，贯彻和执行宪法保障公民人身权利的原则，维护社会主义法制。

3. 人道主义原则

刑事强制措施的适用要体现人道主义，对于患有严重疾病的人、正在怀孕的或正在哺乳婴儿的妇女，一般不采用羁押措施。

4. 可变更原则

刑事强制措施的适用不是一成不变的，要根据案件具体情况的变化予以灵活的变更，以达到最佳效果。如起先采取了某种强制措施，后来认为不必要采用即可解除强制。又如先行采取的措施过轻，根据需要可以变更为较重的措施，或者反之。

三、刑事强制措施的意义

强制措施是刑事诉讼制度的重要组成部分，在保障刑事诉讼顺利进行和保障人权方面发挥了重要的作用。其意义表现在：

（1）防止犯罪嫌疑人、被告人逃避侦查、起诉和审判。趋利避害是人的本能。犯罪分子实施犯罪后，为了逃避法律的追究，就极有可能逃跑、躲避，甚至会逃亡境外、国外，给侦查、起诉和审判带来困难。因此，及时地采用刑事强制措施控制犯罪嫌疑人、被告人，就可以有效地保障刑事诉讼的顺利开展。

（2）防止犯罪嫌疑人、被告人毁灭、伪造证据或者串供。证据是证明犯罪的根据。有些犯罪分子作案后，往往会想办法损毁犯罪现场，销毁物证书证，或者伪造证据，制造假象，或者与同案犯订立攻守同盟，威胁、收买证人等，以期掩盖犯罪事实真相，逃避法律的追究。刑事强制措施的一个重要作用就是，通过对犯罪嫌疑人、被告人人身自由的限制或者剥夺，防范其破坏证据，减少调查取证、证实犯罪的难度。

（3）防止犯罪嫌疑人、被告人继续犯罪。有些犯罪分子，特别是那些罪大恶极的亡命徒，在实施犯罪后，如果不加以及时控制，就有可能继续行凶作恶，进行新的犯罪活动，给社会造成更大的危害。

（4）防止犯罪嫌疑人、被告人自杀及其他意外情况的发生。犯罪人实施犯罪后自杀的情形也常常发生，自杀也是逃避法律责任的行为。为了保证刑事诉讼活动的正常开展，维护法律应有的权威，也为了挽救不应当死亡的生命，在刑事诉讼中对于那些有自杀倾向的犯罪嫌疑人、被告人，也要采取强制措施加以控制。此外，强制措施的采用，有时也可起到保护犯罪嫌疑人、被告人不受外来伤害或威胁的作用，特别是在黑社会性质的犯罪或者集团犯罪中，可以有效地防范犯罪组织实施杀人灭口，从而妨害刑事侦查、起诉和审判的进行。

第二节　拘传

一、拘传的概念和特征

拘传，是指公安机关、人民检察院和人民法院对于未被羁押的犯罪嫌疑人、被告人，依法强制其到案接受讯问的一种强制方法，是我国刑事强制措施中最轻的一种。

拘传的强制性只在于强制就讯，其特征是：

（1）拘传的对象是未被羁押的嫌疑人、被告人。对于已经被羁押的犯罪嫌疑人、被告人，可以随时进行讯问，不存在拘传的必要。

（2）拘传的目的是强制到案接受讯问。必要时可以动用械具。拘传没有羁押的效力，在讯问完毕后，应当让被拘传人自由离去，不得以拘传的名义剥夺当事人的人身自由。《刑事诉讼法》第 119 条规定："不得以连续传唤、拘传的形式变相拘禁犯罪嫌疑人。传唤、拘传犯罪嫌疑人，应当保证犯罪嫌疑人的饮食和必要的休息时间。"

（3）拘传的时间不得超过 12 小时，案情特别重大、复杂，需要采取拘留、逮捕措施的，传唤、拘传持续的时间不得超过 24 小时，并且不得连续拘传。

拘传不同于传唤。拘传和传唤虽然都是要求犯罪嫌疑人、被告人到案接受讯问的方法，但二者有原则区别：拘传是一种强制措施，只能适用于犯罪嫌疑人、被告人，如果犯罪嫌疑人、被告人抗拒拘传，则可以对其使用械具；而传唤是通知的性质，要求犯罪嫌疑人、被告人于指定的时间自行到案接受讯问，它不是强制措施，不得对被传唤人使用强制手段。司法实践中，一般是先行传唤，犯罪嫌疑人、被告人无正当理由不到案接受讯问时，才适用拘传。当然，必要时也可不经传唤直接进行拘传。

二、拘传的程序

根据《刑事诉讼法》和公安部、最高人民检察院、最高人民法院的有关规定，实施拘传应当遵循如下程序：

（1）拘传前可以先行传唤。《刑事诉讼法》第 119 条规定："对不需要逮捕、拘留的犯罪嫌疑人，可以传唤到犯罪嫌疑人所在市、县内的指定地点或者到他的住处进行讯问，但是应当出示人民检察院或者公安机关的证明文件。对在现场发现的犯罪嫌疑人，经出示工作证件，可以口头传唤，但应当在讯问笔录中注明。"

（2）拘传必须经过人民法院院长、人民检察院检察长、县级以上公安机关负责人批准，签发《拘传证》（法院称《拘传票》），上面填写被拘传人的姓名、性别、年龄、籍贯、住址和工作单位，拘传的理由等内容。

（3）拘传应当由侦查人员或者司法警察执行，执行人员不得少于两人。拘传时必须向被拘传人出示《拘传证》。如果被拘传人抗拒拘传，执行人员可以使用警棍、警绳、手铐等械具强制其到案。

（4）拘传应当在被拘传人所在的市、县内范围内进行。到本辖区范围以外拘传犯罪嫌疑人、被告人的，应当通知当地对应的公安机关、人民检察院或人民法院，当地的机关应当予以协助。

（5）拘传到案后，应该责令其在《拘传证》上填写到案时间，然后立即进行讯问。讯问要制作笔录并要被拘传人核对签字。讯问后，根据情况如果需要采取其他强制措施的，应依照程序变更为其他强制措施，不需要采取其他强制措施的，就将其放回。

（6）一次拘传持续的时间一般不得超过 12 小时，特别情况下可以延长到 24 小时。但 24 小时的适用，仅限于案情特别重大、复杂，需要采取拘留、逮捕措施的案件。对于拘传次数，法律没有规定，由公、检、法机关根据具体情况掌握，但不得以连续传唤、拘传的形式变相羁押犯罪嫌疑人、被告人。

（7）传唤、拘传犯罪嫌疑人，应当保证犯罪嫌疑人的饮食和必要的休息时间。

第三节　取保候审

一、取保候审的概念

取保候审，是指在刑事诉讼过程中，公安机关、人民检察院和人民法院根据需要，不羁押犯罪嫌疑人、被告人，但责令其提供担保，保证不逃避、妨碍侦查、起诉、审判，并随传随到的一种强制措施。

我国的取保候审与外国的保释，从方法及采用的效果看基本相同，都是将犯罪嫌疑人、被告人交保释放，并要求其按照指定的时间和地点出庭或到场的一种诉讼方法。因此，有人认为，我国的取保候审与国外的保释制度相同，只是名称有别。但更多的学者认为，取保候审与保释存在着原则性的区别，主要在于取保候审是一项司法措施，属于权力范畴，不是当事人的权利。

二、取保候审适用的对象

根据我国《刑事诉讼法》第 67 条和其他有关条款的规定，取保候审适用的对象，可以是具有下面任何一种情形的犯罪嫌疑人、被告人：

（1）可能判处管制、拘役或者独立适用附加刑的。

（2）可能判处有期徒刑以上刑罚，采取取保候审不致发生社会危险性的。

（3）患有严重疾病、生活不能自理，怀孕或者正在哺乳自己婴儿的妇女，采取取保候审不致发生社会危险性的。

（4）拘留后需要逮捕而证据不足的，或者羁押期限届满，案件尚未办结，需要采取取保候审的。

人民法院、人民检察院和公安机关都可以决定取保候审，但由公安机关负责。

三、取保候审的种类

我国《刑事诉讼法》规定的取保候审分两种：保证人担保和保证金担保，简称人保和财产保。

1. 保证人担保

保证人担保是指公安机关、人民检察院和人民法院责令犯罪嫌疑人、被告人提出保证人并出具保证书，由保证人担保被保证人在取保候审期间不逃避和妨碍侦查、起诉、审判，并随传随到的保证方式。人保的保证责任由保证人承担，保证人要由犯罪嫌疑人、被告人提出，经公安机关、人民检察院、人民法院审查符合条件才能成为保证人。

（1）保证人的条件。根据《刑事诉讼法》第69条的规定，取保候审的保证人必须具备如下条件：①与本案无牵连；②有能力履行保证义务；③享有政治权利；人身自由未受限制；④有固定的住处和收入。对于符合条件的保证人，办案人员应当通知其与被取保候审人一起到办案机关履行对保手续。办案人员须当面向保证人说明担保的内容和保证人必须履行的义务，以及违反义务将要承担的法律责任。在保证人明确表示愿意为被保证人担保后，就要在《保证书》上签名或盖章。被保证人应在《取保候审决定书》上签字。取保手续完成。

（2）保证人的保证义务。保证人承担的义务是：①监督被保证人遵守《刑事诉讼法》第71条关于取保候审的各项要求；②发现被保证人可能发生或者已经发生违反《刑事诉讼法》第71条规定的行为的，应当及时向执行机关报告。也就是说，保证人承担监督和报告两项义务。

（3）保证人违反义务的法律责任。被保证人如果有违反《刑事诉讼法》第71条规定的行为，保证人未履行保证义务的，对保证人处以罚款，构成犯罪的，依法追究刑事责任。保证人如果没有进行有效监督，或者在发现被保证人可能发生或者已经发生违反规定的行为而不及时报告，就可能被罚款；如果故意串通被保证人违反规定如逃跑等，则可能承担刑事责任。

2. 保证金担保

保证金担保是指公安司法机关责令被取保候审人交纳保证金，以保证其遵守取保候审的规定并随传随到的保证方式。现阶段，保证金的种类仅限于现金，不包括有价证券和其他贵重物品。根据《刑事诉讼法》和公安部、最高人民检察院的规定，取保候审的决定机关应当综合考虑保证诉讼活动正常进行的需要，被取保候审人的社会危险性，案件的性质、情节，可能判处刑罚的轻重，被取保候审人的经济状况等情况，确定保证金的数额，但不得低于1 000元。保证金向公安机关指定银行专户交纳，由公安机关统一收取和保管。

犯罪嫌疑人、被告人在取保候审期间没有未违反相关规定的，取保候审结束的时候，凭解除取保候审的通知或者有关法律文书到银行领取退还的保证金。

保证人担保和保证金担保二者只能选择其一，不得同时并用。保证金担保目前使用的较多，保证金担保比保证人担保更为可靠，对被取保候审人能够起到更强的制约作用。

四、取保候审的具体要求

根据《刑事诉讼法》第71条的规定，被取保候审的犯罪嫌疑人、被告人应当遵守以下规定：

（1）未经执行机关批准不得离开所居住的市、县。

（2）住址、工作单位和联系方式发生变动的，在24小时以内向执行机关报告。

（3）在传讯的时候及时到案。

（4）不得以任何形式干扰证人作证。

（5）不得毁灭、伪造证据或者串供。

上述规定是对取保候审者的统一要求。除此之外，人民法院、人民检察院和公安机关可以根据案件情况和犯罪嫌疑人、被告人的自身特点，有选择地增加下列一项至多项规定，责令被取保候审的犯罪嫌疑人、被告人遵守：

（1）不得进入特定的场所。

（2）不得与特定的人员会见或者通信。

（3）不得从事特定的活动。

（4）将护照等出入境证件、驾驶证件交执行机关保存。

如果被取保候审人遵守各项规定，取保候审结束时，由原决定机关制作《解除取保候审决定书》，执行机关及时解除取保候审措施并通知当事人。如果是保证金担保的，如数退还保证金。如果发现不应当追究刑事责任或者取保候审期限届满的，当事人及其法定代理人、近亲属、律师等，都有权提出申诉或申请，请求解除取保候审。

五、违反取保候审法律规定后果

被取保候审的犯罪嫌疑人、被告人在取保候审期间，如果违反了决定机关责令其遵守的规定，将要承担如下不利后果：

（1）所交的保证金将视情节轻重被部分或者全部没收，保证人如果有过错将根据其情节被处以罚款或者被追究刑事责任。

（2）责令被取保候审人具结悔过，重新交纳保证金或者提供保证人。

（3）不适宜再取保候审的，改为监视居住或者逮捕羁押。需要予以逮捕的，可以对犯罪嫌疑人、被告人先行拘留。

六、取保候审的期限

取保候审的期限最长不得超过 12 月。在取保候审期间，不得中断对案件的侦查、起诉或者审理。在取保候审期间发现不应当取保候审的，应当及时解除或者变更。

第四节　监视居住

一、监视居住的概念

监视居住，是指人民法院、人民检察院和公安机关依法责令犯罪嫌疑人、被告人不得擅自离开住处或者指定居所，并对其活动加以监视的一种强制措施。

监视居住是我国刑事诉讼强制措施之一，其强制性介于取保候审与逮捕羁押之间，对犯罪嫌疑人、被告人人身自由的限制是中性的。被监视居住的人，既不能像取保候审者那样可以在一定范围内自由活动——正常外出上班、学习与交友，也不像被逮捕的人要被关在特定的看管场所而完全失去人身自由，而是被责令全天候地待在其住处或者指定的居所，未经批准不得外出，不得会见他人等，并要接受监视。监视居住在实质上是一种住所监管，区别于看守所监管。

《刑事诉讼法》第 75 条第一款规定："监视居住应当在犯罪嫌疑人、被告人的住处执行；无固定住处的，可以在指定的居所执行。对于涉嫌危害国家安全犯罪、恐怖活动犯罪，在住处执行可能有碍侦查的，经上一级公安机关批准，也可以在指定的居所执行。但是，不得在羁押场所、专门的办案场所执行。"

二、监视居住的种类

1. *住所监视居住*

（1）住所监视居住的概念。住所监视居住是指公检法机关责令犯罪嫌疑人、被告人在其住处接受监视，不得擅自离开住处并遵守相关规定的一种监视居住。采用住所监视居住的首要条件是要在当地有较为固定的住处，如果住处不固定，依托于住所的监视居住就形同虚设。

（2）住所监视居住的对象。根据《刑事诉讼法》第 74 条的规定，适用于住所监视居住的犯罪嫌疑人、被告人，通常是符合逮捕条件，有下列情形之一者：①患有严重疾病、生活不能自理的；②怀孕或者正在哺乳自己婴儿的妇女；③系生活不能自理的人的唯一扶养人；④羁押期限届满，案件尚未办结，需要采取监视居住措施的；⑤符合取保候审条件，但犯罪嫌疑人、被告人不能提出保证人，也不交纳保证金的；⑥因为案件的特殊情况或者办理案件的需要，采取监视居住措施更为适宜的。

2. 指定居所监视居住

指定居所监视居住，顾名思义是在公安司法机关指定的居所对犯罪嫌疑人、被告人执行监视居住，责令其不得擅自离开该居所并须遵守相关规定的措施。

（1）指定居所监视居住的对象。根据《刑事诉讼法》第75条的规定，可以适用指定居所监视居住的犯罪嫌疑人、被告人分为两类：①犯罪嫌疑人、被告人在当地无固定住处，可以在指定的居所执行监视居住；②对于涉嫌危害国家安全犯罪、恐怖活动犯罪，在住处执行可能有碍侦查的，经上一级公安机关批准，也可以在指定的居所执行。但是，不得在羁押场所、专门的办案场所执行。这是刑事诉讼法对于特定性质的案件，为了防范不利于侦查情形的发生而允许采取的一种变通处理方式，是“可以”在指定的居所执行。但是，在程序上作了较为严格的限制：一是要经上一级公安机关批准；二是不得在羁押场所、专门的办案场所执行。

（2）指定居所监视居住的程序及刑期折抵。①指定居所监视居住的，除无法通知的以外，应当在执行监视居住后24小时以内，通知被监视居住人的家属；②指定居所监视居的犯罪嫌疑人、被告人，被监视居住之日即有权委托律师作为辩护人，也可以由其监护人、近亲属代为委托辩护人；③人民检察院对指定居所监视居住的决定和执行是否合法实行监督；④指定居所监视居住的期限应当折抵刑期。被判处管制的，监视居住一日折抵刑期一日；被判处拘役、有期徒刑的，监视居住二日折抵刑期一日。

三、被监视居住人的法定义务

《刑事诉讼法》第77条规定，被监视居住的犯罪嫌疑人、被告人应当遵守以下规定：

（1）未经执行机关批准不得离开执行监视居住的处所。

（2）未经执行机关批准不得会见他人或者通信。

（3）在传讯的时候及时到案。

（4）不得以任何形式干扰证人作证。

（5）不得毁灭、伪造证据或者串供。

（6）将护照等出入境证件、身份证件、驾驶证件交执行机关保存。

被监视居住的犯罪嫌疑人、被告人如果违反前款规定，情节严重的，可以予以逮捕；需要予以逮捕的，可以对犯罪嫌疑人、被告人先行拘留。

四、监视居住的执行

监视居住由公安机关执行。

公安机关对被监视居住的犯罪嫌疑人、被告人，可以采取电子监控、不定期检查等监视方法对其遵守监视居住规定的情况进行监督；在侦查期间，可以对被监视居住的犯罪嫌疑人的通信进行监控。

监视居住的期限最长不得超过六个月。

在监视居住期间，不得中断对案件的侦查、起诉和审理。对于发现不应当追究刑事责任或者监视居住期限届满的，应当及时解除监视居住。解除监视居住，应当及时通知被监视居住人和有关单位。

第五节　拘留

一、拘留的概念和特征

刑事诉讼中的拘留，是指公安机关、人民检察院在侦查过程中，遇到法定的紧急情况时，对于现行犯或者重大嫌疑分子所采取的临时剥夺其人身自由的强制方法。

拘留具有以下特征：

（1）拘留的主体是公安机关和人民检察院。人民法院没有刑事拘留权。公安机关和人民检察院的拘留权也有区别，表现在：公安机关有权决定采取拘留措施，并有权直接执行该拘留决定，也就是不受其他机关的制约；而人民检察院在自侦案件的侦查中，如果需要对犯罪嫌疑人采取拘留措施，可以依法作出拘留的决定，但不能自行实施拘留，而应当交由公安机关执行。

（2）公安机关决定拘留的对象是现行犯或者重大嫌疑分子，人民检察院决定拘留的对象是犯罪嫌疑人。

（3）拘留是紧急情况下采取的一种措施。紧急情况是刑事拘留适用的前提，《刑事诉讼法》第 82 条规定的七种情况都属于紧急情况。

（4）拘留是一种临时性、过渡性措施。拘留的时间不长，拘留后要根据案件的情况及时转换强制措施，或者释放犯罪嫌疑人。

二、拘留的条件

刑事拘留必须同时具备两个条件：

1. 拘留的对象是现行犯、重大嫌疑分子或犯罪嫌疑人

现行犯，是指正在实施犯罪或者犯罪后当场被抓获的人，抓获者能够确认该现行犯就是实施犯罪的人。重大嫌疑分子，是指有迹象表明极有可能是犯罪人的人。“重大嫌疑”在这里一般没有确实的证据，是根据侦查经验所作的判断。现行犯和重大嫌疑分子是公安机关在侦查阶段的两种特别称谓，放在整个诉讼程序中，就是法律上的“犯罪嫌疑人”。

2. 情况紧急

依据《刑事诉讼法》第82条规定，公安机关遇有下列七种情形之一都属于情况紧急，对任何一种情形都可考虑给予拘留。这些情形是：

（1）正在预备犯罪、实施犯罪或者在犯罪后即时被发觉的。

（2）被害人或者在场亲眼看见的人指认他犯罪的。

（3）在身边或者住处发现有犯罪证据的。

（4）犯罪后企图自杀、逃跑或者在逃的。

（5）有毁灭、伪造证据或者串供可能的。

（6）不讲真实姓名、住址，身份不明的。

（7）有流窜作案、多次作案、结伙作案重大嫌疑的。

人民检察院在自侦案件中，有如下两种情形之一的可以决定拘留。根据《刑事诉讼法》第165条的规定，它们是：①犯罪后企图自杀、逃跑或者在逃的；②有毁灭、伪造证据或者串供可能的。

三、拘留的程序

（1）公安机关依法需要拘留犯罪嫌疑人的，由县级以上公安机关负责人批准，签发《拘留证》。由提请批准拘留的单位负责执行。人民检察院决定拘留的案件，应当由检察长决定。决定拘留的案件，人民检察院应当将《拘留决定书》送交公安机关，由公安机关负责执行。

（2）对特殊人员的拘留，要遵循特别的审批程序。①县级以上各级人民代表大会的代表，如果因现行犯被拘留，决定拘留的机关应当立即向其所在的人民代表大会主席团或者常务委员会报告；因为其他原因需要拘留的，决定拘留的机关应当报请该代表所属的人民代表大会主席团或者常务委员会许可；②决定对不享有外交特权和豁免权的外国人、无国籍人采用刑事拘留时，要先征求省、直辖市、自治区外事办公室和外国人主管部门的意见，然后报请省、

直辖市、自治区公安厅（局）或者国家安全厅（局）审核批准。案件发生在边防地区或者出入境口岸，因特殊情况来不及报批的，可以边执行边报告。执行拘留后，要逐级报公安部或国家安全部备案；③对外国留学生采用刑事拘留时，在征求地方外事办公室和高教厅、局的意见后，报公安部或国家安全部审批。

（3）公安机关执行拘留时，必须出示拘留证，并责令被拘留人在拘留证上签名（盖章）、按指印。被拘留人如果抗拒拘留，执行人员有权使用强制方法，包括使用戒具。

（4）《刑事诉讼法》第85条规定，公安机关在“拘留后，应当立即将被拘留人送看守所羁押，至迟不得超过24小时”。其目的在于实现侦羁分离，保障被拘留人的人身安全和权利不受侵害。

（5）拘留后，公安机关应当在24小时以内通知被拘留人的家属，但是，无法通知或者涉嫌危害国家安全犯罪、恐怖活动犯罪通知可能有碍侦查的情形除外。有碍侦查的情形消失以后，应当立即通知被拘留人的家属。

（6）公安机关对被拘留的人，应当在拘留后的24小时以内进行讯问。在发现不应当拘留的时候必须立即释放，发给释放证明。对需要逮捕而证据还不充足的，可以取保候审或者监视居住。对被拘留的犯罪嫌疑人需要逮捕的，应当办理逮捕手续。

（7）公安机关在异地执行拘留的时候，应当通知被拘留人所在地的公安机关，被拘留人所在地的公安机关应当予以配合，包括提供人员、车辆、查找被拘留人等方面的便利。

四、拘留的期限

《刑事诉讼法》第91条规定，公安机关对被拘留的人认为需要逮捕的，应当在拘留后的三日以内，提请人民检察院审查批准。在特殊情况下，经县级以上公安机关负责人批准，提请审查批准的时间可延长一日至四日。对于流窜作案、多次作案、结伙作案的重大嫌疑分子，经县级以上公安机关负责人批准，提请审查批准的时间可延长至30日。人民检察院应当自接到公安机关提请批准逮捕书后的七日以内，作出批准逮捕或者不批准逮捕的决定。人民检察院不批准逮捕的，公安机关应当在接到通知后立即释放犯罪嫌疑人，并且将执行情况及时通知人民检察院。对于需要继续侦查，并且符合取保候审、监视居住条件的，依法取保候审或者监视居住。

人民检察院对自侦案件中被拘留的人，认为需要逮捕的，在14日以内作出决定。在特殊情况下，决定逮捕的时间可以延长一日至三日。即相对延长了拘留期限。对于不需要逮捕的，应当立即释放。对于需要继续侦查，并且符合取保候审、监视居住条件的，依法取保候审或者监视居住。

综上所述，一般情况下，公安机关刑事拘留的期限最长为 14 日。流窜作案、多次作案、结伙作案的重大嫌疑分子，拘留期限最长为 37 日。人民检察院刑事拘留的期限最长为 17 日。

第六节　逮捕

一、逮捕的概念

逮捕，是指在我国刑事诉讼中，公安机关、人民检察院和人民法院为了防止犯罪嫌疑人、被告人逃避或妨碍侦查、起诉和审判的进行，或者发生社会危险性，而依法剥夺其人身自由予以羁押的强制方法，是强制措施中最为严厉的一种。

二、逮捕的条件

我国《刑事诉讼法》第 81 条第一款规定："对有证据证明有犯罪事实，可能判处徒刑以上刑罚的犯罪嫌疑人、被告人，采取取保候审尚不足以防止发生下列社会危险性的，应当予以逮捕。"该条款同时列举了社会危险性的表现，明确了逮捕必须同时具备三个条件，缺一不可。这三个条件是：

1. 有证据证明有犯罪事实

这是要求逮捕必须有犯罪证据作为根据，是逮捕的事实要件。有证据证明有犯罪事实存在，才可以考虑逮捕。包括：①有证据证明发生了犯罪事实；②有证据证明犯罪事实是犯罪嫌疑人实施的；③证明犯罪嫌疑人实施犯罪行为的证据已有查证属实的。犯罪事实可以是犯罪嫌疑人实施的数个犯罪行为中的一个，即犯罪嫌疑人在犯有数罪的情况下，只要其中一个犯罪事实有证据证明，即可考虑对其实施逮捕。

2. 可能判处徒刑以上刑罚

这是逮捕的罪责要件，是要求拟逮捕的犯罪嫌疑人、被告人的罪行，要达到按刑法规定可能判处徒刑以上刑罚的严重程度。逮捕是一种严厉的强制措施，在我国，逮捕就是羁押。逮捕对人的强制性与徒刑相当，所以，逮捕不应重于最后的刑罚。

3. 采取取保候审尚不足以防止发生社会危险性

防止发生社会危险性是逮捕的目的之一。对于采取取保候审尚不足以防止发生社会危险性而有逮捕之必要时，才可以实施逮捕。社会危险性是逮捕的程序法要件，体现了必要性原则和程序正义的理念。逮捕的适用必须是在采取取保候审、监视居住等方法，尚不足以防止发生社会危险性，而确有必要时方可实施。反过来说，如果采用其他措施能够防止犯罪嫌疑人、被告人发生社会危险性，就不能适用逮捕，以免浪费社会资源，损害当事人的正当权益。实践中，该要件是较难把握和操作的，因为犯罪嫌疑人、被告人危险性的大小在许多时候是潜在的，并不容易衡量，这使得不同的办案人员在此问题上的看法往往会有很大的差异。

为了便于操作，《刑事诉讼法》第 81 条明确了决定逮捕的三个衡量标准。

(1) 现实可能性标准。即犯罪嫌疑人、被告人具有发生社会危险的现实可能性，采取取保候审尚不足以防止发生社会危险性，因而“应当予以逮捕”。这些社会危险性包括如下方面：①可能实施新的犯罪的；②有危害国家安全、公共安全或者社会秩序的现实危险的；③可能毁灭、伪造证据，干扰证人作证或者串供的；④可能对被害人、举报人、控告人实施打击报复的；⑤企图自杀或者逃跑的。

(2) 认罪认罚作为考量因素。《刑事诉讼法》第 81 条第二款规定：“批准或者决定逮捕，应当将犯罪嫌疑人、被告人涉嫌犯罪的性质、情节，认罪认罚等情况，作为是否可能发生社会危险性的考虑因素。”这一规定，显然是在上述现实可能性标准之外，增加了涉嫌犯罪的性质、情节、认罪认罚等情况这些考量因素，使得社会危险性的衡量具有了较大的弹性，遇有第一款规定的五种情形时，并非都要逮捕。

(3) 客观必然性标准。犯罪嫌疑人、被告人的社会危险性被认为是客观存在的，这种客观性往往是基于重刑、曾经故意犯罪、不讲真实姓名等，因而，司法过程中无须分析、评估，遇有法律规定的情形就必然地予以逮捕。《刑事诉讼法》第 81 条第三款规定了三种必须逮捕的情形：①对有证据证明有犯罪事实，可能判处 10 年有期徒刑以上刑罚的；②有证据证明有犯罪事实，可能判处徒刑以上刑罚，曾经故意犯罪的；③有证据证明有犯罪事实，可能判处徒刑以上刑罚，身份不明的。

上述三个条件相互依存，必须同时具备才可以逮捕。其中，前两个条件是采用强制措施的基础，可以在此基础上实施取保候审或监视居住，也可实施逮捕，而第三个条件才是实施逮捕所独有的要件，也是逮捕的必要要件。

三、逮捕的主体及批决程序

《刑事诉讼法》第 80 条规定：“逮捕犯罪嫌疑人、被告人，必须经过人民检察院批准或者人民法院决定，由公安机关执行。”这就是说，在我国，逮捕的权力主体是公安机关、人民检察院和人民法院。具体地说，逮捕的批决权属于人民检察院和人民法院，执行权在公安机关。

1. 人民检察院批准逮捕

人民检察院对公安机关侦查的案件行使批准逮捕权。根据《刑事诉讼法》第 87 条的规定：“公安机关要求逮捕犯罪嫌疑人的时候，应当写出提请批准逮捕书，连同案卷材料、证据，一并移送同级人民检察院审查批准。”检察机关在收到公安机关移送的案件后，应进行审查，并决定是否批准逮捕。

2. 人民检察院决定逮捕

人民检察院决定逮捕的情形有三种：①对监察机关调查终结移交司法机关的案件，人民检察院要先予审查是否需要拘留和逮捕。需要逮捕的，由人民检察院按照内部审批程序，决定逮捕；②在自侦案件中有权决定逮捕。人民检察院对于直接受理的自侦案件中的犯罪嫌疑人，认为需要逮捕的，由侦查部门填写《逮捕犯罪嫌疑人审批表》，连同案件材料和证据一起移交侦查监督部门审查，然后报主管检察长审批。对重大、疑难案件的犯罪嫌疑人的逮捕，须提交检察委员会讨论决定；③对公安机关侦查终结移送起诉的案件，人民检察院认为需要逮捕犯罪嫌疑人的，由公诉部门填写《逮捕犯罪嫌疑人审批表》，连同案卷材料和证据，移送侦查监督部门审查后，报检察长或检察委员会决定。决定逮捕由检察长签发《决定逮捕通知书》，通知公安机关执行。

3. 人民法院决定逮捕

人民法院决定逮捕有两种情况：①人民法院直接受理的自诉案件中，需要逮捕被告人的，由人民法院决定；②对于检察机关提起公诉的案件，审判阶段需要逮捕被告人的，由人民法院决定逮捕。人民法院决定逮捕被告人时，由承办法官填写《逮捕决定书》，提交法院院长审批，重大、疑难、复杂案件的逮捕，须提交审判委员会讨论决定。决定逮捕的，由法院院长签发《决定逮捕通知书》，通知公安机关执行，并通知公诉机关或者自诉人。

四、对特殊逮捕对象的审批程序

（1）逮捕对象如果是人大代表，须向该级人民代表大会主席团或常务委员会报告或报请许可。

（2）逮捕对象如果是外国人、无国籍人，需要在征求外事部门意见后，由省级或者最高人民检察院批准或者决定。

五、逮捕的执行程序

（1）逮捕犯罪嫌疑人、被告人，一律由公安机关执行。公安机关在接到执行逮捕通知书后，由公安机关负责人签发《逮捕证》，立即执行逮捕，并将执行的情况及时通知人民检察院或人民法院。

（2）公安机关执行逮捕时，执行人员不得少于二人。执行时，要向被逮捕人出示《逮捕证》，宣布逮捕，要求被逮捕人在《逮捕证》上签名、盖章或按指印，注明执行逮捕的日期以便备查。被逮捕人拒绝签字盖章或按指印的，执行人员应在《逮捕证》上注明。

（3）公安机关到异地执行逮捕的，应当通知被捕人所在地的公安机关。执行的公安机关应当携带《批准逮捕决定书》或其他有效文书及其副本，如逮捕证、介绍信、被逮捕人犯罪的基本材料等，商请当地公安机关协助执行，当地公安机关应当予以协助。

（4）逮捕后，公安机关应当立即将被逮捕人送看守所羁押。

（5）逮捕后，应当由具体的办案机关在24小时以内对被逮捕人进行讯问，讯问在看守所进行。如果发现不应当逮捕时，必须立即释放被逮捕人，并发给释放证明。除无法通知的以外，办案机关还应当在逮捕后24小时以内，通知被逮捕人的家属。

（6）逮捕后，人民检察院仍应当对羁押的必要性进行审查。对不需要继续羁押的，应当建议予以释放或者变更强制措施。有关机关应当在10日以内将处理情况通知人民检察院。

（7）人民法院、人民检察院和公安机关如果发现对犯罪嫌疑人、被告人采取强制措施不当的，应当及时撤销或者变更。公安机关释放被逮捕的人或者变更逮捕措施的，应当通知原批准的人民检察院。公安机关执行逮捕时，如果由于被逮捕人死亡、逃跑或者有其他原因，不能执行逮捕或者未能捕获的，应当立即通知原批准逮捕或者决定逮捕的人民检察院或者人民法院。

（8）犯罪嫌疑人、被告人及其法定代理人、近亲属或者辩护人有权申请变更强制措施。人民法院、人民检察院和公安机关收到申请后，应当在三日以内作出决定；不同意变更强制措施的，应当告知申请人，并说明不同意的理由。

第八章　附带民事诉讼

第一节　附带民事诉讼的概念和意义

一、附带民事诉讼的概念

附带民事诉讼又称刑事附带民事诉讼，是指司法机关在刑事诉讼过程中，在依法解决被告人刑事责任的同时，附带解决被害人由于被告人的犯罪行为而遭受的物质损失的赔偿问题所进行的诉讼活动。

附带民事诉讼的特点：①附带民事诉讼性质的特殊性。是由犯罪行为引起的民事赔偿，具有刑事诉讼和民事诉讼的双重性；②附带民事诉讼法律依据的复合性。在实体法上，对损害事实的认定，不仅要遵循刑法关于具体案件犯罪构成的规定，而且要受民事法律规范调整；在程序法上，除刑事诉讼法有特殊规定的以外，应当适用民事诉讼法的规定。如诉讼原则、强制措施、诉讼证据、先行给付、诉讼保全、调解和解、撤诉反诉等，都要遵循民事诉讼法的有关规定，所以《最高人民法院关于执行〈中华人民共和国刑事诉讼法〉若干问题的解释》第100条规定："人民法院审判附带民事诉讼案件，除适用刑法、刑事诉讼法外，还应当适用民法通则、民事诉讼法有关规定。"③附带民事诉讼处理程序的相对依附性。附带民事诉讼以刑事案件的成立为前提，必须在刑事诉讼过程中提起，刑事诉讼尚未开始或者已经终结，附带民事诉讼也就无从谈起；附带民事诉讼部分的判决不得同刑事部分的判决相抵触；附带民事诉讼的诉讼时效、上诉期限、管辖法院等都取决于刑事案件的情况。

二、附带民事诉讼的意义

附带民事诉讼是刑事诉讼中一项重要的诉讼制度。其意义主要体现在以下几个方面：

1. 有利于维护国家、集体和公民个人的合法经济利益

犯罪行为往往给被害人造成经济损失，犯罪人除了承担刑事责任外，还要

承担经济赔偿责任，以保障国家、集体和公民个人的经济损失得到补偿和挽回。附带民事诉讼制度的设立，可以使被害人通过附带民事诉讼程序，得到经济损害赔偿。

2. 有利于打击和制裁犯罪活动

附带民事诉讼制度，从根本上否定了“打了不罚，罚了不打”的陈旧观念，它意味着给他人造成物质损害的犯罪者不仅要承担刑事责任，而且还要承担民事赔偿责任。这对于打击和制裁犯罪活动，教育和改造犯罪分子具有重要意义。

3. 有利于公安司法机关全面、正确地处理案件

附带民事诉讼制度的设立，要求公安司法机关在刑事诉讼过程中，既要查明本案中的犯罪事实，还要查明被告人的犯罪行为给被害人造成的物质损失以及被告人对承担损害赔偿责任的态度，这对于正确认定案件事实，判断被告人认罪态度和悔罪表现，正确定罪量刑，具有重要的参考价值。

4. 有利于保证人民法院审判工作的统一性和严肃性

由于附带民事诉讼是由审理刑事案件的同一审判组织进行审理的，这有利于保证对案件事实认识的统一性，避免不同审判组织对同一案件在认定事实和适用法律上作出相互矛盾的裁判，维护法院和法律的权威。

5. 有利于节约诉讼成本，提高诉讼效率

附带民事诉讼在刑事诉讼过程中附带解决被害人物质损失的赔偿问题，在一个诉讼中同时解决被告人的刑事责任和民事责任，避免因同一案件事实而再次进行诉讼，一方面，避免了公安司法机关的重复劳动，节约了司法资源，提高了诉讼效率；另一方面，又方便了当事人及其他诉讼参与人参与诉讼，减少他们重复出庭、重复举证等活动，减轻了他们的讼累。

第二节　附带民事诉讼成立的条件

一、以刑事案件的成立为前提

附带民事诉讼是由刑事诉讼所派生的，是在追究被告人刑事责任的同时，附带追究被告人的损害赔偿责任。因此，附带民事诉讼必须以刑事案件和刑事诉讼的成立为前提，如果被告人的行为本身不构成犯罪，刑事案件和刑事诉讼不成立，附带民事诉讼也就失去了存在的前提。需要注意的是，这里是以刑事案件和刑事诉讼成立为前提，而不是以是否对被告人科处刑罚为标准。一般情况下，被告人的行为构成犯罪都要根据法律科处刑罚，但在某些情况下，被告

人的行为虽然构成犯罪，根据法律却不需要判处刑罚或者可以免除刑罚，在这些案件中，犯罪行为给被害人造成物质损失的，被害人仍然可以提起附带民事诉讼。

二、犯罪行为给被害人造成了物质损失

《刑事诉讼法》第 101 条第一款规定：“被害人由于被告人的犯罪行为而遭受物质损失的，在刑事诉讼过程中，有权提起附带民事诉讼。被害人死亡或者丧失行为能力的，被害人的法定代理人、近亲属有权提起附带民事诉讼。”《最高人民法院关于刑事附带民事诉讼范围问题的规定》（以下简称《规定》）第一条规定：“因人身权利受到犯罪侵犯而遭受物质损失或者财物被犯罪分子毁坏而遭受物质损失的，可以提起附带民事诉讼。对于被害人因犯罪行为遭受精神损失而提起附带民事诉讼的，人民法院不予受理。”《最高人民法院关于审理刑事附带民事诉讼案件有关问题的批复》规定：“对于刑事案件被害人由于被告人的犯罪行为而遭受精神损失提起的附带民事诉讼，或者在该刑事案件审结以后，被害人另行提起精神损害赔偿民事诉讼的，人民法院不予受理。”根据以上关于《刑事诉讼法》和司法解释的规定，提起附带民事诉讼必须是由于被告人的犯罪行为给被害人造成了物质损失或者经济损失，这也是附带民事诉讼成立的必备条件。

所谓物质损失，是相对于精神损失而言的，它是指可以用金钱计算的损失，通常包括两大类：一是犯罪行为侵害被害人的财产权利造成的经济损失，比如盗窃案件中盗窃的现金、物品等；二是犯罪行为侵害被害人的人身权利造成的经济损失，比如伤害案件中被害人因身体被伤害进行医治而支出的医药费、住院费、营养费等费用。

三、物质损失与犯罪行为之间有直接因果关系

被害人提起附带民事诉讼要求赔偿的损失，必须是被告人的犯罪行为直接造成的，也就是说，被告人的犯罪行为与被害人所遭受的物质损失之间必须存在直接的因果关系。最高人民法院关于附带民诉的《规定》第二条规定：“被害人因犯罪行为遭受的物质损失是指被害人因犯罪行为已经遭受的实际损失和必然遭受的损失。”据此，犯罪行为直接造成的物质损失，既包括犯罪行为已经给被害人造成的物质损失，这种损失又称为积极损失，例如盗窃案件中已经被盗走的财物，伤害案件中被害人的医药费、住院费和营养费；也包括被害人将来必然要遭受的物质损失，这种损失又称消极损失，例如伤害案件中因伤残减少的劳动收入，今后继续医疗的费用，故意毁坏公私财物案件中被毁坏的丰

收在望的庄稼等。但是，不包括今后可能得到的或通过努力才能争取到的物质利益，比如超产奖、发明奖、加班费等。如果被害人的物质损失不是被告人造成的，而是由被害人自己的过错造成的，或者是由他人造成的，则不应由被告人承担。

还需要注意的是，在现实生活中，有许多刑事案件是由民事纠纷激化而成的，附带民事诉讼不能用来解决刑事案件发生以前所存在的民事纠纷。

四、权利方提起了附带民事诉讼请求

附带民事诉讼在程序上需要有法律规定的权利人的提起，正如任何民事诉讼一样，没有起诉就没有审判。只有当权利人提出了附带民事诉讼的请求，人民法院才可能受理。这是附带民事诉讼成立的程序要件。

第三节 附带民事诉讼的当事人

附带民事诉讼的当事人，是指附带民事诉讼的原告人和被告人。

一、附带民事诉讼的原告人

附带民事诉讼的原告人是指因被告人的犯罪行为而遭受物质损失并在刑事诉讼中提出赔偿请求的诉讼参与人。根据《刑事诉讼法》以及最高人民法院司法解释的规定，在我国，可以作为附带民事诉讼原告人的包括：

（1）因为犯罪行为而遭受物质损失的公民。

（2）因犯罪行为而遭受物质损失的法人和其他组织。

（3）已死亡被害人的近亲属。

（4）无行为能力或者限制行为能力被害人的法定代理人。

（5）人民检察院。

如果是国家财产、集体财产遭受损失，并且受损失的单位没有提起附带民事诉讼，人民检察院在提起公诉时，可以提起附带民事诉讼。当然，关于人民检察院在提起附带民事诉讼时，属于什么身份，学术界还有两种观点，即公诉人说与原告代理人说。

二、附带民事诉讼的被告人

附带民事诉讼的被告人是指在刑事诉讼中对刑事被告人的犯罪行为造成的物质损失负有赔偿责任的诉讼参与人。根据《刑事诉讼法》以及最高人民法院司法解释的规定，在我国，附带民事诉讼中负有赔偿责任的被告人包括：

（1）刑事被告人及没有被追究刑事责任的其他共同致害人。

（2）已被执行死刑的罪犯的遗产继承人。

（3）共同犯罪案件中，案件审结前已死亡的被告人的遗产继承人。

（4）其他对刑事被告人的犯罪行为依法应当承担民事赔偿责任的单位和个人。

第四节 附带民事诉讼的提起和审理

一、附带民事诉讼的提起

1. 附带民事诉讼的起诉条件

（1）提起附带民事诉讼的原告人、法定代理人符合法定条件。

（2）有明确的被告人。

（3）有请求赔偿的具体要求和事实根据。

（4）被害人的物质损失是由被告人的犯罪行为造成的。

（5）属于人民法院受理附带民事诉讼的范围，即必须是人民法院主管和管辖的案件，法院才能依法受理。

2. 提出附带民事诉讼请求的时间

附带民事诉讼，应当在刑事案件立案之后，第一审判决宣告以前提起。有权提起附带民事诉讼的人在第一审判决宣告以前没有提起的，不得再提起附带民事诉讼，但可以在刑事判决生效后另行提起民事诉讼。

在侦查、预审、审查起诉阶段，有权提起附带民事诉讼的人向公安机关、人民检察院提出赔偿要求，已经公安机关、人民检察院记录在案的，刑事案件起诉后，人民法院应当按附带民事诉讼案件受理；经公安机关、人民检察院调解，当事人双方达成协议并已给付，被害人又坚持向法院提起附带民事诉讼的，人民法院也可以受理。

人民法院受理刑事案件后，可以告知因犯罪行为遭受物质损失的被害人（公民、法人和其他组织）、已死亡被害人的近亲属、无行为能力或者限制行为能力被害人的法定代理人，有权提起附带民事诉讼。有权提起附带民事诉讼的人放弃诉讼权利的，应当准许，并记录在案。如果是国家财产、集体财产遭受损失，受损失的单位未提起附带民事诉讼，人民检察院在提起公诉时提起附带民事诉讼的，人民法院应当受理。

二、附带民事诉讼的审理

1. 审理的一般原则

（1）调解与裁判相结合原则。《刑事诉讼法》第103条规定："人民法院审理附带民事诉讼案件，可以进行调解，或者根据物质损失情况作出判决、裁定。"附带民事诉讼在本质上仍然是民事诉讼，所以，可以优先调解，调解应当在自愿合法的基础上进行。经调解达成协议的，审判人员应当及时制作调解书。调解书经双方当事人签收后即发生法律效力。

（2）与刑事诉讼一并审判原则。依据《刑事诉讼法》第104条规定："附带民事诉讼应当同刑事案件一并审判，只有为了防止刑事案件审判的过分迟延，才可以在刑事案件审判后，由同一审判组织继续审理附带民事诉讼。"但附带民事诉讼部分的判决对案件事实的认定不得同刑事判决相抵触，附带民事诉讼部分的延期审理，一般不影响刑事判决的生效。

2. 具体审理程序

根据《刑事诉讼法》、最高人民法院有关司法解释的规定，附带民事诉讼的审理，应当遵循以下具体程序：

（1）审理前的准备工作。人民法院受理附带民事诉讼后，应当在五日内向附带民事诉讼的被告人送达附带民事起诉状副本，或者将口头起诉的内容及时通知附带民事诉讼的被告人，并制作笔录。被告人是未成年人的，应当将附带民事起诉状副本送达其法定代理人，或者将口头起诉的内容通知其法定代理人。

（2）举证责任的承担。在附带民事诉讼中，举证责任的承担原则上实行"谁主张，谁举证"的原则，即附带民事诉讼案件的当事人对自己提出的主张，有责任提供证据。无法确定举证责任时，人民法院可以根据公平原则和诚实信用原则，综合当事人的举证能力等因素确定举证责任的承担。

（3）必要时人民法院可以采用财产保全和先予执行。对被告人的财产采取财产保全措施应以其个人的财产为限，查封、扣押、冻结的数量，除了需要没收的以外，应以足够赔偿为限。

（4）赔偿与量刑的关系。附带民事赔偿，可以作为人民法院量刑时考虑的情节。《规定》第四条规定："被告人已经赔偿被害人物质损失的，人民法院可以作为量刑情节予以考虑。"第五条规定："犯罪分子非法占有、处置被害人财产而使其遭受物质损失的，人民法院应当依法予以追缴或者责令退赔。被追缴、退赔的情况，人民法院可以作为量刑情节予以考虑。"

第九章　期间和送达

第一节　期间、期日、期限

一、期间、期日、期限概述

期日、期间、期限虽然都是指司法机关或人民法院规定的诉讼主体及其他诉讼参与人进行诉讼活动的时间，但三者所指的诉讼活动的时间是有区别的。

1. 期间的概念和意义

在刑事诉讼中，公安机关、人民检察院、人民法院和诉讼参与人进行刑事诉讼活动是有期限性的，这就是法律规定的诉讼期间问题。所谓刑事诉讼的期间，是指公安司法机关和诉讼参与人完成某项刑事诉讼行为必须遵守的法定期限。刑事诉讼期间一般由法律明确规定，称作法定期间；个别情况下可以由公安司法机关指定，称作指定期间。

刑事诉讼法规定期间的意义在于：

（1）刑事诉讼法规定了期间，无论是公安司法机关，还是诉讼参与人都必须在法定的期限内完成刑事诉讼活动，这样可以防止诉讼拖延，保证刑事诉讼活动的顺利进行。

（2）刑事诉讼法关于期间的规定，尤其是对司法机关办案时间上的要求，能够促使司法机关尽快办结案件，及时惩罚犯罪。

（3）有利于保障当事人等诉讼参与人的合法权益。

2. 期日、期限的概念

期日是“期间”的对称，是指人民法院和当事人以及其他诉讼参与人会合进行诉讼行为的某一特定的具体日期。期限是指法律规定或当事人约定的具体时间。

期日和期间不同：①期间是人民法院与诉讼参与人进行某种诉讼行为的期限，而期日则是各诉讼主体会合进行诉讼行为的时间；②期间有始点和终点，而期日只规定开始的时间，不规定终止的时间；③期间分为法定期间和指定期间两种，而期日完全由人民法院指定；④期间中的法定期间，人民法院和当事人都无权变更，而期日则可以由人民法院决定变更；⑤期间开始后至届满前，诉讼参与人所为的诉讼行为都是有效的，只要不逾期，就不会产生不利的法律后果。而期日开始后，必须依法为一定的诉讼行为，否则，应当承担一定的法律后果。

二、期间的计算

1. 期间的计算单位

《刑事诉讼法》第105条规定："期间以时、日、月计算。"

2. 期间的计算方法

以时为计算单位的期间，从期间开始的下一时起算，期间开始的时不计算在期间以内。它的届满以法定期间时数的最后一时完了为准。例如，某犯罪嫌疑人在某日的9时被逮捕，那么通知其家属或所在单位的期间，从10时开始计算，到次日9时结束，即10时整届满。

以日为计算单位的期间，从期间开始的次日起算，期间开始的日不计算在期间以内。它的届满以法定期间日数的最后一日完了为准。例如，某被告人是在4月16日10时接到一审判决书的，它的上诉期间从4月17日开始计算，向后数10日，到4月26日届满。

以月计算的期限，自本月某日至下月某日为一个月，如本月1日收案至下一个月1日、本月最后一日至下一个月最后一日为一个月的审理期限；半月一律按15日计算期限。

3. 期间计算中的特别规定

（1）期间的最后一日为节假日的，以节假日后的第一日为期满日期。但犯罪嫌疑人、被告人或者罪犯在押期间，应当至期满之日为止，不得因节假日而延长。

（2）上诉状或者其他文件在期满前已经交邮的，不算过期。

（3）法定期间不包括路途上的时间。

（4）犯罪嫌疑人不讲真实姓名、住址，身份不明的，侦查羁押期限自查清其身份之日起计算，但是不得停止对其犯罪行为的侦查取证。

（5）对犯罪嫌疑人作精神病鉴定的期间不计入办案期限。

第二节　送达

一、送达的概念和意义

刑事诉讼中的送达，是指人民法院、人民检察院和公安机关依照法定程序和方式，将诉讼文件送交诉讼参与人、有关机关和单位的诉讼活动。送达是一项有法律意义的诉讼活动，从形式上看是向收件人交付某种诉讼文件，实质上是司法机关的告知行为。

根据刑事诉讼法的规定，送达具有以下特点：①送达是公、检、法机关所进行的诉讼活动。诉讼参与人向司法机关送交的自诉状、上诉状、答辩状等诉讼文件的行为，不属于法定的送达；②送达必须依照法定的程序和方式进行。刑事诉讼法对送达的程序和方式有具体的规定。送达机关违反法定程序和方式送达诉讼文件的，不能产生法律效力；③送达的内容是各种诉讼文件。刑事诉讼中需要送达的诉讼文件是多种多样的。如传票、通知书、起诉书、不起诉决定书、裁定书、判决书等；④送达的收件人可以是公民个人，也可以是机关、单位。例如，接受判决书的被告人、接受开庭通知的人民检察院等都可以成为收件人。

送达是刑事诉讼法规定的刑事诉讼不可缺少的诉讼活动，是刑事诉讼的有机组成部分。送达在刑事诉讼中的意义是：首先，能够保证刑事诉讼的顺利进行。收件人只有及时收到诉讼文件，了解诉讼文件的内容，才能依法参加诉讼活动，行使诉讼权利，履行诉讼义务，从而使刑事诉讼活动得以顺利进行。其次，送达能够保障司法机关和诉讼参与人履行职责或行使诉讼权利。最后，送达可以使司法机关和诉讼参与人了解诉讼的进程，做好参加诉讼活动的准备，以便更好地履行职责或行使诉讼权利。

二、送达回证

送达回证是司法机关依法将诉讼文件送达收件人的凭证。送达诉讼文件必须有送达回证。

在司法实践中，送达回证印制有固定的格式。其内容包括送达诉讼文件的机关，收件人的姓名，送达诉讼文件的名称，送达的时间、地点、方式，送达人、收件人的签名、盖章，签收日期，等等。送达回证的使用方法是，司法机关送达诉讼文件时，向收件人出示送达回证，由收件人、代收人在送达回证上记明收到日期，并且签名或者盖章；遇到拒收或拒绝签名和盖章等，在实施留置送达程序中，送达人应当在送达回证上记明拒绝的事由、送达的日期，并且签名或者盖章。送达程序进行完毕后，将送达回证带回入卷。邮寄送达的，应当将送达回证和诉讼文件一起挂号邮寄给收件人，送达回证由收件人退回，以挂号回执上注明的日期为送达日期。

三、送达的方式和程序

送达的方式有以下几种：

1. 直接送达

直接送达是指司法机关派员将诉讼文件直接交给收件人的一种方式。直接送达的特点是承办案件的司法机关将诉讼文件直接送达收件人，而不通过中介人或中间环节。根据法律规定，直接送达的程序是，送达人员将诉讼文件交给收件人本人，收件人本人在送达回证上记明收到日期，并且签名或者盖章。如果收件人本人不在，由他的成年家属或所在单位的负责收件人员代收，代收人也应当在送达回证上记明收到日期，并且签名或者盖章。收件人本人或者代收人在送达回证上签收的日期为送达的日期。

2. 留置送达

留置送达是指收件人本人或者代收人拒绝接收诉讼文件或者拒绝签名和盖章时，送达人员将诉讼文件放置在收件人或代收人的住处的一种送达方式。留置送达必须具备一定条件，即收件人或代收人拒绝接受诉讼文件或者拒绝签名、盖章时才能采用。找不到收件人，同时也找不到代收人时，不能采用留置送达。留置送达的程序是在收件人本人或者代收人拒绝接收或者拒绝签名、盖章的情况下，送达人员邀请他的邻居或者其他见证人到场，说明情况，在送达回证上记明拒收的事由和日期，由送达人、见证人签名或者盖章，并将诉讼文书留在收件人或者代收人住处或者单位后，即视为送达。诉讼文件的留置送达与交给收件人或代收人具有同样的法律效力。

3. 委托送达

委托送达是指承办案件的司法机关委托收件人所在地的司法机关代为送达的一种方式。委托送达一般是在收件人不住在承办案件的司法机关所在地，而且直接送达有困难的情况下所采用的送达方式。其程序是，委托送达的司法机关应当将委托函、送达的诉讼文件及送达回证，送收件人所在地的司法机关。受委托的司法机关收到委托送达的诉讼文件，应当登记，并由专人及时送交收件人，然后将送达回证及时退回委托送达的司法机关。受委托的司法机关无法送达时，应当将不能送达的原因及时告知委托的司法机关，并将诉讼文件及送达回证退回。

4. 邮寄送达

邮寄送达是司法机关将诉讼文件挂号邮寄给收件人的一种送达方式。邮寄送达一般是在直接送达有困难的情况下采用的送达方式。其程序是，司法机关将诉讼文件、送达回证挂号邮寄给收件人，收件人签收挂号邮寄的诉讼文件后即认为已经送达。挂号回执上注明的日期即为送达的日期。

5. 转交送达

转交送达是指对特殊的收件人由有关部门转交诉讼文件的送达方式。特殊的收件人是指军人、正在服刑的犯人和正在被劳动教养的人。对军人的送达，应当通过所在部队团以上单位的政治部门转交。对服刑人的送达，应当通过所在监所或者其他执行机关转交。对正在劳动教养的人的送达，应当通过劳动教养单位转交。代为转交的部门、单位收到诉讼文件后，应当立即交收件人签收，并将送达回证及时退回送达的司法机关。

第十章　刑事诉讼证据

第一节　刑事诉讼证据概述

一、刑事诉讼证据的概念

对于证据，人们并不陌生。俗话说“铁证如山”“口说无凭”，这里的铁证、凭据就是证据。由于刑事证据与犯罪和刑罚相关，直接关乎人的生命、自由、名誉、财产等重要权益，所以就更值得建立一套严格的规程。那么，什么是刑事诉讼证据呢？

我国《刑事诉讼法》第 50 条给刑事诉讼证据的界定是：“可以用于证明案件事实的材料，都是证据。证据包括：①物证；②书证；③证人证言；④被害人陈述；⑤犯罪嫌疑人、被告人供述和辩解；⑥鉴定意见；⑦勘验、检查、辨认、侦查实验等笔录；⑧视听资料、电子数据。证据必须经过查证属实，才能作为定案的根据。”

根据法律的界定和具体程序的要求，可以说，刑事诉讼证据就是指有取证权的机关收集的用以证明待证案件事实或者当事人提供的用以证明其诉讼主张的，符合刑事诉讼证据可采性规则的证据材料。

关于刑事证据概念的几种解说：①事实说（1979 年刑诉法）。证据是证明案件真实情况的事实；②材料说（2018 年刑诉法）。证据是证明案件事实的材料；③根据说。证据是法院认定案件事实的根据；④信息说。证据是通过人或物作为载体而呈现的案件信息。

那么，刑事诉讼法采用“事实说”与“材料说”的根本区别在哪里呢？其根本区别在于，“事实说”认为证据是客观事实，是真实的东西；而“材料说”认为证据只是用来说明事实的材料，是虚实并存的。

比较而言，“材料说”更符合刑事诉讼规律。原因在于：①侦查获取的证据，在此后如法庭上可能会被过滤掉，但我们不能说这些不是证据；②“材料说”强调了审查判断证据的重要性；③“材料说”将证据与定案根据区别开了。

二、刑事诉讼证据的特征

刑事诉讼证据的特征是指刑事诉讼证据概念内涵的具体化表现或分解，也是刑事诉讼证据赖以构成的诸要素，同时也是判断某物是否成为证据的标准，是刑事诉讼证据区别于非刑事诉讼证据的标志①。刑事诉讼证据究竟具有哪些特征，在我国证据法学界一直存在争论，具有代表性的有客观性、关联性"两性说"与客观性、关联性、合法性"三性说"等。

从刑事诉讼证据概念的界定中，我们可以看出，根据现今立法采用的"材料说"，刑事证据的特征将会出现"一元说"与"二元说"的争议。

1. "一元说"

"一元说"是说刑事诉讼证据具有关联性一个特征。与案件有关联的材料即可作为证据。

2. "二元说"

"二元说"是指刑事诉讼证据具有两个特征：相关性和可采性。

（1）相关性（关联性）。刑事诉讼证据的相关性是指刑事诉讼证据与待证事项之间具有逻辑上的证明关系。证据因为这种证明关系而具有了证明力。没有相关性的材料不可能成为刑事诉讼证据。证据与待证事项之间的联系具有多样性，可能是直接联系也可能是间接联系，可能是因果联系也可能是非因果联系，可能是必然联系也可能是偶然联系。

刑事诉讼证据的相关性中存在两个不可回避的关键问题：一是与什么相关，即相关性的参照物是什么；二是如何判断刑事诉讼证据与参照物之间是否相关。相关性是指刑事诉讼证据与证明对象相关，相关性的参照物应当就是我们通常所讲的证明对象。一般认为，刑事诉讼的证明对象包括对定罪量刑有意义的实体法事实、对处理程序问题有价值的程序法事实，有的学者还主张包括刑事诉讼证据事实；简言之，刑事诉讼的证明对象，即刑事诉讼证据相关性的参照物就是案件事实。毋庸讳言，包括实体法事实和程序法事实在内的待证案件事实无疑是有取证权的机关收集证据的证明对象，但是，把当事人提供的刑事诉讼证据所要证明的对象界定为案件事实却要求过高。当事人提供证据所要证明的应当是其诉讼主张，当事人所主张的观点可能只是部分案件事实而不是全案事实，更有甚者，当事人所主张的可能完全不是事实。至于当事人所主张的是否事实或者全案事实，经过法庭调查核实后方可认定。在庭审前确定当事人提供的证据是否具有相关性，只能以其诉讼主张为参照物；这也是我国证据

① 何家弘：《证据学论坛》（第一卷），北京：中国检察出版社，2000年，第246页。

法中确定的“主张者举证”原则的当然要求。由此可见，证据相关性的参照物即证明对象既包括待证案件事实也包括诉讼主张。

至于如何判断刑事诉讼证据与参照物之间是否相关，我们认为，所谓相关仅仅指刑事诉讼证据的外部特征、物质属性、存在状况及思想内容与待证的案件事实、诉讼主张之间具有逻辑上的联系。这种联系可能是直接联系也可能是间接联系，可能是因果联系也可能是非因果联系，可能是必然联系也可能是偶然联系。相关性既是刑事诉讼证据的基本特征，又是刑事诉讼证据的本质属性，没有相关性，刑事诉讼证据材料不可能成为刑事诉讼证据。

（2）可采性。具有相关性的材料不是必然能成为刑事证据的，只有具有可采性的材料才能成为刑事证据。换言之，可采性与相关性一样，是刑事诉讼证据不可或缺的基本特征。可采性是侦查、审查起诉和审判各阶段都需要遵循的取证和认证要求，如法律规定，公检法机关都不得采用非法证据在起诉意见书、起诉书和判决书中。可采性，具有排除虚假证据，排除非法证据的拦截功能，是相关性证据获得诉讼资格的“准生证”。如果侦查中采用了非法证据，审查起诉或审判阶段在识别后均可将其排除。

相关性是对刑事诉讼证据在逻辑上的要求，可采性是对刑事诉讼证据在法律上的要求。

相关性和可采性，也是英美法系审查刑事证据的要求。大陆法系国家，用证据能力和证明力对刑事证据进行判断。证据的证明力是指证据的证明性及其强度，符合相关性要素。证据的证据能力是指证据资格或者容许性，具有可采性要义。

3. “一元说”与“二元说”的根本区别

非法证据是不是证据？对于这个问题，学界存在两种观点：

（1）非法证据也是证据。按照“一元说”，非法证据如刑讯逼供的证据，因为与案件具有相关性，根据相关性特征，属于能够证明案件情况的材料，因而也是证据。只是该证据不具有证据的可采性，是应当排除的证据。所以，需要依照非法证据排除规则将其排除。

（2）非法证据不是证据。按照“二元说”，非法证据虽然有相关性，但不具有可采性，因而，非法证据由于其违法性，自始就没有获得证据资格，不具有证据能力，不是证据。对于不是证据的非法证据，需要在诉讼中使用非法证据排除规则将其识别排除。

根据我国刑事诉讼法关于证据的界定，第一种观点在理论上没有错，是可以成立的。但我们倾向于第二种观点，即非法证据不是证据。理由在于：①我国刑事诉讼法明确要求，公安机关、人民检察院和人民法院都有排除非法证据的职责，不得将其作为起诉意见、起诉决定和判决的依据。刑事诉讼各阶段都排除的非法证据，在刑事诉讼中就无立足之地，不具有程序上的可容性，因此就不是证据；②刑事诉讼中的非法证据多与公权力相关，拒绝其证据资格，有助于遏制公权力的滥用；③是否属于非法证据的争议，由法院裁决。强调了刑事程序中审查证据的重要性。

第二节　刑事诉讼证据的种类

根据《刑事诉讼法》第50条的规定，我国刑事诉讼证据分为八种：

一、物证

物证是指以其外部特征、物质属性、存在状况来证明案件真实情况的物品和痕迹。物证通常包括犯罪工具、犯罪行为侵害的物品、因犯罪行为而产生的痕迹、犯罪分子遗留在现场的物品、犯罪分子为掩盖罪行的各种伪装等。

物证的客观性较强，在证明活动中具有其他证据不能代替的作用。物证可以为侦查人员提供侦查线索，确定侦查方向，甚至可以借助物证侦破案件，抓获犯罪嫌疑人；可以借助物证鉴别其他证据的真伪；可以借助物证迫使犯罪嫌疑人、被告人交代罪行，用以揭穿其不真实的供述和辩解；可以借助物证进行法制宣传教育。

物证是无意识的证据，只有通过人的能动作用才能进入诉讼程序。在办案中，侦查、检察、审判人员依法通过勘验、检查、搜查、扣押等途径发现和收集物证，或者要求有关人员和单位提供物证。对于物证必须妥善保管。对于可能产生环境污染的物证要按照有关规定保管和处置；对于不易搬动的物证，要以相应的科学方法固定。

运用物证前，必须查明其来源，注意是否伪造，是否发生了变化；在许多情况下，必须经过辨认、检验和鉴定才能揭示物证的证明力；必须与其他证据对照才能认定某一物证的证明价值；用以定案根据的物证，必须经过法庭辨认。

二、书证

书证是指以文字、符号、图画反映的思想内容来证明案件真实情况的物品。根据书证是否为国家机关、企事业单位等行使职权所制作，书证可以分为公文书和私文书；根据书证的制作方式不同，书证可以分为原本、正本、副本、节录本和译本；根据书证的形式不同，书证可以分为一般书证、特定书证；根据书证的内容不同，书证可以分为处分书证、报道书证。

书证不同于物证：物证是以其外部特征、物质属性和存在状况来证明案件事实的，而书证是以其思想内容来证明案件事实的。书证与物证也有相同点：二者的外部表现形式都可以是物品。某些物品若同时具有物证和书证的特点，既可以通过其外部特征、存在状况、物质属性来证明案件事实，又可以通过其思想内容来证明案件事实，在证据种类上就既是书证又是物证。

书证都有明确的意思表示，一经查明属实即可直接证明案件中的某些事实，在刑事诉讼中具有重要意义。有些书证可以证明案件性质、作案动机和目的，有些书证可以揭穿犯罪嫌疑人的虚假口供，有些书证可以鉴别其他证据的真伪。

运用书证前，必须查明其来源、制作人和制作过程，判明书证的内容与案件事实的关系。用作定案根据的书证必须在审判中当庭宣读，听取有关诉讼参与人的意见。

三、证人证言

证人证言是指当事人以外的知道案件情况的人就自己所知道的案件情况向公安、司法机关所作的陈述。证人证言只能是证人所知道的案件事实本身，不包括证人的主观推测或分析判断意见；证人证言不可避免地受到证人的主观和客观条件的影响，即使善意证人也可能提供不真实或不够真实的证言；证人通常与案件处理结果没有切身利害关系，因此证人证言较犯罪嫌疑人、被告人供述和辩解或者被害人陈述更为客观，真实性与可靠性也较大；证人证言以口头形式为主，以书面形式为辅。

证人证言是刑事诉讼中广泛运用的一种证据，具有重要的意义。证人证言可以帮助办案人员发现和收集其他证据，可以用于鉴别其他证据的真伪，还可以作为认定案件事实的根据。

证人证言也需要经过审查判断方能作为定案根据。应当注意审查证人证言的来源，审查证人在主观上是否愿意提供真实陈述，审查证人感知、记忆、表述案件事实的主观条件和客观条件，审查证人证言之间、证人证言与其他证据之间、证人证言与案件事实之间有无矛盾。此外，审查未成年证人的证言，应当注意未成年人富于幻想、容易受到外界因素影响的特点，并注意未成年人的年龄、智力发育程度与他回答的内容是否相称、与未成年人的语言是否一致。

四、被害人陈述

被害人陈述是指犯罪行为的直接受害者就自己受害的事实和有关犯罪分子

的情况向公安司法机关所作的陈述。被害人陈述是被害人协助公安司法机关追究犯罪嫌疑人、被告人刑事责任，保护被害人合法权益的重要手段，也是公安司法机关认定案件事实的重要证据。

对被害人陈述的审查判断与证人证言的审查判断基本相同。但要特别注意的是，基于被害人自己遭受犯罪行为侵害的特点，被害人可能有夸大被害事实，也可能由于遭受犯罪行为侵害时心理状态失常对某些情况观察不实，或者发生错觉而提供错误的陈述。

五、犯罪嫌疑人、被告人的供述和辩解

犯罪嫌疑人、被告人供述和辩解，是指犯罪嫌疑人、被告人就案件事实向公安司法机关所作的陈述。其中，供述也称口供，是对犯罪的承认，包括犯罪嫌疑人、被告人承认自己有罪的招供，揭发同案犯罪嫌疑人、被告人犯罪事实的攀供。辩解则是说明犯罪嫌疑人、被告人自己无罪、罪轻的抗辩。从诉讼阶段来划分，有犯罪嫌疑人的供述和辩解，被告人的供述和辩解。犯罪嫌疑人、被告人是任何一个案件中最了解案情的人，同时与案件的处理结果具有最直接的利害关系，因此，其供述和辩解具有真伪并存的特点。

犯罪嫌疑人、被告人供述和辩解在诉讼中具有重要意义：经查证属实可以作为定案根据，特别是对认定犯罪的动机和目的有重要作用；可以为发现和收集其他证据提供线索，也是审查核实其他证据真伪的手段；是衡量犯罪嫌疑人、被告人犯罪后的悔罪态度的重要材料，对正确量刑有一定作用；犯罪嫌疑人、被告人辩解是其行使辩护权的重要方式之一。

审查判断供述和辩解的真伪，应当注意研究其内容是否符合情理，有无矛盾、反复；查明犯罪嫌疑人、被告人供述或辩解时的动机和目的，讯问犯罪嫌疑人、被告人时有无违法情况；结合其他证据进行对比分析以鉴别其真伪。

在运用证据认定案件事实时，应当重其他证据、重调查研究，不轻信口供。只有被告人供述，没有其他证据的，不能认定被告人有罪和处以刑罚；没有被告人供述，其他证据确实、充分的，可以认定被告人有罪和处以刑罚。

六、鉴定意见

鉴定意见是指公安司法机关指派或聘请的鉴定人对案件中的专门性问题进行分析判断后提供的书面意见，也包括当事人聘请的鉴定人提供的鉴定意见。新刑诉法将过去的鉴定结论修改为“鉴定意见”，更为准确，因为即使专家意见也不能直接定为结论，同样要经过公安司法机关的审查才能作为定案根据。刑事诉讼中常见的需要作出鉴定意见的专门性问题有：法医鉴定中需要明确的

死亡时间、原因和伤害情况等；司法精神病鉴定中关于被告人、被害人、证人等的精神状态；刑事科学技术鉴定中的指纹、脚印、血型、痕迹、枪弹、书法等物证是否与犯罪嫌疑人或被告人的认定同一，以及步伐、毛发、人体身高、重量等证据是否与当事人相吻合；一般技术鉴定中涉及的工业、建筑、运输、交通等各种科学技术方面的问题；化学毒物鉴定中的毒物的化学性、对人体的危害性和剂量等；会计鉴定中的各种账目、表册以及是否合乎会计制度等问题。

鉴定意见在刑事诉讼中具有重要意义。鉴定意见是公安司法人员判明案件事实、作出法律结论的重要依据；是公安司法人员鉴别其他证据真伪的重要手段，因而有“科学证据”之称。

审查判断鉴定意见，应当审查提供用于鉴定的材料是否充分、可靠；审查鉴定人员是否具有解决该专门问题的资格、能力以及工作是否认真负责；审查鉴定所使用的技术设备是否完善，所采用的方法和操作程序是否科学；审查鉴定结论是否科学，结论与论据之间是否矛盾，鉴定意见与其他证据、案件事实是否矛盾。

七、勘验、检查、辨认、侦查实验等笔录

勘验、检查、辨认等笔录是指公安司法人员对于与犯罪有关的场所、物品、尸体、人身进行勘验、检查、辨认过程中所作的客观记载，具体可分为现场勘验笔录、物品和尸体检验笔录、人身检查笔录、辨认笔录。侦查实验笔录是侦查机关为了确定在特定的环境中是否会发生类似案件中的某种情况，进行模拟实验而作的记载。上述笔录，在形式上除了文字以外，还包括绘图、照片、模型等。

勘验、检查、辨认、侦查实验等笔录是具有综合证明作用的一种独立证据。笔录不仅记载了通过勘验、检查、辨认、侦查实验等行为所发现的与案件有关的各种物品、痕迹，而且记载了各种痕迹、物品的存在位置或形成的具体环境、条件和相互关系。同时，这些笔录也可以成为鉴别其他证据真伪的工具，当然也是一种可信度较高的证据。

审查勘验、检查、辨认、侦查实验等笔录，应当着重审查勘验、检查、辨认等的对象是否被破坏或伪造，侦查实验的内容是否符合要求；笔录的制作是否规范，是当场制作的还是以后补作的；进行勘验、检查、辨认和侦查实验的人员业务水平和工作态度如何，是否有具有专门知识的人参加；勘验、检查、辨认、侦查实验等活动是否严格依照法定程序进行，手段和方法是否科学。

八、视听资料、电子数据

1. 视听资料

视听资料是指以录音、录像制品及其他高科技设备所储存的声音、图像信息来证明案件真实情况的物品。视听资料具有以下特点：形象生动，直观性强，客观实在，内容丰富；可以反复重现，易于保存和使用，审查核实时便于操作。

视听资料容易被伪造、变造，因而需要审查，经查证属实后才能作为定案的根据。审查判断视听资料时，应当审查其来源和制作情况，以便排除伪造、变造、失真、篡改的可能性；核实视听资料与其他证据、案件事实有无矛盾。

2. 电子数据

电子数据，是指基于计算机应用、通信和现代管理技术等电子化技术手段而形成的，包括文字、图形符号、数字、字母等的客观资料。随着科技的发展，电子数据被用于刑事诉讼的情况日益普遍，因而形成独立的电子证据。刑事诉讼电子证据是指以计算机或计算机系统为媒介以数字电子符号为表现形式，收集、审查和判断时必须借助电子计算机及相关专业知识，用于证明刑事案件情况的电子数据的统称。司法实践中常见的刑事诉讼电子证据主要是：局域网和互联网中的电子证据，如电子邮件、电子公告板（BBS）、QQ及微信聊天记录、微博、博客、游戏室、开放性电子数据交换等，还包括封闭型计算机系统中的电子证据，如单个电子文件、数据库、传统电子数据交换（EDI）等。

电子数据的部分表现形式与视听资料相似，如下载的视频资料；视听资料中的录音录像也可以转换为电子数据存放使用，二者联系紧密，原刑诉法将二者统称为视听资料。由于电子数据的形成、保存和运用机理有其独特性，多数与视听资料都不同，因此，在新刑诉法将二者区分为两种证据，应当分别收集、审查和使用。

第三节 刑事诉讼证据的分类

一、言词证据和实物证据

根据证据的表现形式不同，可以将刑事诉讼证据分为言词证据与实物证据。言词证据是指以言词即人的陈述作为表现形式的证据。言词证据包括证人证言、犯罪嫌疑人或被告人的供述和辩解、被害人陈述、鉴定意见。实物证据是指以其的外部特征、物质属性、存在状况或者它所记载的内容来证明案件情况的物的形态的证据。物证、书证、视听资料、电子数据、勘验检查辨认侦查实验等笔录都是实物证据。

在运用言词证据时，应针对言词的特点，遵循扬长避短的原则，特别注意以下几点：①在收集言词证据时，应当创造条件使陈述主体能客观、全面地陈述案情；②针对言词证据易变性、可塑性较大的特点，要注意固定程序，要如实地、全面地对每次的陈述过程和内容进行记录并依法核对、签名加以固定；③在审查判断言词证据时，必须充分注意陈述主体的个人情况，与案件的关系，感知、记忆、表述的能力和条件，外在社会环境的影响；④要尽可能收集实物证据以便对言词证据加以印证；在只有言词证据而无实物证据时，对被告人定罪处刑应持慎重态度。

在运用实物证据时，要注意以下几点：①在发现、提取和固定实物证据的过程中应当充分运用现代科学技术手段，防止遗漏证据或在收集过程中破坏实物证据的证明价值；②凡是需要检验或者鉴定的实物证据，都应当进行检验或者鉴定，揭示其证据作用，不能由办案人员主观臆断；③在收集和审查判断实物证据时，应当注意是否伪造和有无变化。

二、控诉证据和辩护证据

根据证据对犯罪嫌疑人、被告人利害关系的不同，可以将刑事诉讼证据分为控诉证据与辩护证据。控诉证据是指能够证明犯罪嫌疑人、被告人有罪、罪重等不利于嫌疑人、被告人的证据。控诉证据是指控犯罪嫌疑人、被告人有罪、罪重和人民法院作有罪判决、从重处罚被告人的根据。辩护证据是指证明犯罪嫌疑人、被告人无罪、罪轻等有利于嫌疑人、被告人的证据。辩护证据是被告方当事人及其律师反驳控诉，人民法院作无罪判决、从轻或者减轻处罚被告人的根据。控诉证据与辩护证据的划分具有相对性，集中体现在能够证明被告人罪轻的证据上。当在确定罪与非罪时，能够证明被告人罪轻的证据因为首先证明了被告人有罪，所以属于控诉证据；当已经确定了被告人有罪的情况下，在确定被告人罪责轻重的时候，能够证明被告人罪轻的证据显然属于辩护证据。但是，这绝不是因为证据本身性质在发生变化，而是因为办案人员的观念和需要在发生变化，办案人员根据不同的观念和需要对能够证明被告人罪轻的证据得出了不同的结论。

划分控诉证据与辩护证据的意义在于，使公安司法人员能够客观地收集证据，全面分析案情，防止主观片面性，即要求公安司法人员既收集控诉证据，也要收集辩护证据。

三、原始证据和传来证据

根据证据的来源不同，可以将刑事诉讼证据划分为原始证据与传来证据。原始证据是指在公安司法人员收集之前，未经转述或转抄而直接来源于案件事实的证据，也就是通常所说的第一手材料。例如，犯罪嫌疑人、被告人的供述和辩解，耳闻目睹案件发生经过的证人的证言，被害人对自己受害经过的陈述，书证的原本等。传来证据是指公安司法人员收集之前，已经经过转述或转抄而间接来源于案件事实的证据，也说是通常所说的第二手材料。例如，听他人转述案情的证人提供的证言、书证的复印件等。

划分原始证据与传来证据的意义在于，促使公安司法人员尽可能收集和利用原始证据，如果不可能取得原始证据的时候，也要尽可能收集转述或转抄次数最少的、最接近原始证据的传来证据。一般来说，证据材料转述或转抄的次数越少，失真的机会就越少；反之，转述或转抄的次数越多，失真的机会就越多，这是信息传递中的一般规律。

传来证据在刑事诉讼中也有其重要作用：传来证据可以作为发现原始证据的线索；在特定情况下，传来证据可以作为审查原始证据是否真实的手段；在我国，传来证据经查证属实，可以作为定案根据。

四、直接证据和间接证据

根据证据能否单独证明案件主要事实的不同，可以将刑事诉讼证据划分为直接证据与间接证据。刑事案件的主要事实是指某人是否是犯罪行为的实施者。直接证据是指能够单独证明案件主要事实的证据，即不需要其他任何证据就能够单独说明某人是或者不是犯罪行为实施者的证据。例如，犯罪嫌疑人、被告人承认自己有罪的供述或否认自己有罪的辩解，被害人或证人对犯罪者的指认等，都是直接证据。间接证据是指不能单独证明案件主要事实的证据。间接证据虽然不能单独证明案件的主要事实，但若干间接证据结合起来也能证明案件主要事实；间接证据虽然不能单独证明案件主要事实，但能够单独证明案件的次要事实。

划分直接证据与间接证据的意义在于，能帮助公安司法人员正确地认识证据在证明案件主要事实中的不同作用，防止把一些只能证明案件事实中的一个片段或者一个情节的证据误认为可以证明案件主要事实。应当注意的是，不能说直接证据比间接证据重要。直接证据虽然能单独说明某人是或者不是犯罪行为的实施者，但是不等于说直接证据本身就是真实可靠的，就不需要其他证据证实。在通常情况下，凭一个直接证据是难以定案的，就是定了案也很可能出现错误。

间接证据在刑事诉讼中具有不可替代的作用：间接证据常常是获得直接证据、侦查破案的先导，特别是重大刑事案件更是如此；是审查、鉴别直接证据是否真实的重要手段；经查证属实可以作为定案的根据。

运用间接证据定案必须遵守一定的规则：①真实性规则。运用间接证据定案，首先，要查明每一个间接证据都是客观的、真实的，其次，并查明每一个间接证据都是与案件事实有客观联系的；②一致性规则。用以定案的间接证据与间接证据之间、间接证据与案件事实之间必须协调一致，排除相互之间的矛盾；③锁链性规则。用以定案的间接证据必须形成一个完整的体系，得出的结论只能是唯一的结论，并能够排除任何其他的可能性。

第四节　刑事诉讼证据规则

一、刑事诉讼证据规则界定

通常所说的刑事诉讼证据规则，也就是刑事证据的采纳或认定规则，是刑事诉讼中审判机关按照法定程序，决定哪些证据可以作为定案根据而遵循的法律原则。刑事诉讼证据规则存在的意义在于：第一，用法院认证规则去指导、约束、规范侦查、检察机关收集证据的行为，防止违法或不适当的取证行为，保证刑事诉讼的高效与文明；第二，为当事人及其辩护人、代理人从事举证、质证活动，提供切实有效的法律指导，帮助当事人各方正确行使诉讼权利，有效地维护其合法权益；第三，合理限制法官在证据审查和取舍上的自由裁量权，确保法官按照法律规定的认证规则，正确地采纳证据，认定案件事实，公正地作出刑事判决或裁定。

二、我国刑事诉讼证据规则

随着《刑事诉讼法》的不断修改完善，我国也已逐步建立了刑事诉讼证据规则体系，这些规则成为我国刑事证据制度不可或缺的组成部分。根据我国《刑事诉讼法》和司法解释的有关规定，我国的刑事证据规则主要有：

1. 忠于事实真相规则

忠于事实真相规则是实事求是原则在我国刑事证据法中的集中体现。实事求是是我国各项事业的思想路线和基本指导原则，曾有学者提出我国的证据制度就是实事求是的证据制度，当然，此称谓因未能体现证据法的特性而无法得到学界认同，但不可否认的是，追求客观真实、忠实于案件事实真相，始终是我国刑事证据法不灭的灵魂和首要的价值追求。根据《刑事诉讼法》第50条、第52条、第53条和《死刑案件证据规定》《非法证据排除规定》的内容，忠于事实真相规则在我国《刑事诉讼法》中有四个方面的体现，共同构成我国刑事证据使用和采信时的首要规则。这四个方面是：

（1）认定案件事实，必须以证据为根据。

（2）证据必须经过查证属实，才能作为定案的根据。无论是公检法机关、律师还是当事人，都可以向法庭提供、使用证据，但这些证据必须经过当庭出示、辨认、质证等法庭调查程序查证属实，才能作为法院定案的根据。

（3）审判人员、检察人员、侦查人员必须依照法定程序，收集能够证实犯罪嫌疑人、被告人有罪或者无罪、犯罪情节轻重的各种证据。必须保证一切与案件有关或者了解案情的公民，客观充分地提供证据的条件，除特殊情况外，可以吸收他们协助调查。依法、全面收集证据，不仅是对公安、检察机关的要求，也是对法院、法庭的要求。

（4）公安机关提请批准逮捕书、人民检察院起诉书、人民法院判决书，必须忠实于事实真相。故意隐瞒事实真相的，应当追究责任。

2. 不得强迫任何人证实自己有罪规则

作为一项有关证据的权利规则，“任何人不得被迫自证其罪”，在国际社会已经得到普遍承认和遵行。1966年第21届联合国大会通过的《公民权利和政治权利国际公约》第14条第三项规定：“任何人不被强迫作不利于他自己的证言或强迫承认犯罪。”此后，不被强迫自证其罪的权利逐渐成为国际上公认的在刑事诉讼中最低限度的人权标准。

我国已于1998年10月签署加入上述公约，2012年修改《刑事诉讼法》时，在第52条原有“严禁刑讯逼供和以威胁、引诱、欺骗以及其他非法方法收集证据”的基础上，进一步明确规定“不得强迫任何人证实自己有罪”，体现了对条约义务的遵守。当然，从句式表达上看，与其说这是一个权利表述，不如说是一个证据规则，是对公权力机关对待犯罪嫌疑人、被告人口供证据的一种规则约束。

与该规则相对应的是，《刑事诉讼法》第120条虽然保留有“犯罪嫌疑人对侦查人员的提问，应当如实回答”的内容，但同时规定了“侦查人员在讯问犯罪嫌疑人的时候，应当告知犯罪嫌疑人享有的诉讼权利，如实供述自己罪行可以从宽处理和认罪认罚的法律规定”。

3. 口供补强规则

口供补强规则，是适用于口供的一项证据规则，其含义是指法院不得以被告人认罪的口供为有罪判决的唯一依据，而必须要有其他证据予以“补强”。

我国《刑事诉讼法》第55条规定："对一切案件的判处都要重证据，重调查研究，不轻信口供。只有被告人的供述，没有其他证据的，不能认定被告人有罪和处以刑罚；没有被告人供述，证据确实、充分的，可以认定被告人有罪和处以刑罚。"这一规定对被告人的有罪供述要以其他证据作补强证明，从而确认了对口供的补强规则。

口供补强规则的意义主要是：第一，有利于防止偏重口供的倾向。由于真实的口供具有极强的证明力，如果允许口供作为定案唯一根据，势必使侦查、审判人员过分依赖口供，甚至不惜以非法手段获取，以至侵犯嫌疑人和被告人人权。第二，可以担保口供的真实性，避免以被告人的虚假供述导致误判。被告人认罪的口供极易获得人们的相信，但因种种原因，口供却可能完全是虚假的。为了防止虚假的口供导致法院判决的错误，确立口供补强规则就是非常必要的。口供补强规则的确立也是吸取历史教训的结果。无论是我国，还是外国的诉讼史，都有制度性的偏重口供的情况。即以口供为"证据之王"，为获取口供而使刑讯合法化、制度化，形成了"罪从供定"的传统，从而造成了较多的冤假错案。

口供补强规则在实践中遇到的一个问题是，在共同犯罪案件中，共犯的口供能否互为补强证据，也就是说，仅凭共犯间一致的口供而没有其他证据的补强，能否认定被告人有罪。我国法学界主流观点持否定说，即认为共犯的供述仍然是"被告人供述"，应受《刑事诉讼法》第55条的制约，适用证据补强规则。

4. 证言质证规则

证言质证规则与外国的传闻证据规则都是关于证人证言效力的法庭规则，但又有所区别。

外国的传闻证据规则是要求，证人必须亲自到法庭上作证并接受交叉询问，道听途说的信息不得被采纳为法庭定案证据。我国刑事诉讼法并未确立传闻证据规则，一个突出的表现是，在我国并没有要求证人必须亲自出庭作证，证人的书面证言也可以在法庭上出示，这与传闻证据规则的要求是不同的。究其原因，大概有三个方面：一是我国并未真正确立当事人主义诉讼模式。虽然1996年《刑事诉讼法》确立了对抗式庭审方式，但因为整个诉讼程序的设置并不是对抗式的，所以，其他相关制度的设计包括证人制度都基本保留了原有的特色。二是出示证言的方式比要求证人出庭更快捷、简便，成本更低廉，符合我国地域广阔等特殊国情。三是传统的"和为贵"思想，往往会阻碍证人亲自出庭作证。

因此，我国刑事诉讼法规定的证言质证规则，包含了两个方面的内容：

①证人出庭作证并要在法庭上经过询问、质证，才能作为定案的根据。《刑事诉讼法》第 61 条规定：“证人证言必须在法庭上经过公诉人、被害人和被告人、辩护人双方质证并且查实以后，才能作为定案的根据。”②在证人不出庭的情况下，允许在法庭上出示书面证言，但是，也要经过质证查实。《刑事诉讼法》第 195 条规定：“对未到庭的证人的证言笔录、鉴定人的鉴定意见、勘验笔录和其他作为证据的文书，应当当庭宣读。审判人员应当听取公诉人、当事人和辩护人、诉讼代理人的意见。”

5. 行政执法证据转化适用规则

行政执法证据是指行政机关在行政执法和查办案件过程中，依行政程序收集的证据材料。根据《刑事诉讼法》第 54 条第二款的规定“行政机关在行政执法和查办案件过程中收集的物证、书证、视听资料、电子数据等证据材料，在刑事诉讼中可以作为证据使用。”该规定是对我国刑事诉讼证据资格的突破，是对刑事取证主体的拓展。过去《刑事诉讼法》规定的取证主体包括公检法机关、辩护人和诉讼代理人、刑事诉讼当事人，对于非法定主体获取的证据是不能直接采用为刑事诉讼证据的，实践中要经刑事诉讼取证主体和程序转化为刑事诉讼证据后，才可以使用。

依照行政执法证据转化适用规则，我国刑事诉讼过程中，可以直接确认、采纳、使用国家行政机关在行政执法和查办行政案件中收集的各种证据材料，只要这些证据材料能够用来证明案件情况。如工商、税务等机关收集的可以用于证明犯罪与否的涉案证据。该证据规则将刑事司法与行政执法相衔接，既尊重了我国司法的现实做法，又体现了经济高效的诉讼原则，因为有些刑事案件原本是在行政执法和查办案件中发现后被移交过来的，如果不认可行政机关收集的证据，就必须全部推倒重来，浪费执法资源。

当然，行政执法证据转化为刑事诉讼证据之后，仍然要接受控辩双方的质证和人民法院的审查，经查证属实并且程序合法，符合刑事证据的采信规则，才可以采纳为司法裁判的定案根据。行政执法证据转化适用于刑事诉讼，仅仅是证据资格的承认，由行政证据转化为刑事证据。但在刑事诉讼中，这些证据仍然要面临真实性、合法性的考量，如果不真实，如果行政机关在取证时存在程序违法，就有可能遭淘汰、被排除。

6. 非法证据排除规则

（1）非法证据排除规则的立法进程。从 1979 年到 1996 年，我国《刑事诉讼法》都规定了“严禁刑讯逼供和以威胁、引诱、欺骗以及其他非法方法收集证据”的取证要求，但没有关于非法证据排除的明确规定。为遏制刑讯逼供等乱象，最高人民法院、最高人民检察院对刑事诉讼法中的“严禁”作了延伸性解释，规定非法取得的证据不能使用。2012 年《刑事诉讼法》从第 56 条到第 60 条，专门规定非法证据排除规则的适用范围、内容和程序，在我国法律上首次建立了非法证据排除规则，为我国刑事司法提供了有效的法律依据。

（2）非法证据排除规则确立的基本理由：①促进我国刑事诉讼多元价值目标体系的建立。我国刑事诉讼在传统上偏重于对实体真实的追求，重实体，轻程序，正当程序意识淡漠，对司法文明重视不够。通过非法证据排除规则，可强制提升正当法律程序价值、司法文明的价值，使我国刑事诉讼价值走向多元化；②是尊重和保障人权的现实需要。我国《宪法》规定了公民的基本权利，明确规定："国家尊重和保障人权。"因此，刑事诉讼法成为国家尊重和保障人权的首要担当。众所周知，以非法方法获取证据对基本人权损害极大，必须严格禁止，并禁止使用这类证据，使违法者不得从中获益。我国司法实践中，刑讯逼供屡禁不止，非法证据排除规则是遏制这类违法行为发生，保护公民权利的有效手段；③以非法方法获取的证据亦可能妨害获得案件的实质真实。因为"捶楚之下，何求而不可得"，违法获取的证据，虚假可能性较大，无法保证客观真实性，当然就没有被采纳的正当理由；④当代法治国家的刑事证据法普遍禁止采用非法证据。如美国、英国、法国、德国、意大利、日本、俄罗斯等国家都有非法证据排除规则。

（3）非法证据排除规则的适用范围。一是证据范围。包括：①采用刑讯逼供等非法方法收集的犯罪嫌疑人、被告人供述；②采用暴力、威胁等非法方法收集的证人证言、被害人陈述；③收集物证、书证不符合法定程序，可能严重影响司法公正，不能补正或者作出合理解释的。这三种类型的证据，都是应当予以排除的。二是程序范围。非法证据排除规则适用于侦查、审查起诉和审判三个程序阶段，并不限于法院审判阶段。对该规则公、检、法三机关都必须遵守。在侦查、审查起诉、审判时发现有应当排除的证据的，应当依法予以排除，不得作为起诉意见、起诉决定和判决的依据。

第十一章　刑事诉讼证明

第一节　刑事诉讼证明的概念和特点

一、刑事诉讼证明的概念

刑事诉讼证明，是指国家公安司法机关和诉讼当事人及其律师在刑事诉讼中依照法定程序，运用证据来查明和确定案件事实，论证诉讼主张的活动。

刑事诉讼中的证明活动一般有狭义和广义之分。狭义上的刑事证明是指侦查人员、检察人员和审判人员依照法定程序收集证据，审查判断证据，运用证据来确定有无犯罪，是谁实施了犯罪，犯罪人的罪责轻重，以及其他有关事实的诉讼活动；广义上的刑事证明是指除司法人员依法运用证据确定案件事实的诉讼活动以外，还包括当事人和其他诉讼参与人依法提供证据，运用证据证明自己诉讼主张的活动。

刑事证明贯穿于立案、侦查、起诉和审判等各个阶段，对刑事诉讼任务的完成具有重要意义。

二、刑事诉讼证明的特点

与一般的证明活动相比，刑事诉讼证明有如下特点：

1. 刑事证明的任务是确定案件的真实情况

在刑事诉讼中，要证明犯罪事实是否发生，犯罪嫌疑人、被告人是否实施了犯罪，以及有无从重、从轻、减轻或者免除其刑事责任的情节等。证明所确定的案件事实必须符合客观实际。这种证明从时间上说，是对已经发生的案件情况的证明，属于历史性探索。

2. 刑事证明的主体主要是国家专门机关和诉讼当事人

人民法院、人民检察院和公安机关，必须依法收集、审查和运用证据来证明案件事实。当然，当事人也应当依法提供证据，证明自己的指控或主张，因而也是刑事证明主体。刑事证明具有职责性或义务性。

3. 刑事证明必须依法进行

刑事诉讼涉及犯罪嫌疑人、被告人人身和财产权利的限制或剥夺，而刑事证明又是刑事诉讼的核心环节，因而刑事证明必须由国家法律予以规范。司法人员必须严格依照法律规定进行证明活动，严格遵守刑事诉讼证明的时间限制，而不能无限期进行。

4. 刑事证明贯穿于刑事诉讼的整个过程

从刑事证明的内容上看，包括收集证据、审查和运用证据证明案件的活动，它贯穿于刑事诉讼的整个过程。根据我国《刑事诉讼法》的规定，无论是立案、侦查、公诉还是审判阶段，刑事证明主体均要对自己的诉讼主张进行证明，以推动刑事诉讼程序向下一阶段运行。因此，刑事证明是一个过程，而非单个的诉讼行为。

5. 刑事证明具有法律上的效力

刑事证明行为能够产生法律上的效果，如关于有罪、无罪的证明，会直接决定法院的司法裁判，决定案件当事人的法律责任承担。

第二节　刑事证明对象

一、刑事证明对象的概念和意义

刑事证明对象，也称刑事证明客体、待证事实或要证事实，是指司法人员和诉讼当事人及其律师在诉讼中必须用证据加以证明的各种案件事实。刑事诉讼的证明对象主要是有关犯罪行为构成要件和量刑情节的事实。为了客观全面地查明和确认已经发生而又存在争议的案件事实，司法人员只能通过调查收集证据、审查判断证据的方法，即通过证明的方法予以实现。因而，查明案件事实就成了诉讼证明的首要任务，那些与本案相关的需要查明的诸事实，就成了待证事实或要证事实，成了诉讼中的证明对象。

刑事证明对象对于刑事诉讼来说，也具有非常重要的意义。由于证明对象问题是实现证明任务的首要方面，司法机关在办案过程中如果能够准确地确定本案所要证明的案件事实，就能保证在整个证明过程中始终目标明确，有目的、有重点地全面调查、收集有关的证据，及时查明案件事实的真相；也就能做到既不疏漏案件中必须查明的事实，也不致为与案件无关或无关宏旨的事实所干扰。这就有利于正确、合法地处理案件，提高办案的质量和效率。

二、刑事证明对象的范围

1. 被指控犯罪行为构成要件的事实

构成要件，是指被指控的犯罪行为成立的要件。被指控的犯罪不同，证明对象所包含的要件事实也就不同。学理认为，一般犯罪行为的构成要件有四个：犯罪客体，犯罪主体，犯罪的客观方面，犯罪的主观方面。这四个要件即刑事诉讼必须予以首先证明的对象。有的学者将此类证明对象用“七何要素”来表示：何人基于何种动机与目的，在何时、何地，用何种方法实施了何种行为，产生了何种危害后果。当然，在这七种要件中，并不是每个犯罪对于所有因素都不可或缺，或处在相同的重要地位。只有犯罪行为构成的四个一般要件，才是不可缺少的。

2. 与犯罪行为有关的各种量刑情节事实

（1）法定量刑情节。具体包括：①从重、加重处罚的事实。如组织、领导犯罪集团或者在共同犯罪中起主要作用的情节，教唆不满 18 岁的人犯罪，累犯等；②从轻、减轻或免除处罚的事实。如犯罪自首，犯罪未遂、犯罪中止，在共同犯罪中起次要作用或者辅助作用的从犯，或者系被胁迫诱骗参加犯罪的胁从犯等，犯罪人在犯罪时不满 18 周岁的，犯罪人是聋、哑的人或盲人等。

（2）酌定量刑情节。酌定量刑情节一般包括：①案件起因；②被害人有无过错及过错程度，是否对矛盾激化负有责任及责任大小；③被告人的近亲属是否协助抓获被告人；④被告人平时表现及有无悔罪态度；⑤被害人附带民事诉讼赔偿情况，被告人是否取得被害人或者被害人近亲属谅解；⑥其他影响量刑的情节。

如果全案既有从轻、减轻处罚等情节，又有从重处罚等情节的，应当依法综合相关情节予以考虑。不能排除被告人具有从轻、减轻处罚等量刑情节的，判处死刑时应当特别慎重。

（3）自首、立功的认定。根据司法解释，被告人及其辩护人提出有自首的事实及理由，有关机关未予认定的，应当要求有关机关提供证明材料或者要求相关人员作证，并结合其他证据判断自首是否成立。

3. 排除行为的违法性、可罚性和行为人刑事责任的事实

（1）排除行为违法性的事实。某些行为在外观上类似犯罪行为，但由于客观条件和支配这些行为的目的、动机等主观意志具有正当性，刑法明确否定这类行为的犯罪性质。行为既然排除了其中的违法性因素而不构成犯罪，当然也就排除了受刑事追究的可能性。根据《刑法》规定，这类行为有正当防卫、

紧急避险等。

(2) 排除可罚性的事实。这类事实一经发生，尽管构成犯罪，但并不产生相应的刑事责任。例如，犯罪行为实施后已过多年，超出了刑法所规定的追诉时效；经特赦令免除刑罚；依照刑法告诉才处理的犯罪，被害人没有告诉，或者告诉后有撤诉的；被告人已经死亡等。

(3) 排除或减轻刑事责任的事实。如果犯罪嫌疑人、被告人没有达到法定的刑事责任年龄，或者行为人在实施犯罪行为时，处于精神不正常状态，根据《刑法》规定，行为人即属无刑事责任能力的人或限制刑事责任的人。对于他们的行为所造成的危害后果，刑法规定不追究刑事责任或减轻刑事责任。根据我国《刑法》有关规定，行为人不满14周岁，不负刑事责任；已满14岁但不满16周岁，只有在犯罪行为属于故意杀人、故意伤害、致人重伤或死亡、强奸、抢劫、贩卖毒品、放火、爆炸、投毒的，才负刑事责任。可判处死刑处罚的责任年龄，必须在实施犯罪的时候已满18周岁。

4. 程序法事实

刑事诉讼程序事实，是指有关刑事诉讼程序是否合法进行的事实，具体包括：①有关管辖的事实；②有关回避的事实；③有关对犯罪嫌疑人、被告人采取强制措施的事实；④有关审判组织组成的事实；⑤有关诉讼程序的进行是否超过法定期限的事实；⑥司法机关侵犯犯罪嫌疑人、被告人等当事人诉讼权利的事实；⑦关于取证手段是否合法的事实；⑧与执行的合法性有关的事实，如犯人是否怀孕的事实；⑨其他与程序的合法性或者公正审判有关的事实，如延期审理的事实等。

第三节　刑事证明要求和证明标准

一、刑事证明要求

刑事证明要求，是指公安司法机关办理刑事案件时，依法运用证据证明案情所应达到的程度。证明要求与证明标准是紧密相关的，证明要求是法律要求证明案件事实所要达到的程度，而证明标准是衡量证明案件事实是否符合法律规定的证明要求的具体尺度。

我国刑事诉讼中的证明要求是查明案件的真实情况。从认识论的角度来看，就是办案人员对案件事实主观上的认识必须符合案件客观存在的实际情况。查明案件的真实情况，即对案件事实的认定必须达到客观真实，这是我国辩证唯物主义证据制度对刑事诉讼证明提出的要求。理论上对于“案件真实"，有不同的理解和争议，主要有：客观真实说与法律真实说、绝对真实说与相对真实说、实体真实说与程序真实说的交锋。几种学说在根本上涉及同样的问题。

二、刑事证明标准

刑事证明标准是衡量证明案件事实是否符合法律规定的证明要求的具体尺度。证明标准要解决的是，负有证明责任的一方，举证证明要证事项需要达到什么程度才能免除举证责任的问题。这个问题一直以来都是证据制度研究中的一个难点，学术争议也很大。一般认为，我国的刑事证明标准是"证据确实、充分"。英美国家的是"排除合理怀疑"，大陆法系国家以及苏联的是"内心确信"标准。

1. 三种主要刑事证明标准介绍

（1）排除合理怀疑——英美法系的证明标准。这是英美法系国家采用的刑事证明标准。在法院对被告人做有罪判决时，公诉方证明犯罪必须达到排出合理怀疑的程度（Proof"Beyond Reasonable Doubt"）。这一标准产生于18世纪末。按美国学者布莱克的解释，排除合理怀疑的证明，并不排除轻微可能的或者想象的怀疑，而是排除每一个合理的假设，除非这种假设已经有了根据；排除合理怀疑的证明，是达到道德上的确定性的证明，是符合陪审团的判断和确信的证明。作为理性的人，陪审团成员在根据有关指控犯罪是由被告人实施的证据进行推理时，是如此确信，以至于不可能作出其他合理的结论。

（2）内心确信——大陆法系的刑事证明标准。在法、德、意等传统大陆法系国家，刑事证明标准以法官的"内心确信"为核心，形成纵向阶梯式标准和横向多元化标准相结合的证明标准体系。"内心确信"是传统大陆法系国家所采用的法院作出有罪判决时的证明要求。控诉方证明犯罪必须达到使审判法官和陪审官在内心确信被告人确实实施了犯罪的程度，否则，依据无罪推定原则和"疑问有利于被告人"的原则，法院就将判决被告人无罪。所谓内心确信就是要求，根据法庭上出示的证据和辩论等，法官或陪审官要凭着理智和良心，在内心里相信指控的事实是确实存在的或是不存在的，是真实的还是不真实的。

（3）我国的"证据确实、充分"的证明标准。我国刑事诉讼采用了不同于上述证明标准的"证据确实、充分"的证明标准。如果说"排除合理怀疑"和"内心确信"是主观证明标准的话，那么，我国的"证据确实、充分"就是客观的证明标准。

证据的确实，就是要求证据本身必须是确实可靠的、可信的，不能是虚假的、经不起推敲的。证据的确实性需要从正、反两个方面来保证和验证。正面的，要求公检法机关及其办案人员在收集、审查、判断证据时，要实事求是，忠实于事实真相，律师和当事人、证人、鉴定人等，都必须尊重事实，不得伪造证据、提供虚假鉴定或证言。反面的，就是控辩双方可以通过交叉询问、法庭调查与辩论等，相互揭露对方证据中的不实之处，排除虚假和矛盾，以确保证据的确实可靠。充分是要求用于认定案件事实的证据达到了充分性的强度。“充分”在这里是一种证据的质的表达，虽然也需要一定的证据的量给予保证，但主要还是指证明力的程度，而不是对证据量的要求。

2. 不同待证事项的证明标准

（1）有罪主张的证明标准。在现代无罪推定原则的限制下，控方如要向法院证明犯罪确实成立，就必须将有罪的事实证明到确实无疑的程度才能使法院作出有罪判决。无论各国怎样表达其证明标准，在有罪证明中，证明标准一般应当达到如下具体要求：

①证据具有确实性。单个证据无懈可击，证据之间无矛盾。②证据与犯罪事实之间具有关联性。证据能够对犯罪事实起到证明作用，因而成为有罪主张的事实根据。③证据与指控主张在方向上具有一致性。也就是说，现有证据都是有罪证据或者有罪证据占据绝对优势，足以否定辩护方提出的无罪证据。④有罪证据能够形成一个逻辑上的证明链。所谓逻辑上的证明链，是指证明有罪主张所依据的证据，按照正常的逻辑规律排列，能够形成一个证明体系。⑤根据有罪证明链能够得出一个排他性的结论。在事实证据和逻辑、经验、常识、法律等的结合中，能够自然得出一个被告人犯有所指控的罪行的排他性的结论。这个结论是排除了其他可能性地指向了被告人的结论，即使不是百分百的准确，也是具有最大可能性的，是具有高度可信性的。在能够得出排他性结论的情况下，证明就达到了排除合理怀疑的程度，也就实现了证据的确实、充分，法院就可以作出有罪判决。

（2）无罪主张的证明标准。辩护方如果提出无罪抗辩，显然也是要进行证明的。只是对无罪主张的证明不必强调证明链的形成，当然，有条件形成证明链会更好。证明无罪就是要将有罪指控置于令人怀疑、不可信的境地，因此，对无罪主张的证明，一般做到下列情况之一，就可以使法院作出无罪判决：

第一，有一个证明被告人无罪的确实的证据存在。如有证据证明被告人不具有作案时间，不在犯罪现场；或者经鉴定，被告人患有精神病；或者被告人提出自己是正当防卫等，如果控诉方不能有效地反驳被告人所提出的这些能够证明无罪的证据，则这些证据就可以被认定而具有了确实性，依据这样一个证据，法院就足可判决被告人无罪。

第二，证明有罪主张的证据不足。依据无罪推定原则，控诉方如果不能证明被告人有罪，或者有罪证明不能达到法官在内心里排除合理怀疑或者达到内心确信的程度，那么，被告人就是无罪的，法院就只能作无罪判决。

对无罪主张的证明无须达到“被告人确实无罪”这样令人无可怀疑的程度，只需证明到“被告人可能无罪”的程度就可以了。

（3）其他主张的证明标准。其他主张如法律主张、程序主张等，在同一个刑事诉讼中可能会有多个。对其他主张的证明，既不能达到有罪证明那样高的标准，也不能按无罪证明的标准执行，而只能选择一种中间状态，即优势证明标准。优势证明，通俗地说就是略占上风、稍显强势的证明，就如同数学上51与49之间的关系，这是证明力的比较，而非证据数量多寡的显示。如关于法律适用的论证、关于程序事项的申请，只要有正当的理由，就可能得以成立，根本无须用“证据确实充分”或“排除合理怀疑”的标准来衡量，即使在有异议抵抗的情况下，只要异议的理由没有显出优势，对异议即可不予理睬。

第四节　刑事举证责任

一、举证责任和证明责任

举证责任就是指在刑事诉讼中，谁负有提出证据证明待证事项的义务。它包括举证主体、举证作为和举证不能的后果负担三个方面的内容。明确举证主体是为了防止诉讼主体的推诿与懈怠，各举证主体应当积极作为，努力承担其举证义务，推进诉讼的进程，促进案件的及时解决。明确举证责任的另一个作用在于，当诉讼主体所主张的事项处于真伪不明、难以判断的状态时，负有举证责任者即要承受不利的诉讼后果。所以，举证责任也是诉讼风险责任。

刑事证明责任指公安机关、人民检察院、人民法院和当事人在刑事诉讼中依照法定程序，全面收集、审查判断和运用证据来查明和确定案件事实的活动。既包括公安司法机关依职权收集、审查判断和运用证据查明案件真相的证明活动，也包括诉讼当事人依法收集、提供证据并证明诉讼主张的活动。

我国《刑事诉讼法》将证明责任与举证责任相区分。如第52条规定：“审判人员、检察人员、侦查人员必须依照法定程序，收集能够证实犯罪嫌疑人、被告人有罪或者无罪、犯罪情节轻重的各种证据。”第51条规定：“公诉案件中被告人有罪的举证责任由人民检察院承担，自诉案件中被告人有罪的举证责任由自诉人承担。”这种区分，说明审判机关负有查明案件真实的证明责任，但不承担举证责任，举证责任主要由控方承担。

二、我国刑事举证责任的划分

1. 公诉案件的举证责任由人民检察院承担

检察机关因其控诉职能，对公诉案件中的控诉事实承担证明责任。它的证明责任主要表现在：①检察机关对自行侦查的案件必须全面收集证据。②对自行侦查终结的案件和公安机关移送起诉或不起诉的案件，在决定起诉时，必须就所认定的案件事实提出确实、充分的证据；否则，将承担其举证不能、指控不能被法院接受的败诉风险。

2. 自诉案件的举证责任由自诉人承担

在自诉案件中，自诉人应对自己指控的犯罪事实负举证责任。人民法院认为缺乏罪证，而自诉人又提不出补充证据的，人民法院应当说服自诉人撤回自诉，或者裁定驳回起诉。

3. 犯罪嫌疑人和被告人原则上不承担举证证明自己是否有罪的责任

犯罪嫌疑人和被告人享有举证证明自己无罪、罪轻或应从轻、减轻及免除处罚的权利，一般不承担举证证明自己是否有罪的责任。而且基于无罪推定原则，在控方的犯罪指控尚不能在表面上成立的情况下，辩护方无须作任何抗辩。

但因某些特殊原因如追究某类难以证明的犯罪的特殊需要，法律要求被告在某些法律规定的情况下承担一定的举证责任，如巨额财产来源不明罪。被告人在自诉案件中如果提出反诉，要对反诉的事实承担举证责任。辩护方对于积极抗辩主张，如不在现场、精神病、正当防卫等需要举证证明。

4. 有关程序法事实的举证责任基本实行“谁主张谁举证”

例如，公安司法机关没收保证金的，应当证明被取保候审人有违反《刑事诉讼法》第 71 条规定的情形发生。如指定管辖应当提供理由。

对于某些程序法事实，提出主张的诉讼当事人负有举证责任。如被告人申请审判人员回避，必须说明理由并提供相应的证据。又如，依照法律，当事人由于不能抗拒的原因或者其他正当理由而耽误诉讼期限的，在障碍消除后 5 日以内，可以申请继续进行应当在期限届满以前完成的诉讼活动。如果当事人提出此类申请，则必须提供有关耽误期限是由于不能抗拒的原因或者其他正当理由的证据加以证明。

三、刑事举证责任倒置

刑事举证责任一般由控方或提出具体事实主张的一方承担，但是在某些情况下，法律也可以规定举证责任由辩方或者具体事实主张的相对方承担。这就是举证责任倒置，即在特殊情况下对举证责任的非常规性配置。举证责任倒置一般都是由法律以推定的形式明确规定的。立法者决定在某种案件中适用举证责任倒置的理由包括司法证明的需要、各方举证的便利以及反映一定价值取向的社会政策性考虑。现行法律规定刑事诉讼举证责任倒置主要有如下几种情形。

1. 巨额财产来源不明罪的举证责任

我国《刑法》规定："国家工作人员的财产或者支出明显超出合法收入，差额巨大的，可以责令说明来源。本人不能说明其来源是合法的，差额部分以非法所得论……"这就是证明责任的倒置。在这类"巨额财产来源不明罪"案件中，立法者出于严厉打击贪污受贿犯罪的需要，规定由辩方承担举证责任。如果辩方不能用证据证明被告人巨额财产有合法来源，法官就可以推定那些财产是非法所得。这种规定显然是依据当事人的举证便利。

在举证责任倒置的情况下，本应承担举证责任的控方也不是完全没有举证责任，而是仅承担初始推进性的举证责任。在巨额财产来源不明罪案件中，只要控方用证据证明被告人的财产或支出明显超出合法收入，差额巨大，就完成了举证责任。然后，案件中主要的举证责任便转移给辩方承担。

2. 非法持有型犯罪的证明责任

我国现行刑法规定的非法持有型犯罪包括非法持有毒品、枪支、国家绝密机密文件资料等几种犯罪。这些犯罪案件中举证责任的分配也处于倒置的状态。例如，在非法持有毒品罪案件中，只要执法人员在某人身上查获了毒品，就可以认定是非法持有，除非该人用证据证明其持有的合法性或合理性。具体地说，如果被查获身上带有毒品的被告人声称他有合法理由携带该毒品，或者说是别人为了陷害他而在他不知晓的情况下把毒品放在他的身上或包里，那么辩方对这一事实主张就要承担举证责任。如果辩方不能用证据证明被告人携带毒品的合法性或合理性，法官就可以推定被告人行为属于非法持有并判其有罪。换言之，在被告人是否"非法"持有的问题处于事实不明的状态时，辩方就要承担不利的诉讼后果。

3. 刑讯逼供等非法取证的举证责任

在法庭审判过程中，如果涉及对刑讯逼供等非法取证的调查，则实行举证责任倒置。首先是由当事人及其辩护人、诉讼代理人申请人民法院对非法证据予以排除。辩方只需提出申请，并提供相关线索或者材料，但无须举证证明证据是非法取得的。相反，《刑事诉讼法》第59条、第60条规定，人民检察院应当对证据收集的合法性加以证明；对于经过法庭审理，确认有非法取证，或者不能排除有非法收集证据情形的，对有关证据应当予以排除。排除证据，是检察机关不能用充分的证据证明侦控方没有刑讯逼供而承担的不能后果。

这种证明责任的倒置符合司法证明的规律，因为刑讯逼供的被控方最了解当时的情况，处于举证的便利位置，让其承担证明责任有利于查明事实真相。另外，法律明确规定由执法人员对刑讯逼供的指控承担证明责任，可以对执法人员形成更为有力的行为约束力量。面对难以规避的刑罚，执法人员在讯问等执法活动中就必须小心谨慎，必须准备好证明未刑讯逼供的证据，而要做到这一点，最好的办法就是严格按照法定的程序去收集证据。

第五节　推定

推定是司法证明的重要方法之一。在法律上，推定是一个专门术语，它是指根据两个事实之间的一般联系规律或者“常态联系”，当一个事实存在的时候便可以认定另外一个事实的存在。司法证明中的推定，是由法律规定或者由法官做出的带有假定性质的事实判断。刑事诉讼中，某个案件事实的举证一旦符合法律上的推定规则，就可以免除控方的举证责任，这时案件事实就由法官直接认定，或者要求对方举出反证。因此，推定是控方举证责任免除的一种情形。

在刑事诉讼中适用推定一般必须符合下述条件：

（1）在适用的范围上，应当是没有直接证据证明案件事实的情形。没有直接证据证明案件事实的情形包括直接证据已经灭失或难以取得的情形，司法实践中许多案件事实的认定都需要适用推定。

（2）在适用的条件上，推定的基础事实必须得到证明。只有基础事实得到了证明，才能直接认定推定的事实。如果不能证明基础事实的真实性，推定就无法适用。

（3）在适用的程序上，推定应允许反驳。如前所述，推定只是一种不完全的证明，客观事实并不一定如此，因此应当允许受到不利推定的一方反驳。

第十二章　立案程序

第一节　立案概述

一、立案的概念

刑事诉讼中的立案，是指公安司法机关对自己发现的案件材料和控告、举报、报案、自首等材料，依照各自的管辖范围进行审查，以确定有无犯罪事实存在和是否需要追究刑事责任，并决定是否进行侦查和提交审判的诉讼活动。

二、立案的任务和意义

立案作为刑事诉讼开始的标志，是每一个刑事案件都必须经过的法定阶段，同时，这一诉讼阶段具有相对独立性和特定的诉讼任务。立案阶段的任务，概言之就是决定是否开始刑事诉讼程序。具体而言，则是公检法机关通过对自行发现的或者报案、控告、举报、自首等材料进行审查，以判明是否存在犯罪事实和是否需要追究刑事责任，从而决定是否将案件交付侦查或审判。

立案在我国作为整个刑事诉讼的第一阶段，被视为程序启动的标志，具有十分重要的地位、作用和意义。

（1）只有经过立案程序，其后续程序才具有法律依据和法律效力。

（2）立案程序是公安司法机关依法进行侦查、起诉和审判的前提。

（3）只有经过立案程序，才有利于迅速揭露犯罪、证实犯罪和惩罚犯罪，保障无罪的人不受刑事追诉，保护公民的合法权益。

第二节　立案的根据和条件

一、立案的根据

立案的根据，即立案的材料来源，是指启动立案程序的依据。

根据刑事诉讼法的规定和司法实践的基本情况，立案的材料来源主要有以下三个方面：

（1）机关、团体、企业、事业单位和公民的报案、控告、举报，是立案材料最主要的来源。

（2）犯罪人的自首，也是立案的材料来源之一。自首，是指犯罪分子作案之后，自动投案，如实交代自己的罪行，并接受司法机关的审查和裁判的行为。

（3）司法机关自行发现的犯罪事实或犯罪材料。《刑事诉讼法》第109条规定："公安机关或者人民检察院发现犯罪事实或者犯罪嫌疑人，应当按照管辖范围，立案侦查。"

二、立案的条件

立案条件，是指案件在刑事诉讼中得以成立并进入诉讼程序所必须具备的法定要件。根据我国《刑事诉讼法》的规定，立案的条件包括以下三点：

1. 有犯罪事实

有犯罪事实，包含以下两个方面的内容：

（1）要立案追究的，必须是依照刑法的规定构成犯罪的行为。立案应当而且只能对犯罪行为进行；如果不是犯罪的行为，就不能立案。没有犯罪事实，或者根据《刑事诉讼法》第16条第1项的规定，有危害社会的违法行为，但是情节显著轻微，危害不大，不认为是犯罪的，就不应立案。由于立案是追究犯罪的开始，此时所说的有犯罪事实，仅是指发现有某种危害社会而又触犯刑律的犯罪行为发生。至于整个犯罪的过程、犯罪的具体情节、犯罪人是谁等，并不要求在立案时就全部弄清楚。这些问题应当通过立案后的侦查或审理活动来解决。

（2）要有一定的事实材料证明犯罪事实确已发生，包括犯罪行为已经实施、正在实施和预备犯罪。

2. 需要追究刑事责任

需要追究刑事责任，是指依法应当追究犯罪行为人的刑事责任。只有当犯罪事实发生，并且依法需要追究行为人刑事责任时，才有必要而且应当立案，这是立案的必要条件。根据《刑事诉讼法》第16条的规定，虽有犯罪事实发生，但犯罪已过追诉时效期限的；经特赦令免除刑罚的；依照刑法告诉才处理的犯罪，没有告诉或者撤回告诉的；犯罪嫌疑人死亡的；其他法律规定免予追究刑事责任的，均不追究刑事责任。

3. 属于立案机关管辖

按照立案管辖的规定，不属于本机关管辖的案件，应当移送主管机关。

第三节　立案程序和立案监督

一、立案程序

立案程序，是指公安机关、人民检察院或者人民法院对立案材料接受、审查和处理过程中应当遵守的法定步骤、方式或方法。它主要包括：

1. 对立案材料的接受

《刑事诉讼法》第110条第3款规定："公安机关、人民检察院或者人民法院对于报案、控告、举报，都应当接受。对于不属于自己管辖的，应当移送主管机关处理，并且通知报案人、控告人、举报人；对于不属于自己管辖而又必须采取紧急措施的，应当先采取紧急措施，然后移送主管机关。"第4款规定："犯罪人向公安机关、人民检察院或者人民法院自首的，适用第三款规定。"

报案、控告、举报均可以书面或口头形式提出，《刑事诉讼法》第111条第1款规定："报案、控告、举报可以用书面或者口头提出。接受口头报案、控告、举报的工作人员，应当写成笔录，经宣读无误后，由报案人、控告人、举报人签名或者盖章。"

2. 对立案材料的审查并决定是否立案

《刑事诉讼法》第112条规定："人民法院、人民检察院或者公安机关对于报案、控告、举报和自首的材料，应当按照管辖范围，迅速进行审查，认为有犯罪事实需要追究刑事责任的时候，应当立案；认为没有犯罪事实，或者犯罪事实显著轻微，不需要追究刑事责任的时候，不予立案，并且将不立案的原因通知控告人。控告人如果不服，可以申请复议。"因此，审查后的处理或者为立案，或者为不立案。

二、立案监督

1. 概念

立案监督，是指检察机关对刑事立案主体应当立案而不立案以及刑事立案活动是否合法所进行的法律监督。

2. 意义

这是《刑事诉讼法》赋予了检察机关一项重要的刑事监督职能，既反映了依法治国的内在要求，也体现了现代民主法治的最高追求。立案监督是对立案权行使的正确与否实施的监督。有权力就会滋生腐败，用权力制约权力，是宪政制度中一条基本的定理。立案监督的出现是基于实践中对立案权出现了滥用的情况。从实践来看，检察机关履行这一职能，对于减少和遏制有案不立、有罪不究、以罚代刑等执法不严的问题，在保护当事人的合法权益方面发挥了积极的作用。

3. 内容

根据《刑事诉讼法》第 113 条的规定，我国立案监督的内容要点如下：①监督者是人民检察院；②被监督者是公安机关；③监督的办法是：检察院认为公安机关对应当立案侦查的案件而不立案侦查的，或者被害人认为公安机关对应当立案侦查而不立案侦查，向人民检察院提出的，人民检察院应当要求公安机关说明不立案的理由。检察院认为公安机关不立案的理由不能成立的，应当通知公安机关立案，公安机关接到通知后应当立案。

第十三章　侦查程序

第一节　侦查概述

一、侦查的概念、特征和意义

1. 概念

关于侦查的含义，不同的国家、不同的法域有着不同的界定，概括起来，有广义和狭义两种。广义上的侦查，是指侦查机关行使侦查权过程中所实施的专门的证据调查方式及控制犯罪嫌疑人的强制措施；狭义上的侦查，专指侦查机关所进行的专门的证据调查方式，将强制措施排除在外。我国采用的是广义上的侦查概念。2018 年《刑事诉讼法》第 108 条第 1 项规定：“侦查是指公安机关、人民检察院对于刑事案件，依照法律进行的收集证据、查明案情的工作和有关的强制性措施。”

在我国，侦查是全部刑事诉讼程序中的一个独立的诉讼阶段，在刑事诉讼中具有非常重要的地位，是国家专门机关同犯罪作斗争的强有力的手段。

2. 特征

刑事侦查具有以下几个方面的特征：

（1）强制性。侦查具有强制性。侦查行为区别于其他普通的证据调查行为之处就在于其强制性。侦查行为以国家强制力为后盾，由国家授予合法的强制性权力，可以对公民的权益进行限制甚至可暂时剥夺。当然，由于侦查行为类型的不同，侦查行为所具有的强制性程度也不尽相同。

（2）职权性。侦查是由依法享有侦查权的主体依照其法定职责实施的一种职务行为。侦查的职务性体现为：只有国家法律赋予了侦查权的特定国家机关和个人才能实施侦查行为，任何未被授权的国家机关、团体和个人不得实施侦查行为。侦查机关取代了公民个人，承担了其中的证据调查行为。追诉活动具有了国家职权性。

（3）法定性。由于侦查行为大多带有直接的强制性，会涉及公民的人身权利、财产权利、隐私权、住宅权等多方面的权利，如果法律上不对其进行严格控制，极易导致公民权益被侵犯。因此，国家为保障追诉目标的顺利完成并保障被追诉人的权益，对各种侦查行为的法定主体、法定适用条件、法定程序等都作出了详细的规定，即赋予侦查行为法定性。如果法律未予明确，则此侦查行为在理论上应是违法的诉讼行为。

3. 意义

侦查的意义，简单来讲，有以下几个方面：

（1）侦查是刑事诉讼中一个独立阶段，是提起公诉案件的必经程序。

（2）侦查是与犯罪行为作斗争的重要手段。

（3）侦查是提起公诉和正确审判的基础和前提，具有承上启下的作用。

（4）侦查是预防犯罪和进行社会治安综合治理的有力措施。

二、侦查的任务和原则

侦查工作的任务，就是依照法定程序发现和收集有关案件的各种证据，查明犯罪事实，查获和确定犯罪嫌疑人，并采取必要的强制措施，防止现行犯和犯罪嫌疑人继续进行犯罪活动或者逃避侦查、起诉和审判，从而保证刑事追诉的有效进行。

侦查原则包括：

1. 必要性原则

必要性原则，又称最后手段原则、最小侵害原则。就其一般意义而言，是对于实现某一职能目标，同时存在多种可以选择的手段，这些手段对公民权利的损害程度各不相同，那么，国家机关就应当选择对公民权利损害最小的手段；而对公民权利损害较大的手段，只有在其他手段都无法达到法定目标时，才能作为最后手段被采用。

2. 比例原则

比例原则，也称权衡理论，是有关刑事追诉的一项基本原则。就侦查而言，国家机关行使公权力时，其采用的手段必须是达成目的的适当手段与造成最小侵害的必要手段。当国家公权力为了维护更大范围的自由需要限制人的基本权利时，一定要有合乎比例原则的法律依据。

依据比例原则，侦查主体所使用的侦查手段不得与其所达成的侦查目的明显不相当。其考虑的重点是：一是涉嫌犯罪情节的轻重、危害结果的轻重。只有对严重的犯罪嫌疑人，方可使用侦查手段和控制保全措施。二是证据获取的难易程度。三是要看案情是否紧急，如犯罪嫌疑人是否可能逃跑、自杀、毁灭罪证、串供、订立攻守同盟等。

3. 依法侦查原则

依法侦查原则，是指侦查必须严格依法进行。具体说来，依法侦查就是要求侦查必须做到：①严格按照法定程序。②保证依法独立办案。③依法维护犯罪嫌疑人的合法权利。④绝对禁止刑讯逼供或者采取威逼、引诱、欺骗等非法手段获取犯罪嫌疑人供述或其他证据。

4. 客观真实原则

为了刑事案件侦查的正确开展，侦查人员在整个侦查活动中都必须遵循客观真实原则。该原则就是实事求是，即要从客观实际情况出发去调查研究和分析问题，从而得出正确的结论。从理论上讲，侦查活动本身就是一种寻求客观真实的活动，或者说客观真实就体现了侦查活动的本质属性。

坚持客观真实原则，要求侦查人员不能先入为主，不能偏听偏信，应当客观全面地收集和使用证据，不能只收集或使用符合自己意愿的证据，更不能为了所谓的“工作需要”而弄虚作假、制造或使用虚假证据。只有客观全面地收集证据，实事求是地使用证据，才能准确地查明案件事实，为案件的正确处理奠定基础。

5. 迅速及时原则

迅速及时原则是在侦查过程中抓住战机、及时破案的指导思想的体现。迅速及时原则，是指在侦查活动的各个环节中，突出一个“快”字，以快制快，以快取胜。在侦查活动中强调迅速及时原则，并不意味着可以忽略侦查活动的质量，可以不进行任何准备、粗枝大叶。“迅速”与“高质量”应当是侦查活动同时追求的两大目标。

6. 重证据、不轻信口供原则

重证据，是指要求侦查人员在侦查活动中，树立证据优先的思想，应当始终把收集、核实证据放在侦查工作的首位，对一切案件事实的认定都要依据确实充分的证据。

不轻信口供，绝不是把口供排除在证据之外，而是指口供具有不同于其他证据的特殊性，必须特别对待，不能轻信。“古今中外的司法实践证明，在认定案件事实上发生错误，往往同轻信被告人的口供有关。”因此，必须对犯罪嫌疑人的口供认真地进行审查判断，慎重地辨别其真伪。犯罪嫌疑人的口供是否可信，关键就在于是否符合客观真实情况，盲目相信或者断然否定口供的作用都是片面的，不可取的。

第二节　常规侦查行为和程序

一、讯问犯罪嫌疑人

讯问犯罪嫌疑人，是指侦查人员依照法定程序以言词方式向犯罪嫌疑人查问案件事实和其他与案件有关情况的一种侦查行为。讯问犯罪嫌疑人是每一个刑事案件侦查工作中的必经程序，其具有两方面的作用：一方面，有利于侦查人员收集、核实证据，查明案件事实，查清犯罪情节，并发现新的犯罪线索或其他应当追究刑事责任的犯罪分子；另一方面，又可以为犯罪嫌疑人如实供述罪行或充分行使辩护权提供机会，使侦查机关通过听取犯罪嫌疑人的陈述和申辩，在保护犯罪嫌疑人合法权益的同时保障无罪的人和其他依法不应追究刑事责任的人免受刑事追诉，防止冤错案件的发生。因此，刑事诉讼法规定讯问犯罪嫌疑人应当严格遵守下列程序：

1. 讯问者是侦查人员，且不得少于二人

《刑事诉讼法》第118条规定，讯问犯罪嫌疑人，必须由人民检察院或者公安机关的侦查人员负责进行。为了保证侦查讯问的正确性、有效性，防止非法行为发生，保障侦查人员的人身安全，该条还规定讯问的时候，侦查人员不得少于二人。

2. 有同案共犯的，要分别讯问

对于共同犯罪案件，讯问犯罪嫌疑人应当分别进行，以免串供。但必要时可以互相对质。

3. 在法定的地点、时间内讯问

（1）拘留、逮捕后的讯问。我国《刑事诉讼法》规定，拘留、逮捕后应当立即将犯罪嫌疑人送往看守所，最迟不得超过24小时。在犯罪嫌疑人被送交看守所羁押以后，侦查人员对其进行讯问，应当在看守所内进行。拘留、逮捕后，侦查机关必须在24小时内对犯罪嫌疑人进行讯问。在讯问过程中，如果发现犯罪嫌疑人有不应当拘留、逮捕的情形时，应当立即释放犯罪嫌疑人，并发给释放证，以保护公民的合法权益。

（2）无须拘留、逮捕的讯问。对于不需要拘留、逮捕的犯罪嫌疑人，可以传唤到犯罪嫌疑人所在市、县内的指定地点或者到他的住处进行讯问，但是应当出示人民检察院或者公安机关的证明文件。犯罪嫌疑人经合法传唤，无正当理由而不到案的，可以拘传。也可不经传唤直接拘传。

4. 遵循法定的讯问顺序

侦查人员在讯问犯罪嫌疑人的时候，应当首先讯问犯罪嫌疑人是否有犯罪行为，让他陈述有罪的情节或者进行无罪的辩解，然后向他提出问题。

5. 告知权利

《刑事诉讼法》第 120 条第 2 款规定："侦查人员在讯问犯罪嫌疑人的时候，应当告知犯罪嫌疑人享有的诉讼权利，如实供述自己罪行可以从宽处理和认罪认罚的法律规定。"还应当告知，从第一次讯问或者采取强制措施之日起，嫌疑人可以请律师帮助辩护。《刑事诉讼法》将"如实供述义务"改为"如实供述可以从宽"的权利，体现了立法的进步。

6. 对特殊的讯问对象适用特殊的程序

侦查人员讯问聋、哑犯罪嫌疑人，应当有通晓聋、哑手势的人参加，并将这种情况在笔录上加以注明；对于不通晓当地通用语言文字的犯罪嫌疑人，讯问时，应当有翻译人员参加；讯问未成年犯罪嫌疑人时，必须通知其法定代理人到场。

7. 依法制作讯问笔录

讯问笔录应当如实记载提问、回答和其他在场人的情况。讯问笔录应当交给犯罪嫌疑人核对，对于没有阅读能力的，应当向他宣读。如果记录有遗漏或有差错，犯罪嫌疑人可以提出补充或改正。犯罪嫌疑人承认笔录没有错误后，应当签名或盖章，侦查人员也应当在笔录上签名。犯罪嫌疑人请求自行书写供述的，应当准许。必要时，侦查人员也可以要求犯罪嫌疑人亲笔书写供词。

8. 可以对讯问过程录音录像

侦查人员在讯问犯罪嫌疑人的时候，可以对讯问过程进行录音或者录像；对于可能判处无期徒刑、死刑的案件或者其他重大犯罪案件，应当对讯问过程进行录音或者录像。录音或者录像应当全程进行，保持完整性。

9. 严禁刑讯逼供或以威胁、引诱、欺骗以及其他非法方式进行讯问

侦查人员讯问犯罪嫌疑人，必须严格遵守法律规定的程序，切实保障犯罪嫌疑人的诉讼权利，严禁刑讯逼供或以威胁、引诱、欺骗以及其他非法方式进行讯问。犯罪嫌疑人对侦查人员侵犯其诉讼权利的违法行为，有权提出控告；构成犯罪的，应当依法追究其刑事责任。为了进一步保障犯罪嫌疑人在侦查阶段的诉讼权利，保证侦查工作依法顺利进行，我国法律允许犯罪嫌疑人在侦查阶段聘请律师为其提供法律帮助。

二、询问证人、被害人

询问证人、被害人，是指侦查人员依照法定程序以言词方式向证人、被害

人调查了解案件情况的一种侦查行为。询问的目的在于取得能够证明案件事实情况的言词证据，发现案件线索，查找犯罪嫌疑人，核实其他证据，以便查明案情。询问证人、被害人是刑事侦查必不可少的取证手段，对于发现和收集证据，侦破案件，证实犯罪具有重要意义。

侦查阶段询问证人、被害人的程序和方式，与讯问犯罪嫌疑人近似。

三、勘验、检查、侦查实验

勘验、检查，是侦查人员对于与犯罪有关的场所、物品、尸体、人身进行勘查和检验的一种侦查行为。勘验和检查的性质是相同的，只是对象有所不同。勘验的对象是现场、物品和尸体，而检查的对象是活人的身体。通过勘验、检查，可以发现和取得犯罪活动留下的种种痕迹和物品。

侦查实验，是指侦查人员为了确定与案件有关的某一事实在某种情况下能否发生或者是怎样发生的，而按当时的情况和条件进行试验的一种侦查活动。

1. 现场勘验

现场勘验，是侦查人员对刑事案件的犯罪现场进行勘查和检验的一种侦查活动。犯罪现场是指犯罪人实施犯罪的地点和其他遗留有与犯罪有关的痕迹和物证的场所。勘验现场的情况应当写成笔录，由侦查人员、其他参加勘验的人员和见证人签名或者盖章。

2. 物证检验

物证检验，是指对在侦查活动中收集到的物品或者痕迹进行检查、验证。检验物证，必须认真、细致。需要经专门技术人员进行检验和鉴定的，应指派或聘请鉴定人进行。检验物证，应制作检验笔录，参加检验的人员和见证人均应签名或者盖章。

3. 尸体检验

尸体检验，是指由侦查机关指派或聘请的法医或医师对尸表和尸体解剖进行检查、验证。尸体检验的目的在于确定死亡的时间和原因，致死的工具和手段、方法，为查明案情和犯罪嫌疑人提供根据。根据《刑事诉讼法》第131条的规定："对于死因不明的尸体，公安机关有权决定解剖，并通知死者家属到场。"检验尸体，应当在侦查人员主持下，由法医或者医师进行。

尸体检验的情况，应当详细写成笔录，并由侦查人员和法医或医师签名或者盖章。

4. 人身检查

人身检查，是指为了确定被害人、犯罪嫌疑人的某些特征、伤害情况或者生理状态，依法对其身体进行检验、查看的侦查行为。人身检查是对活人身体进行的一种特殊检验。

人身检查应当由侦查人员进行，必要时应邀请法医或医师进行。犯罪嫌疑人如果拒绝检查，必要时可以强制检查。检查时不得侮辱人格。检查妇女的身体应由女性工作人员或者医师进行。检查时根据需要可以提取指纹信息，采集血液、尿液等生物样本。

人身检查应制作笔录，详细记载检查情况和结果，并由侦查人员和进行检查的法医或医师签名或者盖章。

5. 侦查实验

《刑事诉讼法》第135条规定："为了查明案情，在必要的时候，经公安局长或者检察长批准，可以进行侦查实验。"侦查实验时，禁止一切足以造成危险、侮辱人格或者有伤风化的行为。

侦查实验，在必要的时候可以聘请有关人员参加，也可以要求犯罪嫌疑人、被害人、证人参加。侦查实验，应当制作笔录，记明侦查实验的条件、经过和结果，由参加侦查实验的人员签名或者盖章。

四、搜查

搜查，是指侦查人员对犯罪嫌疑人以及可能隐藏罪犯或者罪证的人的身体、物品、住处和其他有关地方进行搜寻、检查的一种侦查行为。

搜查对于侦查机关及时收集证据，查获犯罪嫌疑人等具有重要意义。但是，如果使用不当，它也可能会侵犯公民的住宅自由、人身自由和隐私权，因而搜查被严格控制。我国法律规定的搜查准则是：

（1）搜查只能由侦查人员进行。

（2）搜查具有强制性。任何单位和个人，有义务按照公安机关和人民检察院的要求，交出可以证明犯罪嫌疑人有罪或无罪的物证、书证、视听资料。

（3）搜查时，必须出示搜查证。搜查时，要向被搜查人出示搜查证，否则，对方有权拒绝搜查。但是，侦查人员在执行逮捕、拘留的时候，遇有紧急情况，不另用搜查证也可以进行搜查。

（4）搜查的时候，应当有被搜查人或他的家属、邻居或其他见证人在场。

（5）搜查妇女的身体，应当由女性工作人员进行。

（6）搜查的情况应当写成笔录，并且要经在场的搜查人、被搜查人或其家属、见证人签字。如果被搜查人或者他的家属在逃或者拒绝签名、盖章，应当在笔录上注明。

五、查封、扣押物证、书证

查封、扣押物证、书证，是指侦查机关依法强制查封、扣留或冻结与案件有关的财物、文件的一种侦查行为。这里所说的财物包括物品、邮件、存款、汇款、债券、股票、基金份额等财产。这些财物、文件是可以用来证明犯罪嫌疑人有罪或无罪、罪重或罪轻的，如果不及时查封、扣押，就可能发生毁弃、丢失或被隐藏等情况，妨碍侦查取证。查封、扣押需严格遵守如下程序：

（1）查封、扣押财物、文件时，应当会同在场见证人和被扣押财物、文件持有人查点清楚，当场开列清单一式二份，由侦查人员、见证人和持有人签名或者盖章，一份交给持有人，另一份附卷备查。

（2）与案件无关的财物、文件，不得查封、扣押。

（3）对查封、扣押的财物、文件，要妥善保管或者封存，不得使用、调换或者损毁。

（4）侦查人员认为需要扣押犯罪嫌疑人的邮件、电报的，应经公安机关或人民检察院批准。可通知邮电机关将有关的邮件、电报检交扣押。不需要继续扣押的时候，应立即通知邮电机关。

六、查询、冻结存款、汇款

根据《刑事诉讼法》的规定，人民检察院、公安机关根据侦查犯罪的需要，可以依照规定查询、冻结犯罪嫌疑人的存款、汇款、债券、股票、基金份额等财产。有关单位和个人应当配合。犯罪嫌疑人的存款、汇款、债券、股票、基金份额等财产已被冻结的，不得重复冻结。

对冻结的存款、汇款、债券、股票、基金份额等财产，经查明确实与案件无关的，应当在三日以内解除冻结，予以退还。

七、鉴定

侦查鉴定，是指侦查机关指派或聘请具有专门知识的人，就案件中某些专门性问题进行科学鉴别和判断并提供鉴定意见的一种侦查行为。侦查中经常采用的鉴定有：法医鉴定、刑事科学技术鉴定、司法精神病学鉴定、文物鉴定、会计鉴定、一般技术鉴定等。

鉴定对于侦查机关及时收集证据，准确揭示物证、书证在诉讼中的证明作用，鉴别案内其他证据的真伪，查明案件事实真相，查获犯罪嫌疑人具有重要作用。

鉴定的程序和要求是：

（1）选定鉴定人。鉴定人的选定有两种方式：一是指派，即由公安机关或者人民检察院，指派其内部的刑事技术鉴定部门中具有鉴定资格的专业人员进行鉴定。二是聘请，即由公安机关或者人民检察院聘请其他部门或社会机构的专业人员进行鉴定。

（2）侦查机关应当为鉴定人进行鉴定提供必要条件，及时向鉴定人送交有关检材和对比样本等原始材料，介绍与鉴定有关的情况，并且明确提出要求鉴定解决的问题，但是不得暗示或者强迫鉴定人作出某种鉴定意见。

（3）鉴定人进行鉴定时，应当遵守自己的职业道德，坚持实事求是的原则。鉴定人故意作虚假鉴定的，应当承担法律责任。

（4）鉴定人进行鉴定后，应当写出鉴定意见，并且签名。

（5）侦查机关应当将用作证据的鉴定意见告知犯罪嫌疑人、被害人。如果犯罪嫌疑人、被害人提出申请，可以补充鉴定或者重新鉴定。侦查人员认为必要时，也可以另行指派或者聘请鉴定人重新鉴定。

八、辨认

根据最高人民检察院《人民检察院刑事诉讼规则》和公安部《公安机关办理刑事案件程序规定》，辨认是指在侦查中为了查明案情，必要时让被害人、证人以及犯罪嫌疑人对与犯罪有关的物品、文件、尸体、场所或者犯罪嫌疑人进行辨认的一种侦查行为。辨认有助于核实案件有关证据，查获犯罪嫌疑人，是一种重要的侦查手段。辨认的程序是：

（1）公安机关、人民检察院在各自管辖案件的侦查过程中，需要辨认犯罪嫌疑人的，应当分别经办案部门负责人或者检察长批准。

（2）辨认应当在侦查人员的主持下进行，主持辨认的侦查员不得少于二人。

（3）多个辨认人对同一辨认对象进行辨认时，应当由每位辨认人单独进行辨认。必要时，可以有证人在场。

（4）辨认前要让辨认人说明被辨认对象的特征。

（5）辨认时，应当将辨认对象混杂在其他人员或物品中，不得给辨认人以任何暗示。

（6）公安机关侦查的案件，辨认人不愿公开进行的，可以在不暴露辨认人的情况下进行，侦查人员应当为其保密。

（7）对于辨认的情况，应当制作笔录，由主持和参加辨认的侦查人员、辨认人、见证人签名或盖章。

九、通缉

通缉，是指公安机关通令缉拿应当逮捕而在逃的犯罪嫌疑人的一种侦查行为。通缉是公安机关内部通力合作、协同作战，及时制止和打击犯罪的一种重要手段，也是公安机关依靠群众同犯罪作斗争的一项有力措施。

通缉的程序：只有公安机关有权发布通缉令。各级公安机关在自己管辖的地区内，可以直接发布通缉令。如超出自己管辖的地区，应报请有权决定的上级机关发布。需要在全国范围内或跨协作区缉拿重要逃犯的，由省、自治区、直辖市公安厅、局报请公安部，由公安部发布通缉令。通缉令应写明被通缉人的身份情况、身体特征、照片、涉嫌犯罪的罪名与事实等。犯罪嫌疑人被缉拿后，应立即发布通知，撤销通缉令。

十、补充侦查

补充侦查，是指公安机关或者人民检察院依照法定程序，在原有侦查工作的基础上进行补充收集证据的一种侦查活动。补充侦查并不是每个案件都必须进行的活动，它只适用于事实不清、证据不足或者遗漏罪行、遗漏同案犯罪嫌疑人的案件。补充侦查由人民检察院决定，公安机关或者人民检察院实施。补充侦查对查明全部案情，正确适用法律，保证案件质量，具有重要意义。

第三节　技术侦查措施

一、技术侦查措施的概念、特点与分类

1. 技术侦查措施的概念

《刑事诉讼法》对技术侦查措施未作明确定义。本书认为，所谓技术侦查措施，是指侦查机关出于侦破特定犯罪的需要，依严格程序采用的超常规高技术性秘密侦查手段。通常包括电话监听、电子监控、秘密拍照、录音录像、截取计算机网络信息、特情侦查、诱捕等秘密的专门手段。

对技术侦查中“技术”的理解，不能局限于硬件技术如机器设备，还应当把软技术比如技能、方法、技巧等包含其中。所谓“技术”，按照《现代汉语词典》的解释，有两层含义，一是经验和知识，也泛指其他操作方面的技能；二是指技术装备。经验、知识与技能，属于软技术范畴，技术装备则为硬件技术类。侦查技术既有对硬件技术的运用，如电子监控、截取计算机网络信息等，也应当包括知识、技巧型的方法的运用，如特情、卧底、控制下交付等。

2. 技术侦查措施的特点

（1）超常规性。技术侦查措施是在常规侦查手段之外使用的新型侦查措施。超出常规的技术侦查措施则常常处于法律控制的边缘，因而，有必要对其专门规定并加以立法规范。

（2）高技术性。技术侦查措施中运用的侦查技术，比常规侦查的技术要更为先进和普遍。

（3）高度隐秘性。技术侦查本身是为对付技术化、高隐秘性的犯罪而发展起来的，其显著的特点在于不经当事人知晓而运用技术装备或人员化装等形式，秘密调查、秘密监控、秘密取证，因而是典型的秘密侦查措施，也有人将技术侦查称为秘密侦查。《德国刑事诉讼法典》称之为“不经当事人知晓的措施”。

（4）高度危险性。相对于公民权利而言，技术侦查具有发生侵权的极大危险性。秘密侦查手段的广泛运用，对公民的隐私权构成了极大的威胁。

（5）开放机动性。首先，从形式和种类上，随着经济社会科技的快速发展，技术侦查措施也会随之扩充、更新，呈现开放式花样翻新的样态，因此，总会有新措施出现，而且会远远超过立法的速度。这种实践牵引立法的模式，也是立法难对其予以界定的重要原因。其次，在何时何地对何人采用技术侦查措施，也具有极大的可选择性或机动性。技术侦查措施所具有的这一开放机动性特点，使得特别审批程序具有了存在的必然性或合理性。经过特别审批程序才能使用，是在立法尚未介入情况下的实践选择。

3. 技术侦查措施的分类

（1）工具型技术侦查措施。也即硬件类技术侦查措施，是通过先进工具、设施、设备等，秘密对犯罪嫌疑人及相关人员实施监控并获取相关证据的侦查手段。这类措施有电子监控、电话监听、秘密拍照、秘密录音录像、截取计算机网络信息等。

（2）圈套型技术侦查措施。也即计谋类技术侦查措施，是侦查机关通过侦查谋略，通过设计陷阱、圈套等方式，对犯罪实施“瓮中捉鳖”“人赃俱获”。这类措施有诱惑侦查、控制下交付等。这些措施的运用，主要不是依赖先进的硬件技术，而是根据心理学、行为科学的发展而促成的侦查智能的开发和提升。我国《刑事诉讼法》第 153 条第 2 款规定：“对涉及给付毒品等违禁品或者财物的犯罪活动，公安机关根据侦查犯罪的需要，可以依照规定实施控制下交付。”

（3）情报型技术侦查措施。属于信息、知识经验类技术侦查措施。侦查机关通过化装侦查方式秘密获取有关犯罪的情报或线索，在此基础上制订计划，查获犯罪。具体措施主要有：培植线人或耳目，使用特情，派遣卧底，收买情报等。我国《刑事诉讼法》第153条第1款规定的侦查形式，即类似于特情或卧底侦查："为了查明案情，在必要的时候，经公安机关负责人决定，可以由有关人员隐匿其身份实施侦查。但是，不得诱使他人犯罪，不得采用可能危害公共安全或者发生重大人身危险的方法。"

在实践中，上述各类技术侦查措施经常会结合或交替使用。

三、我国技术侦查措施适用的案件范围

（1）危害国家安全犯罪。危害国家安全犯罪是危害国家主权、安全和领土完整的严重刑事犯罪，在我国《刑法》分则第1章中有明确的罪名、罪状规定。对此类犯罪使用技术侦查，是保护国家根本利益的需要。

（2）恐怖活动犯罪、黑社会性质的组织犯罪、重大毒品犯罪或者其他严重危害社会的犯罪案件。恐怖活动犯罪、黑社会性质的组织犯罪、重大毒品犯罪，是三类性质严重、危害极大、通常都是有组织的犯罪，一直是国家打击的重点。对这些犯罪在取证上通常也存在许多危险与困难，因而，采用技术侦查措施是很有必要的。除此之外，法律用"其他严重危害社会的犯罪案件"作为口袋，将其他需要技术侦查的严重犯罪都包含在内，以便应对特别情况的发生。

（3）利用职权实施的严重侵犯公民人身权利的重大犯罪案件。2018年《刑事诉讼法》第150条第2款规定："人民检察院在立案后，对于利用职权实施的严重侵犯公民人身权利的重大犯罪案件，根据侦查犯罪的需要，经过严格的批准手续，可以采取技术侦查措施，按照规定交由有关机关执行。"

（4）追捕被通缉或者批准、决定逮捕的在逃犯罪嫌疑人、被告人的案件。追捕在逃的犯罪嫌疑人、被告人，有时也需要采用如卫星跟踪定位系统等进行查找，因此，也被列入适用技侦案件的范围。

三、我国有权使用技术侦查措施的主体

根据《刑事诉讼法》第150条和《中华人民共和国人民警察法》《中华人民共和国国家安全法》的规定，在我国有权使用技术侦查措施的主体，基本上是各侦查机关。如果对公安机关作狭义的解释，那么享有技侦权的机关就具体可细分为：

1. 公安部及其下属的地方各级公安机关

法律授权可以使用技术侦查措施的恐怖活动犯罪、黑社会性质的组织犯罪、重大毒品犯罪或者其他严重危害社会的犯罪案件，基本上是公安机关负责

侦查的案件，因此，公安部及其下属的地方各级公安机关是当然的有权主体。

2. 国家安全机关

依照管辖分工，危害国家安全的犯罪案件是国家安全机关负责侦查的案件，被列入使用技侦措施之首，这与此类犯罪的严重性和国家安全部门的工作特点有关。在《国家安全法》中早已有明确授权。

3. 人民检察院

根据《刑事诉讼法》的规定，人民检察院对 14 种刑事案件享有侦查权，并且允许对这些案件使用技侦措施。当然，法律规定检察机关可以使用技侦措施，但是要按照规定交由有关机关执行。也就是说，检察机关只有采用技侦措施的决定权，不可以亲自执行技术侦查措施，要交公安机关执行。

4. 军队保卫部门和军事检察院

根据我国法律，军队内部发生的各类犯罪案件，是由军队保卫部门和军事检察院负责侦查的，并且，军队保卫部门享有与公安机关相同的侦查职权。因此，如果在军队内部发生了法律规定可适用技术侦查措施的严重犯罪，按照管辖分工和法律解释，军队保卫部门和军事检察院也享有使用技术侦查措施的权力。同样地，军事检察院只有采取技侦措施的决定权，执行权要交军事保卫部门。

5. 中国海警局

中国海警局负责侦查海上发生的刑事案件，在其管辖范围内，享有与公安机关相同的侦查权限。虽然我国《刑事诉讼法》第 150 条没有明确赋予中国海警局有采用技术侦查的权力，但是，根据如下两点可知，立法实际上并没有排除中国海警局对于技术侦查措施使用的权力，换句话说，根据该两点法律授权，中国海警局同样是技术侦查措施的使用主体。这两点是：①追捕被通缉或者批准、决定逮捕的在逃的犯罪嫌疑人、被告人的案件；②其他严重危害社会的犯罪案件。

四、我国使用技术侦查措施的具体要求与审批程序

1. 使用技术侦查措施的具体要求

（1）适用于严重犯罪案件。比如性质严重如危害国家安全犯罪，或者危害严重如恐怖活动犯罪、黑社会性质的组织犯罪、重大毒品犯罪、重大的侵权犯罪等。犯罪的严重性成为侦查手段上趋向于严厉性的合理化理由，是公民权利在重大国家利益面前需要作出的适当让步。

（2）为侦查犯罪所必需。即使是针对非常严重的犯罪，如果采取常规性侦查手段足以查获作案人、收集到扎实的证据，也就不能采取技术侦查措施。

技术侦查措施只能是补充性的最后侦查手段，这是必要性原则所要求的。我国《刑事诉讼法》用三个条款反复强调“根据侦查犯罪的需要”，说明必须是在确有需要时才可使用技术侦查措施。

（3）经过严格的审批程序。在公安机关和国家安全机关内部，已经建立了内部审查批准制度和程序。随着《刑事诉讼法》的施行，建立符合法律要求的正式的审批程序就成为当然的选择，这也是技术侦查措施规范化的必由之路。

（4）严格的期限限制。批准决定自签发之日起三个月以内有效。对于不需要继续采取技术侦查措施的，应当及时解除；对于复杂、疑难案件，期限届满仍有必要继续采取技术侦查措施的，经过批准，有效期可以延长，每次不得超过三个月。

（5）只用于特定的用途。采取技术侦查措施获取的材料，只能用于对犯罪的侦查、起诉和审判，不得用于其他用途。

（6）保守秘密。技术侦查措施的使用往往是以损害公民的隐私权等为代价的，所以，法律要求，侦查人员对采取技术侦查措施过程中知悉的国家秘密、商业秘密和个人隐私，应当保密；对采取技术侦查措施获取的与案件无关的材料，必须及时销毁。同时，有义务配合公安机关依法采取技术侦查措施的单位和个人，对有关情况也应当予以保密。

2. 使用技术侦查措施的审批程序

（1）技侦措施的采用必须是在立案后才可以考虑。

（2）报各有关机关负责人批准。

（3）批准决定中，应当确定采取技术侦查措施的种类和适用对象。采取技术侦查措施，必须严格按照批准的措施种类、适用对象和期限执行。

（4）批准决定必须限制期限。

（5）人民检察院根据侦查犯罪的需要，经过严格的批准手续，决定采取技术侦查措施后，按照规定交有关机关执行。

六、我国运用技术侦查措施取证的法律效果

《刑事诉讼法》第154条规定：“依照本节规定采取侦查措施收集的材料在刑事诉讼中可以作为证据使用。”这是技侦措施在《刑事诉讼法》中现身的自然结果。

如果使用该证据可能危及有关人员的人身安全，或者可能产生其他严重后果的，应当采取不暴露有关人员身份、技术方法等保护措施，必要的时候，可以由审判人员在庭外对证据进行核实。

当然，技术侦查取得的证据也会有真假或瑕疵，对此类证据同样要进行审查核实，才能作为定案的根据。

第四节　侦查终结

一、侦查终结的概念和意义

侦查终结，是指侦查机关经过一系列的侦查活动，认为案件事实已经查清，证据确实、充分，足以认定犯罪嫌疑人是否有罪和应否对其追究刑事责任而决定结束侦查，并对案件依法作出处理的一种诉讼活动。

正确及时的侦查终结，可以为人民检察院提起公诉、人民法院审判奠定基础，也可以为无罪的人和依法不应当受到刑事追究的人不受刑事追究提供根据。

二、侦查终结的条件

经过侦查的案件，当符合下列条件时可侦查终结：

（1）经侦查，认为犯罪嫌疑人有罪，且已符合犯罪事实清楚，证据确实、充分的条件时，才能侦查终结。

（2）在侦查中，发现犯罪嫌疑人无罪或符合《刑事诉讼法》第16条规定情形之一的，也应当侦查终结。

三、侦查终结的处理

（1）《刑事诉讼法》第161条规定："在案件侦查终结前，辩护律师提出要求的，侦查机关应当听取辩护律师的意见，并记录在案。辩护律师提出书面意见的，应当附卷。"这就是说，对于案件如何处理，辩护律师可以提出意见。

2018年修订《刑事诉讼法》，在第162条增加了"犯罪嫌疑人自愿认罪的，应当记录在案，随案移送，并在起诉意见书中写明有关情况"，该规定与认罪认罚从宽原则相适应，是侦查阶段应当增加的程序。

（2）公安机关侦查终结的案件，应当做到犯罪事实清楚，证据确实、充分，并且写出起诉意见书，连同案卷材料、证据一并移送同级人民检察院审查决定是否提起公诉。

（3）公安机关要将案件移送人民检察院的情况，告知犯罪嫌疑人及其辩护律师。

（4）公安机关在侦查过程中，发现不应对犯罪嫌疑人追究刑事责任的，应当撤销案件；犯罪嫌疑人已被逮捕的，应当立即释放，发给释放证明，并且通知原批准逮捕的人民检察院。

（5）根据高级人民法院、高级人民检察院、公安部、国家安全部、司法部《认罪认罚从宽工作办法》第9条的规定，犯罪嫌疑人自愿如实供述涉嫌犯罪的事实，有重大立功或者案件涉及国家重大利益，需要撤销案件的，办理案件的公安机关应当层报公安部，由公安部提请最高人民检察院批准。

四、侦查中的羁押期限

侦查中的羁押期限，是指犯罪嫌疑人在侦查中被逮捕以后到侦查终结的期限。《刑事诉讼法》对此有以下重要的规定：

（1）一般侦查羁押期限不得超过二个月。案情复杂、期限届满不能终结的案件，可以经上一级人民检察院批准延长一个月。

（2）对于交通不便的边远地区的重大复杂案件；重大的犯罪集团案件；流窜作案的重大复杂案件；犯罪涉及面广，取证困难的重大复杂案件。在上述期限届满仍不能侦查终结的，经省、自治区、直辖市人民检察院批准或者决定，可以延长二个月。

（3）对犯罪嫌疑人可能判处10年有期徒刑以上刑罚，依照上述第（2）项的规定延长期限届满，仍不能侦查终结的，经省、自治区、直辖市人民检察院批准或者决定，可以再延长二个月。

（4）因为特殊原因，在较长时间内不宜交付审判的特别重大复杂的案件，由最高人民检察院报请全国人民代表大会常务委员会批准延期审理。

（5）遇有下列情况，重新计算侦查羁押期限：①在侦查期间，发现犯罪嫌疑人另有重要罪行的，自发现之日起依照《刑事诉讼法》第160条重新计算侦查羁押期限。即按上述第（1）项计算。②应当对其身份进行调查，侦查羁押期限自查清其身份之日起计算，但是不得停止对其犯罪行为的侦查取证。对于犯罪事实清楚，证据确实、充分，确实无法查明其身份的，也可以按其自报的姓名起诉、审判。

第五节　侦查监督

一、侦查监督的概念和意义

1. 概念

侦查监督，是指人民检察院依法对侦查机关的侦查活动是否合法进行的监督。侦查监督是宪法和法律赋予检察机关的一项重要职能，是检察机关对侦查机关活动以及在侦查过程中所作出的决定是否合法所实施的监督，是为了防止侦查权的滥用，保证侦查活动的合法与准确。

2. 意义

（1）它是社会主义法制原则的体现。侦查部门对刑事犯罪的侦查，必须依法进行。如果侦查活动没有法律监督，往往就会造成冤假错案。加强对侦查活动的监督，从而保证侦查活动正确、合法的进行，保证刑事诉讼任务的顺利完成。

（2）有利于及时纠正侦查活动中违法现象。侦查活动监督目的是发现、纠正、预防侦查活动中的违法行为，保证侦查活动的规范和取证行为的合法有效，保障诉讼参与人的合法权利不受侵犯。

（3）侦查监督是遏制司法腐败的有力措施。

二、侦查监督的内容

我国《刑事诉讼法》和最高人民检察院《人民检察院刑事诉讼规则》规定，人民检察院对公安机关的侦查活动是否合法实行监督，发现和纠正以下违法行为：

（1）对犯罪嫌疑人刑讯逼供、诱供的。

（2）对被害人、证人以体罚、威胁、诱骗等非法手段收集证据的。

（3）伪造、隐匿、销毁、调换或者私自涂改证据的。

（4）徇私舞弊，放纵、包庇犯罪分子的。

（5）故意制造冤、假、错案的。

（6）在侦查活动中利用职务之便谋取非法利益的。

（7）在侦查过程中不应当撤案而撤案的。

（8）贪污、挪用、调换所扣押、冻结的款物及其孳息的。

（9）违反《刑事诉讼法》关于决定、执行、变更、撤销强制措施规定的。

（10）违反羁押和办案期限规定的。

（11）在侦查中有其他违反《刑事诉讼法》有关规定的行为的。

三、侦查监督的程序

（1）人民检察院通过审查逮捕、审查起诉，发现公安机关的侦查活动存在违法情况的，应当提出意见，通知公安机关纠正，构成犯罪的，移送有关部门依法追究刑事责任。

（2）人民检察院根据案件需要，通过派员参加公安机关对于重大案件的讨论和其他侦查活动，若发现公安机关在侦查活动中的违法行为，应当及时通知公安机关予以纠正。

（3）人民检察院通过接受诉讼参与人对侦查机关或侦查人员侵犯诉讼权利和人身权利的行为提出的控告，行使侦查监督权。

（4）人民检察院批捕部门或者审查起诉部门对本院侦查部门侦查或者决定、执行、变更、撤销强制措施等活动中的违法行为，应当根据情节分别处理。情节较轻的，可以直接向侦查部门提出纠正意见；情节较重或者需要追究刑事责任的，应当报告检察长决定。

第十四章　起诉程序

第一节　起诉概述

一、起诉的概念和种类

1. 起诉的概念

刑事起诉，是指检察机关或自诉人，依法向法院提出刑事控诉，请求对刑事被告人进行审判，以确定刑事被告人刑事责任并依法给予刑事制裁的一种诉讼活动或程序。

2. 起诉的种类

根据刑事起诉主体的不同，刑事起诉可分为公诉和自诉。

公诉，是指依法享有刑事公诉权的国家机关代表国家向人民法院提起诉讼，要求人民法院通过审判确定被告人所犯被指控的罪行成立并给予相应刑事制裁的诉讼活动。在我国，依法享有刑事公诉权的国家机关仅指各级人民检察院。公诉性质上是国家公权力介入刑事起诉活动，由人民检察院代表国家行使提起公诉的职权。我国的绝大部分刑事案件属于公诉案件，均由人民检察院提起公诉。

自诉，是指依法享有刑事控诉权的被害单位或个人依法以自诉人的名义直接向人民法院提起控诉，要求人民法院通过审判确定被告人所犯被指控的罪行成立并给予相应刑事制裁的诉讼活动。在我国，依法享有刑事自诉权的自诉人包括刑事自然人被害人和单位被害人。刑事自然人被害人的法定代理人、近亲属可以依法代为行使自诉权。

二、起诉的任务和意义

1. 起诉的任务

起诉的任务是通过享有刑事起诉权的国家专门机关或个人，根据事实和法律向人民法院提起刑事控诉，启动审判程序，从而使对指控的刑事被告人的罪行进行依法审判，以确定刑事被告人是否应被追究刑事责任和给予刑事制裁。也即通过起诉启动审判程序而使国家刑罚权在法定的审判程序中依法实现，防止法外滥用刑罚权。

2. 起诉的意义

起诉是连接侦查与审判的桥梁和纽带，是刑事诉讼中的一个关节点，具有非常重要的意义。

（1）通过起诉发动审判程序。现代刑事诉讼的一个基本要求是“不告不理”，也即审判要以起诉为前提和基础，没有起诉就没有法院的审判，没有起诉法院就不能主动追究犯罪。这是有别于封建社会“纠问式诉讼”的一个突出特点。所以，只有通过起诉发动审判程序才可能使法院获得审判权力，才可能使“诉讼两造”有权就受诉审判的案件参加诉讼活动并最终承担法院裁判的义务。

（2）通过起诉实现控诉职能。现代刑事诉讼有三大基本职能，即控诉职能、辩护职能和审判职能。在现代民主法治国家，刑事诉讼这三大基本职能的关系是控审分离、控辩平等对抗和审判中立。控诉方由享有控诉权的国家专门机关或个人（体）来承担，辩护方由享有辩护权的被告方来承担，审判方由享有审判权的审判机关来承担。在这“三方组合”的诉讼构造中各自履行相应职能，起诉也成为审判中控诉职能履行的开始，它是诉讼中实现两造对抗的起点。

（3）通过起诉确定法院的审判范围。现代刑事诉讼的“不告不理”原则的遵循，意味着刑事起诉既是启动刑事审判程序的前提和基础，同时也对刑事审判的内容和范围予以了限制。为了保证审判的中立性和消极性，法院的刑事审判范围必须与刑事起诉的范围保持一致，而不能在刑事指控之外，对指控方没有起诉的犯罪行为或者被告人进行刑事审判。因此，不诉而审违反诉讼机理。

（4）通过起诉为刑事辩护提供依据。刑事辩护是现代刑事诉讼中被告人的一项基本权利。有控告才会有辩护。起诉是向法院正式控告被告人，因而也成为被告人进行法庭抗辩的正式依据。

第二节　公诉案件的审查起诉

一、审查起诉的概念和意义

1. 概念

审查起诉是指人民检察院对监察机关、公安机关以及自行侦查部门侦查终结移送起诉的案件进行全面审查核实，并作出提起公诉或不起诉决定的专项诉讼活动。《刑事诉讼法》第 169 条规定："凡需要提起公诉的案件，一律由人民检察院审查决定。"即审查起诉是提起公诉案件的法定必经程序，是连接侦查程序和审判程序的纽带，同时审查起诉权也是人民检察院法定独享的职权，其他任何机关、团体不享有此项权力。如果案件经侦查终结后侦查机关等决定撤销案件的，则不必经过审查起诉环节。自诉案件不需进行审查起诉。

2. 意义

审查起诉是刑事诉讼流程中起着承上启下作用的一个关键性诉讼阶段，它在刑事诉讼中的意义主要表现在以下几个方面：

（1）对于侦查程序而言，审查起诉是其后续程序，起着承接侦查程序的作用。审查起诉对侦查工作成果进行质量检验和把关，审查核实侦查终结移送起诉的案件是否做到案件事实清楚，证据确实、充分，定性准确，罪名适用正确；同时监督侦查活动是否合法，如发现侦查活动有违反法律的情况，应及时提出纠正意见，对构成犯罪的依法追究刑事责任，从而发挥其侦查监督的功能作用。

（2）对于审判程序而言，审查起诉是其前置程序，起着启动连接审判程序的作用。审查起诉是人民检察院为实现提起公诉的职能而进行的最基本的准备工作的阶段，通过审查核实，如认为案件符合起诉条件则依法提起公诉，从而防止将无罪的人、依法不需要追究刑事责任的人等交付审判，实现公诉活动的公正性和严肃性。

（3）为顺利履行控诉职能、提高审判效率打下良好基础。由于控审分离原则的确立，绝大部分公诉案件由公诉方承担证明被告人有罪的责任。因此，要在庭审中控诉成功，则控方需将犯罪事实揭露、证实清楚，证据收集、运用达到确实充分的程度，将请求法庭依法惩罚犯罪分子的法律依据提供准确、全面等，这些均依赖于审查起诉阶段的准备工作做得充分、细致和扎实。

二、审查起诉内容

根据《刑事诉讼法》第169条、170条的规定和最高人民检察院《人民检察院刑事诉讼规则》的有关规定，审查起诉的内容应包括三个部分：

1. 受理审查内容

人民检察院对于监察机关、公安机关移送审查起诉的案件，应先进行受理审查，考量其是否符合受理条件，经审查后，对具备受理条件的案件，填写受理审查起诉案件登记表，之后再进行受理后的审查起诉。不符合受理条件的，则不能受理。

人民检察院受理审查内容为：①案件是否属于本院管辖。②起诉意见书以及案卷材料是否齐备；案卷装订、移送是否符合有关要求和规定；诉讼文书、技术性鉴定材料是否单独装订成卷等。③作为证据使用的实物是否随案移送，移送的实物与物品清单是否相符。④犯罪嫌疑人是否在案以及是否需要采取强制措施的情况。

2. 对监察机关移送审查起诉的案件先行采取刑事强制措施

《刑事诉讼法》第170条明确规定："对于监察机关移送起诉的已采取留置措施的案件，人民检察院应当对犯罪嫌疑人先行拘留，留置措施自动解除。人民检察院应当在拘留后的十日以内作出是否逮捕、取保候审或者监视居住的决定。在特殊情况下，决定的时间可以延长一日至四日。人民检察院决定采取强制措施的期间不计入审查起诉期限。"

3. 起诉审查内容

起诉审查的内容包括：①犯罪嫌疑人身份状况是否清楚，包括姓名、性别、国籍、出生年月日、职业和单位等。②犯罪事实、情节是否清楚，认定犯罪性质和罪名的意见是否正确；有无法定的从重、从轻、减轻或免除处罚的情节；共同犯罪案件的犯罪嫌疑人在犯罪活动中的责任认定是否恰当。③证据材料是否随案移送，不宜移送的证据的清单、复制件、照片，或者其他证明文件是否随案移送。④证据是否确实、充分。⑤有无遗漏罪行和其他应当追究刑事责任的人。⑥是否属于不应当追究刑事责任的。⑦有无附带民事诉讼；对于国家财产、集体财产遭受损失的，是否需要由人民检察院提起附带民事诉讼。⑧采取的强制措施是否适当。⑨侦查活动是否合法。⑩与犯罪有关的财物及其孳息是否扣押、冻结并妥善保管，以供核查。对被害人合法财产的返还和对违禁品或者不宜长期保存的物品的处理是否妥当，移送的证明文件是否完备。

人民检察院审查案件，可以要求监察机关、公安机关提供法庭审判所必需的证据材料；认为可能存在《刑事诉讼法》第56条规定的以非法方法收集证据情形的，可以要求其对证据收集的合法性作出说明。

三、审查起诉的步骤和方法

根据我国《刑事诉讼法》的规定，人民检察院对于移送起诉的案件，必须采用如下步骤和方法进行审查：

（1）审阅案卷材料。这是审查起诉所必须首先进行的一项基础工作。案卷材料记载了侦查机关全部的侦查活动、所收集的证据材料、侦查程序以及侦查机关对案件的认识与结论等，了解案卷材料，是审查起诉部门了解案件全部情况，确定进一步审查内容和方向的依据。审阅案卷材料必须制作阅卷笔录。

（2）讯问犯罪嫌疑人。《刑事诉讼法》第173条规定："人民检察院审查案件，应当讯问犯罪嫌疑人"。这是法律对审查起诉程序上的强制性要求，即人民检察院在审查起诉阶段，必须与犯罪嫌疑人见面，听取犯罪嫌疑人的认罪陈述或无罪、罪轻的辩解，以真实、准确地了解犯罪嫌疑人及其所涉嫌的犯罪。

（3）听取被害人意见。听取被害人意见也是刑事诉讼法对检察机关的硬性要求。检察机关在审查起诉阶段也必须与被害人见面，如果被害人还在世的话。这一要求的意义是：第一，通过被害人进一步核实案件事实和证据。被害人是案件的当事人之一，对案件情况比较了解，询问被害人可以接近案件的原始真相。第二，体现了现代刑事诉讼对被害人主体资格的尊重。被害人受到犯罪的侵害，理应受到国家更多的关心与帮助，国家公诉本身也代表了被害人的利益，所以，公诉机关理应听取被害人对于案件处理的意见和惩罚犯罪的要求。第三，了解有无附带民事诉讼的情况，可以告知被害人有权提起附带民事诉讼。

（4）听取辩护人或者值班律师、诉讼代理人的意见，并记录在案。辩护人或者值班律师、被害人及其诉讼代理人提出书面意见的，应当附卷。

四、对起诉审查的处理

人民检察院在对案件进行起诉审查后，根据不同的情况，可以作出三种处理：

（1）依法提起公诉。人民检察院通过审查起诉认为犯罪嫌疑人的犯罪事实已经查清，证据确实、充分，依法应当追究刑事责任的，应当作出起诉决定，按照审判管辖的规定向人民法院提起公诉，并将案卷材料、证据移送人民法院。

（2）依法不起诉。人民检察院通过审查起诉认为犯罪嫌疑人没有犯罪事实，或者有《刑事诉讼法》第 16 条规定的情形之一的，应当作出不起诉决定。对于二次补充侦查的案件，人民检察院仍然认为证据不足，不符合起诉条件的，应当作出不起诉的决定。

（3）补充侦查。人民检察院通过审查起诉，认为事实不清或者证据不足的，或者有其他尚需要侦查查明的事项，不能作出处理决定的，就可将案件退回监察机关、公安机关补充侦查或者自行补充侦查。退回补充侦查的，应当制作退回补充侦查通知书，连同案卷材料一并退回。通知书应当载明需要补充侦查的具体事项和要求。

五、审查起诉的期限

人民检察院对于监察机关、公安机关移送起诉的案件，应当在一个月以内作出决定，重大、复杂的案件，可以延长 15 日。对于补充侦查的案件，应当在一个月内补充侦查完毕，补充侦查以两次为限，补充侦查完毕移送人民检察院后，人民检察院重新计算审查起诉期限。人民检察院审查起诉的案件，改变管辖的，从改变后的人民检察院收到案件之日起计算审查起诉期限。

第三节　审查起诉阶段认罪认罚程序

一、认罪认罚权利告知并听取意见

2018 年《刑事诉讼法》认罪认罚从宽原则和第 173 条规定，检察机关在审查起诉中要首先了解犯罪嫌疑人是否认罪认罚。对于犯罪嫌疑人认罪认罚的，应当告知其享有的诉讼权利和认罪认罚的法律规定，听取犯罪嫌疑人、辩护人或者值班律师、被害人及其诉讼代理人对下列事项的意见，并记录在案。告知和听取意见主要涉及如下方面：

（1）涉嫌的犯罪事实、罪名及适用的法律规定。即该案的事实是怎样的，涉嫌什么罪名，适用什么法律。

（2）从轻、减轻或者免除处罚等从宽处罚的建议。告知犯罪嫌疑人认罪认罚之后，会怎样从宽，如是从轻、减轻或者免除处罚等。

（3）认罪认罚后案件审理适用的程序。告知犯罪嫌疑人认罪认罚之后，程序上可以轻缓快速处理，如将羁押措施变更为取保候审或者监视居住，采用速裁程序或简易程序快速审判等。

（4）其他需要听取意见的事项。

人民检察院对上述事项听取值班律师意见的，应当提前为值班律师了解案件有关情况提供必要的便利。目前，法律援助机构在许多检察院已经设有值班律师办公室，检察院办案与值班律师对接十分便利。

二、签署认罪认罚具结书

2018年《刑事诉讼法》第174条规定："犯罪嫌疑人自愿认罪，同意量刑建议和程序适用的，应当在辩护人或者值班律师在场的情况下签署认罪认罚具结书。"

1. 认罪认罚具结书的含义和作用

具结，意指置于保证书的约束下做某事的承诺或保证。多用于对官方做出承诺或者保证。如具结不再妨害治安，对于违反取保候审规定的，要具结悔过等。具结书类似于保证书。认罪认罚具结书，是指犯罪嫌疑人、被告人向办案机关保证，自愿认罪并如实供述犯罪事实，同意量刑建议和程序适用，真诚悔过，愿意积极承担法律责任而签署的法律文书。它具有多重法律属性：是犯罪嫌疑人、被告人供述证据，是证明认罪认罚自愿性的书证，是同意程序选择的承诺书，是控诉双方之间的辩诉协议，是适用认罪认罚从宽程序的书面依据。

在当下的司法实践中，认罪认罚具结书的直接作用，就是犯罪嫌疑人、被告人获得从宽处理的实体和程序优待。

2. 认罪认罚具结书内容与格式

认罪认罚具结书包括如下内容：①犯罪嫌疑人基本情况；②权利知悉；③认罪认罚内容；④自愿签署声明；⑤具结人签名，注明日期；⑥值班律师签署证明。

三、不需要签署认罪认罚具结书的情形

犯罪嫌疑人认罪认罚，有下列情形之一的，不需要签署认罪认罚具结书：

（1）犯罪嫌疑人是盲、聋、哑人，或者是尚未完全丧失辨认或者控制自己行为能力的精神病人的。

（2）未成年犯罪嫌疑人的法定代理人、辩护人对未成年人认罪认罚有异议的。

（3）其他不需要签署认罪认罚具结书的。

四、检察机关量刑建议与程序选择

1. 向法院提出量刑建议，从轻、减轻或者免除处罚

《刑事诉讼法》第176条第2款规定："犯罪嫌疑人认罪认罚的，人民检察院应当就主刑、附加刑、是否适用缓刑等提出量刑建议，并随案移送认罪认

罚具结书等材料。”该量刑建议应当先行告知当事人，获得认可，然后再向法院提交。量刑建议在适用刑罚上要根据不同情况，提出从轻、减轻或者免除处罚的意见。

2. 特殊情况下，公安检察机关以撤案、不起诉等放弃追诉

《刑事诉讼法》第182条规定：“犯罪嫌疑人自愿如实供述涉嫌犯罪的事实，有重大立功或者案件涉及国家重大利益的，经最高人民检察院核准，公安机关可以撤销案件，人民检察院可以作出不起诉决定，也可以对涉嫌数罪中的一项或者多项不起诉。”这就是说，在特殊情况下，国家可以放弃对犯罪嫌疑人所涉嫌犯罪的追诉。这种特殊情况依法需要达到如下条件：

（1）犯罪嫌疑人自愿如实供述涉嫌犯罪的事实，具有认罪认罚的态度。

（2）有重大立功，或者案件涉及国家重大利益。

（3）经过最高人民检察院核准。

公安机关和人民检察院可以终止刑事追诉。具体来说，公安机关可以撤销案件，人民检察院可以作出不起诉决定，也可以对涉嫌数罪中的一项或者多项不起诉。

当然，根据前款规定不起诉或者撤销案件的，人民检察院、公安机关应当及时对查封、扣押、冻结的财物及其孳息作出处理。犯罪嫌疑人非法所得的财物依然要被依法追缴。

3. 在程序上，认罪认罚将产生两方面的程序优待

（1）强制措施的轻缓。如可以从拘留、逮捕变更为取保候审或监视居住。

（2）程序的快速、简便。《刑事诉讼法》规定，犯罪嫌疑人认罪认罚，符合速裁程序适用条件的，应当在10日以内作出决定，适用速裁程序；对可能判处的有期徒刑超过一年的，可以延长至15日，适用简易审判程序。速裁或简易审判程序，都会在客观上快速推进侦查、审查起诉和审判程序，减少当事人的程序焦虑，在一些严重案件中，可避免超期羁押。

4. 审判结果上，认罪认罚在许多量刑为三年以下的案件中，可从实刑变为缓刑，让当事人在社区接受矫正，脱离牢狱之苦

第四节　提起公诉

一、提起公诉的概念

提起公诉，是指人民检察院代表国家将其认为符合起诉条件的犯罪嫌疑人提交人民法院，要求人民法院通过审判追究其刑事责任的一种诉讼活动。此项

诉讼活动的意义在于人民检察院代表国家实现国家追诉。人民检察院的提起公诉决定作出后，犯罪嫌疑人的诉讼地位转变为刑事被告人。

二、提起公诉的条件

《刑事诉讼法》第 176 条规定："人民检察院认为犯罪嫌疑人的犯罪事实已经查清，证据确实、充分，依法应当追究刑事责任的，应当作出起诉决定，按照审判管辖的规定，向人民法院提起公诉。"此规定明确了提起公诉的条件。

人民检察院要将犯罪嫌疑人提起公诉，应当具备以下几个条件：

（1）犯罪嫌疑人的犯罪事实已经查清。人民检察院对犯罪嫌疑人提起公诉，必须首先查清其犯罪事实。因为犯罪事实是定罪量刑的基础，只有犯罪事实清楚，定罪量刑才可能准确。所谓"犯罪事实已经查清"，一般就是要求查清"七何"要素，影响定罪量刑的事实必须查清。

（2）证据确实、充分。证据是查明和认定案件事实的基础，是揭露犯罪、证实犯罪的重要手段，是起诉和定罪判刑的依据。因此，对案件提起公诉时应当做到证据确实、充分。这里的确实是要求，起诉所依据的证据是经过审查核实的，证据之间、证据与案件事实之间无矛盾，现有证据能够对指控的犯罪及其量刑构成充分理由。

（3）对犯罪嫌疑人依法应当追究刑事责任。人民检察院依法提起公诉的案件应当是依法应对犯罪嫌疑人追究刑事责任的案件，没有《刑事诉讼法》第 16 条规定的情形，也没有依法可以免于追究刑事责任的情况，必须是需要追究刑事责任才提起公诉。

（4）提起公诉应当符合审判管辖的规定。人民检察院提起公诉除具备上述实体性条件外，还需具备程序性条件。即人民检察院作出起诉决定后，应当向有管辖权的同级人民法院提起公诉。否则，提起公诉将不会被法院受理。

三、提起公诉的程序

1. 制作起诉书

起诉书是人民检察院代表国家正式向人民法院提出追究被告人刑事责任的重要司法文书，是提起公诉的书面依据，是人民法院行使审判权的前提以及法庭调查和辩论的基础。这种文书是检察机关以国家公诉人的名义制作的，故又称为公诉书。

2. 向同级人民法院移送起诉书、案卷材料和证据

人民检察院向人民法院起诉时，应当按照审判管辖的规定，向同级人民法院提起公诉，不允许越级起诉。

3. 做出庭支持公诉的准备

包括：①进一步熟悉案情，掌握证据情况；②深入研究与本案有关的法律政策问题；③充实审判中可能涉及的专业问题；④拟定讯问被告人、询问证人、鉴定人和宣读、出示、播放证据的计划并制订质证方案；⑤拟定公诉意见，准备辩论提纲。

四、出庭支持公诉

人民法院审判公诉案件时，人民检察院应当派员以国家公诉人的身份出庭支持公诉，任务主要是通过在庭审中宣读起诉书、发表公诉词、参与法庭调查和法庭辩论来依法追究被告人的刑事责任，实现惩罚犯罪、保护和教育公民的任务。

在法庭审理中，公诉人应当客观、全面、公正地向法庭提供证明被告人有罪、罪重或者罪轻的证据。

第五节　不起诉

一、不起诉的概念

不起诉，是指人民检察院对侦查、调查终结移送起诉的案件进行审查后，认为犯罪嫌疑人的行为不符合起诉条件或者不需要起诉的，而依法作出的不将案件提交人民法院进行审判的一种处理决定。

不起诉决定是人民检察院对公诉案件审查后依法作出的一种处理结果，但它只是一种程序性处分，不是实体性处分，它产生了在审查起诉阶段终止刑事诉讼的法律效力。然而它并不产生终局效力。当案件符合起诉条件时，人民检察院可以再次提起公诉。如因为证据不足而决定不起诉的，在发现新的证据，符合起诉条件时，可以提起公诉。

根据《刑事诉讼法》的规定，我国不起诉可以细分为五种情形。具体有：法定不起诉，酌定不起诉，证据不足不起诉，附条件不起诉，涉及国家重大利益不起诉。

二、法定不起诉

法定不起诉，又称绝对不起诉，是指人民检察院通过审查，认为犯罪嫌疑人没有犯罪，或者具有《刑事诉讼法》第 16 条规定的不追究刑事责任情形之一的，应当作出不起诉决定。对此，人民检察院没有起诉与否的自由裁量权。

三、酌定不起诉

酌定不起诉，又称相对不起诉，是指人民检察院认为犯罪情节轻微，不需要判处刑罚的，可以作出不起诉的决定。“可以作出不起诉的决定”意即人民检察院对于起诉或不起诉有一定的自由裁量权，是酌定的不起诉。

根据《刑事诉讼法》第177条、第282条的规定，人民检察院的酌定不起诉权主要适用于两种情况：

（1）人民检察院对于犯罪情节轻微，依照刑法规定不需要判处刑罚或者免除刑罚的，可以直接作出不起诉决定。

（2）对于达成和解协议的公诉案件，人民检察院可以作出不起诉决定。对于达成和解协议的案件，公安机关可以向人民检察院提出从宽处理的建议。对于犯罪情节轻微，不需要判处刑罚的，人民检察院可以作出不起诉的决定。

人民检察院作出酌定不起诉决定，需要具备两个基本条件：

（1）犯罪嫌疑人的行为触犯了刑律，已经构成犯罪。这是区别于法定不起诉的前提条件。

（2）犯罪情节轻微，不需要判处刑罚。也就是根据刑法规定不需要判处刑罚或者可以免除刑罚的。

四、证据不足不起诉

证据不足不起诉，又称存疑不起诉，是指人民检察院对于补充侦查的案件仍然认为证据不足，不符合起诉条件的，可以作出不起诉的决定。

《刑事诉讼法》第175条第4款规定：“对于二次补充侦查的案件，人民检察院仍然认为证据不足，不符合起诉条件的，应当作出不起诉的决定。”补充侦查应当在一个月以内补充侦查完毕。补充侦查以二次为限。

根据最高人民检察院《人民检察院刑事诉讼规则》第286条第3款的规定，具有下列情形之一的，属于证据不足不符合起诉条件，可以作出不起诉决定：①据以定罪的证据存在疑问，无法查证属实的；②犯罪构成要件事实缺乏必要的证据予以证明的；③据以定罪的证据之间的矛盾不能合理排除的；④根据证据得出的结论具有其他可能性的。

五、附条件不起诉

附条件不起诉，是指检察机关对应当负刑事责任的犯罪嫌疑人，认为可以不立即追究刑事责任时，给其设立一定考察期，如其在考察期内积极履行相关社会义务，并完成与被害人及检察机关约定的相关义务，足以证实其悔罪表现的，检察机关将依法作出不起诉决定。我国《刑事诉讼法》针对未成年犯罪嫌疑人，设置了附条件不起诉。

六、涉及国家重大利益不起诉

《刑事诉讼法》第 182 条规定："犯罪嫌疑人自愿如实供述涉嫌犯罪的事实，有重大立功或者案件涉及国家重大利益的，经最高人民检察院核准，公安机关可以撤销案件，人民检察院可以作出不起诉决定，也可以对涉嫌数罪中的一项或者多项不起诉。"

这种不起诉，是基于对国家重大利益保护的需要，认为不起诉更为适宜，要报最高人民检察院核准后，才可以作出不起诉处理，包括在有数罪时，对其中一项或者多项作出不起诉。

《刑事诉讼法》第 177 条第 3 款规定："人民检察院决定不起诉的案件，应当同时对侦查中查封、扣押、冻结的财物解除查封、扣押、冻结。对被不起诉人需要给予行政处罚、处分或者需要没收其违法所得的，人民检察院应当提出检察意见，移送有关主管机关处理。有关主管机关应当将处理结果及时通知人民检察院。"

七、不起诉的程序和效力

1. 不起诉的程序

（1）作出不起诉决定的主体。根据最高人民检察院《人民检察院刑事诉讼规则》的有关规定，对于绝对不起诉，即具有法定不起诉情形的，应当由检察长作出不起诉决定；对于相对不起诉，即具有酌定不起诉情形的，应当通过检察委员会讨论决定，可以作出不起诉决定；对于证据不足不起诉，即具有存疑不起诉情形的，也应当通过检察委员会讨论决定作出不起诉决定。

（2）制作不起诉决定书。当人民检察院作出不起诉决定后，应当制作不起诉决定书。

不起诉决定书应当包括下列内容：①被不起诉人的基本情况。包括姓名、出生年月日、出生地、民族、文化程度、职业、住址、身份证号码，是否受过刑事处罚，拘留、逮捕的年月日和关押处所等。②案由和案件来源。③案件事实。包括否定或者指控被不起诉人构成犯罪的事实以及作为不起诉决定根据的事实。④不起诉的根据和理由。写明作出不起诉决定适用的法律条款。⑤有关告知事项。

（3）宣布和送达不起诉决定书。不起诉决定作出后，由人民检察院公开宣布。公开宣布的活动应当记明笔录。

不起诉决定书应分别送达下列机关和个人：①根据《刑事诉讼法》的规定，不起诉决定书应送达被不起诉人及其所在单位。如果被不起诉人在押，应立即释放并发给释放证明。②对于公安机关移送起诉的案件，应当将不起诉决定书送达公安机关。对于人民检察院直接侦查的案件决定不起诉后，应当由审查起诉部门将不起诉决定书副本及案件审查报告报送上一级人民检察院备案。③根据《刑事诉讼法》的规定，对于有被害人的案件，人民检察院应当将不起诉决定书送达被害人或者其近亲属及诉讼代理人、被不起诉人以及被不起诉人所在的单位。送达时并应尽到相应的告知义务。

（4）解除查封、扣押与冻结。人民检察院决定不起诉的案件，应当同时对侦查中查封、扣押、冻结的财物解除查封、扣押、冻结。

（5）移送有关机关处理。对被不起诉人需要给予行政处罚、行政处分或者需要没收其违法所得的，人民检察院应当提出检察意见，移送有关主管机关处理。有关主管机关应当将处理结果及时通知人民检察院。

2. 不起诉的效力

（1）不起诉决定书的效力。不起诉决定书是人民检察院代表国家依法确认对犯罪嫌疑人不予追究刑事责任的决定性法律文书，它具有终止刑事诉讼活动的法律效力。

（2）不起诉决定书自公开宣布之日起生效。即生效时意味着刑事诉讼活动终止。

（3）公安机关认为不起诉决定有错误的可要求复议复核。

（4）被害人对不起诉决定不服的可以申诉、起诉。

（5）人民检察院如发现不起诉决定有错误的应撤销，重新提起公诉。人民检察院如发现不起诉决定确有错误，符合起诉条件的，应当撤销不起诉决定，重新提起公诉。

第六节　自诉程序

一、自诉案件的范围

自诉案件，是指根据我国法律规定的可以由被害人或者其法定代表人、近亲属直接向人民法院起诉，要求追究被告人刑事责任，人民法院能够直接受理的刑事案件。自诉是相对于公诉而言的。

根据《刑事诉讼法》第210条及其他相关规定，自诉案件包括下列案件：

（1）告诉才处理的案件：①侮辱、诽谤案件；②暴力干涉婚姻自由案；

③虐待案；④侵占案。

（2）被害人有证据证明，不需要侦查的轻微刑事案件：①故意轻伤害案；②非法侵入住宅案；③侵犯通信自由案；④重婚案；⑤遗弃案；⑥生产、销售伪劣商品案（严重危害社会秩序和国家利益的除外）；⑦侵犯知识产权案（严重危害社会秩序和国家利益的除外）；⑧属于《刑法分则》第四章、第五章规定的，对被告人可能判处三年有期徒刑以下刑罚的其他轻微刑事案件。

（3）被害人有证据证明对被告人侵犯自己人身、财产权利的行为应当依法追究刑事责任，而公安机关或者人民检察院已经作出不予追究的书面决定的案件。这类自诉案件又称为公诉转自诉的案件，是1996年《刑事诉讼法》中增加的内容。哪些公诉案件可转化为自诉案件，法律上的标志应是公安机关或者人民检察院对这些公诉案件已经作出了不予追究的书面决定，如不起诉决定、不予立案决定等。这类自诉案件具有监督公诉权的意义。

二、自诉案件的特点

（1）有明确、具体的原告和被告。

（2）案件事实清楚、简单，无须经过专门侦查。

（3）危害后果不严重，可能判处的刑罚较轻。

（4）被害人有证据证明应当追究被告人刑事责任。

三、提起自诉的条件

（1）提起自诉的人应属于符合法律规定的适格的人。适格的提起自诉的人包括被害人及其法定代理人、近亲属，即遭受犯罪行为直接侵害的被害人有权向人民法院提起自诉。这意味着被害人享有自诉权。但如被害人死亡、丧失行为能力或者因受强制、威吓等原因无法告诉的，或者是限制行为能力以及因年老、患病、盲聋哑等原因不能亲自告诉的，由被害人的法定代理人、近亲属向人民法院代为告诉，且代为告诉人应当提供与被害人关系的证明和被害人不能亲自告诉的原因的证明。

（2）提起自诉时应有明确的被告人和具体诉讼请求。提起自诉时既要有明确的被告人，又要有具体的诉讼请求。前者是应当承担刑事责任的主体，后者是提起自诉的目的，二者缺一不可。

（3）提起自诉的案件属于法定自诉案件范围。

（4）自诉人要提供指控的相应证据。自诉人向法院提起自诉时，必须提供相应证据，无证据或证据不足的指控将被法院要求撤诉或驳回。这是“谁主张，谁举证”原则的要求，也体现了程序启动的谨慎，防止滥诉。

（5）提起自诉时应向有管辖权人民法院提起。

四、提起自诉的程序

（1）自诉人向人民法院提交刑事自诉状；提起附带民事诉讼的，还应当提交刑事附带民事自诉状。如果自诉人书写诉状确有困难的，可以口头告诉，由人民法院工作人员作出告诉笔录，向自诉人宣读，自诉人确认无误后，应当签名或盖章。

（2）人民法院应当在收到自诉状或者口头告诉第 2 日起、15 日以内作出是否立案的决定，并书面通知自诉人或者代为告诉人。

（3）对于已经立案，经审查缺乏罪证的自诉案件，如果自诉人提不出补充证据，人民法院应当说服自诉人撤回起诉或者裁定驳回起诉。

（4）自诉人撤回起诉或者裁定驳回起诉后，又提出了新的足以证明被告人有罪的证据，再次提起自诉的，人民法院应当受理。

（5）自诉人明知有其他共同被害人，但只对部分侵害人提起自诉的，人民法院应当受理，并视为自诉人对其他侵害人放弃告诉权。判决宣告后自诉人又对其他共同侵害人就同一事实提起自诉的，人民法院不再受理。

如果共同被害人中只有部分人告诉的，人民法院应当通知其他被害人参加诉讼。被通知人接到通知后表示不参加诉讼或者不出庭的，即视为放弃告诉权。第一审宣判后，被通知人就同一事实又提起自诉的，人民法院不予受理。但当事人另行提起民事诉讼的，不受本解释限制。

第十五章　刑事审判

第一节　刑事审判的概念和任务

一、刑事审判的概念和意义

1. 概念

刑事审判，是指人民法院代表国家在控辩双方和其他诉讼参与人的参加下，依照法定职权和程序，依法对被告人的刑事责任问题作出最终裁判的活动。这项诉讼活动以公诉机关或自诉人向人民法院提起诉讼为前提，在控辩双方及其他诉讼参与人共同参与下，进行公正、公开的庭审，从而确定被告人的行为是否构成犯罪、是否应当承担刑事责任、应受到何种刑罚处罚。

2. 意义

刑事审判程序的意义体现为以下三个方面：

（1）通过刑事审判程序可以从实体上正确解决案件。刑事案件是引起刑事审判程序的内在根据，而解决案件中所涉及的国家、被害人与被告人之间的冲突，就是刑事诉讼的首要任务，也是刑事审判程序意义的首要体现。

（2）给控辩双方提供公开公正对话的平台，释放不满，和平地解决矛盾。公正的诉讼程序具有吸纳不满、释放愤怒、缓解紧张的功能，能使被害人、被告人冷静、和平地通过对话解决矛盾。有了这样的程序，法院的裁判也容易被接受。

（3）通过审判程序向当事人和其他公民宣示法律价值。法律是国家意志的体现，集中代表了国家的价值追求，如惩恶扬善、平等、人权等，司法审判的过程是一个宣示法律的过程，法律所体现的公平、正义可以借助于个案而得到最具体的阐释。

二、刑事审判的任务和作用

1. 任务

刑事审判的任务是全面核查证据，查清案件事实，依照刑事法律对案件作出裁判，使犯罪者受到应有的惩罚，无罪的人不受刑事处罚。因此，审判是刑事诉讼活动中最重要的一个阶段。刑事审判要重点解决两方面的问题：一是纠纷的事实真相到底如何；二是对这种事实真相如何评价，包括有没有犯罪，谁实施了犯罪，侵害的程度有多大。如何作出合理合法的裁决来准确地认定事实，实现社会的公平与正义，是刑事诉讼所要追求的目标。

2. 作用

（1）终结刑事诉讼。从某种意义上说，刑事诉讼就是控辩双方围绕刑事责任而展开的论争，刑事诉讼以刑事责任争议而开始启动，因争议的解决而结束。刑事审判亦以解决双方刑事责任的争议为中心而进行。审判的最终结果是审判机关依法解决控辩双方的争议，得出公正合法的结果，从而终结刑事诉讼。

（2）体现主流观念，维护社会有序发展。刑事犯罪强烈地破坏了社会原有的以某种主流观念为主的资源配置和利益格局。刑事诉讼的发生意味着社会公正观念已受到一定程度威胁和挑战，而且在社会上造成了因利益失衡而带来的动荡。刑事审判对社会主流公正的捍卫是通过两方面来实现的，一方面对刑事犯罪人实行法律惩治，施以刑罚，使其承受生理痛苦、精神耻辱，以及财产损失的不利后果；另一方面对被害人及社会予以伦理或情感上的支持。刑事审判的启动不仅能获得社会公众情感上的共鸣，其诉讼结果必将对犯罪人施以法律制裁，使被害人的物质利益和人格尊严得以维护或恢复，使公众的道义要求获得满足，由此可以增强对审判机关乃至法律整体运作行为的信任度。同时，刑事审判对个案的处理结果基本与依社会主流道德评判个案的结论是相同或者相似的，所以在公众中产生的教育效果也是深远巨大的，而刑事审判结果能弥合因犯罪行为而破坏的社会利益秩序，因此，刑事审判有从根本上平息、消弭社会冲突，减少、抑制社会震荡，从而使社会有充分发展的强大作用。

（3）保障被告人合法权利。刑事被告人的人权是刑事诉讼必须保护的另一种利益。由于审判是决定被告人有罪与否及其刑事责任的最后和最关键阶段，因此，对被告人的合法权益的保障很重要。在刑事审判中，通过赋予被告方尽可能与控诉相对应的诉讼手段，以及采用法官主导下控辩双方对抗的证据调查机制，使控辩双方都能够就案件事实和适用法律充分发表意见，从而有利于法官辨明事实真相，正确地作出裁判，进而有效地保障被告人的合法权利。

三、刑事审判程序的种类

在我国，依据不同的标准，可以将刑事审判程序分为几种：依程序的完整性分普通程序和简易程序；依程序的适用范围分一般程序和特别程序。依审判阶段分：第一审程序、第二审程序、死刑复核程序、审判监督程序。依案件划分：公诉案件的审判程序、自诉案件的审判程序以及附带民事诉讼的审判程序。

第二节　刑事审判的原则和制度

刑事案件进入审判阶段之后，审判机关、检察机关和诉讼参与人各方，除了要遵循刑事诉讼法的各项基本原则以外，还必须遵守审判阶段特有的原则和制度。审判原则，是指法官、检察官（公诉人）及诉讼参与人各方在刑事审判过程中必须遵循的特有的行为准则。刑事审判原则体现了审判程序价值的目标和要求，对刑事审判活动产生重大的影响和作用。各项原则都从不同的方面保障程序在符合公正标准的前提下具备产生公正结果的能力。①

一、实质性审判原则

实质性审判原则，是指规范和指导刑事审判的范围、内容等的行为准则。它涉及审判的实质内容和实体结果，为控、辩、审三方所普遍遵循，却未必在《刑事诉讼法》中有条文体现。

1. 不告不理原则

没有原告就没有诉讼，没有纠纷也就没有审判。法院在程序的启动上是被动、消极的，法院的审判不得超出控诉范围和幅度，不得无诉而判，不得擅自改变指控的罪名和刑罚。这是由设立法院的根本目的决定的。

不告不理原则起源于古罗马时代。近代大陆法系各国普遍采纳“控诉式程序”而确立了“控告原则”，控告原则已成为现代刑事审判基本原则。英美法系国家由于历史法律文化的原因一开始并一直适用控告原则。控告原则包含四个方面的含义：一是审诉分离。二是无控诉则无审判。三是诉审同一，即法院审理和裁判的对象、范围、内容必须仅限于起诉书中所明确记载的。起诉书是法院开始审判的根据，它所记载的被告人及其罪状是法院审判的对象，审判不得超越起诉书的范围，也就是不得对未被指控的人进行审判，不得对未被起

① 参见陈瑞华：《刑事审判原理论》，北京：北京大学出版社，1997 年，第 128 页。

诉的案件进行审判。四是裁判结论建立在独立庭审基础上，即起诉书只启动审判程序和约束审判对象、范围，但并不等于就是裁判结论，裁判结论还需法院独立庭审得出。

2. 中立性原则

在审判中不能有法院或法官自己的利益，法院或法官必须中立，在控辩双方之间保持公正的立场，超然、无偏袒。联合国法律文件《关于司法机关独立的基本原则》第 2 条规定："司法机关应不偏不倚，以事实为根据并依法律规定来裁决其所受理的案件。"审判中立是司法公正的基本保证。

3. 终结性原则

法官不得拒绝裁判，对于已经受理的所有的案件，法院都必须作出终结性裁判。对同一事项，在生效裁判作出后，就不得再向法院重新起诉，除非是为了纠正错判的目的。裁判要及时。

4. 证据裁判原则

证据裁判原则是指法院在刑事审判中须听取与审查证据，并根据证据获得的案件事实情况作出裁判。证据裁判原则要求法官以有证据存在为前提来认定事实。无证据就无认定事实的根据，也丧失了自白判断的基础。证据是司法官形成内心确信的前提。证据裁判原则是近现代刑事诉讼的普遍原则。

5. 疑罪从无原则

我国《刑事诉讼法》第 12 条规定："未经人民法院依法判决，对任何人都不得确定有罪。"所谓疑罪，是指刑事诉讼中对案件事实的证明证据不足，没有达到证明标准，因而难以决断的案件。"疑罪从无"原则要求：对于疑案的处理从有利于被告人的方面加以解释和处理，即被告人有罪无罪难以确定时，按被告人无罪处理；被告人罪轻罪重难以确定时，按被告人罪轻处理。经法庭审理后，认为证据不足、不能认定被告人有罪的，应当作出证据不足、指控的罪名不能成立的无罪判决。"疑罪从无"原则体现了刑事诉讼的科学性和民主性，在维护司法公正，保障被追诉者充分行使诉讼权利，保障任何人免受无根据或不公正追究发挥着重大作用，反映了我国刑事诉讼充分尊重人权、保障人权。

6. 一事不再理原则

一事不再理原则是一项为现代各国所普遍确立的刑事审判基本原则。这一原则要求，法院对于任何已经生效裁判加以处理的案件，不得再行审判；对于所有已被生效法律裁判确定为有罪或无罪的被告人，法院不得再予审判或科刑。这项原则设立的意义在于保障被追诉人的权利，维护法律实施的确定性和权威性，节约诉讼资源，保证控诉质量。

二、形式性审判原则

形式性审判原则，是指实现公正审判所应当遵循的正当程序规则。一般包括审判公开原则，直接、言词审理原则，辩论原则，集中（持续）审理原则，控审分离原则，控辩平等原则等。

1. 审判公开原则

（1）审判公开的含义。狭义上的审判公开是指法院对案件的审理和判决的宣告向社会公开，公民可以到法庭旁听，新闻记者也可以采访报道。广义上的审判公开还包括向当事人公开。审判公开作为一项原则并不排斥对少数不宜公开的案件进行不公开审理。联合国《公民权利以及政治权利国际公约》中就有类似限制性的规定，法院可因民主社会之风化、公共秩序和国家安全关系、保护当事人私生活之必要以及因情形特殊公开审判势必影响司法而认为绝对必要之限度内禁止新闻界及公众旁听审判程序之全部或一部。

（2）审判公开原则的价值。①把审理和判决置于公众的监督之下，有利于防止不同程度的“暗箱操作”，确保案件审理和判决的正确性。②把审理和判决向社会公开，有利于向社会宣示正义。此种功能的实质是为实现程序正义发挥重要作用，使正义能够“看得见”。③审判公开也是向公民进行法制教育的良好形式。

（3）审判公开的例外。在我国，公开审判是原则，不公开审判是例外。不公开审判的刑事案件有四种：①涉及国家秘密的案件。②涉及个人隐私的案件。③未成年人犯罪案件。其中，已满 14 岁不满 16 岁的未成年人犯罪的案件一律不公开审理。已满 16 岁不满 18 岁的未成年人犯罪案件，一般也不公开审理。共同犯罪案件，如果主犯是未成年人的，就不公开审理。如果主犯是成年人的，对前一种未成年人采用单独不公开审理，对后一种未成年人可以与成年人一起公开审。④涉及商业秘密的案件，当事人申请不公开审理的，可以不公开审理。

不公开审理的案件，应当当庭宣布不公开审理的理由。判决结果应当公开。

2. 直接、言词及集中审理原则

（1）直接、言词审理原则。实际上为两项原则，即直接审理原则和言词审理原则。但这两项原则实行时具有的共同先决条件均是有关诉讼主体必须在场。因此，两项原则有着紧密的内在联系，故将其视为一项原则看待。

这一原则的基本含义是：法官必须在法庭上亲自听取被告人、证人及其他诉讼参与人的陈述，案件事实和证据必须以口头方式向法庭提出，调查须以控辩双方口头辩论、质证的方式进行。该原则实际包含三层内容：一是直接审理原则，即在场原则；二是直接采证原则，即法官在审理案件过程中对证据的调查认定必须亲自直接进行；三是言词审理原则。这项原则的法律意义在于体现诉讼的民主性和公正性；有助于查明案件事实，准确及时地实现审判任务；有利于保护被告人的合法权益。

（2）集中审理原则。是指刑事案件的审判，原则上应是持续不断地进行，亦即审理程序应尽可能一气呵成，即行判决。这一原则包括两层含义：①整个审判阶段以庭审为中心，所有的事实、证据和法律适用都应在庭审时一并提出、辨明，审判结论也应在庭审中形成；②审判不间断，即对一个案件的审判应该一次性连续完成，即使对需要进行二日以上审理的复杂、疑难案件也应当每日连续审理至审理完毕为止，其间除法定节假日外，不应有日期间隔。在此期间，庭审法官不得审理其他案件，如果庭审因故不能继续审理，审理则由一直在场的候补法官中另换法官重新进行审判。其意义在于：①可以避免审判拖延，使案件及早审结，提高刑事诉讼的效率；②可以防止来自庭外的不正当干扰，保证法官从开庭连续审理中获得对案件清晰、完整的印象，防止同其他案件混淆，以保证实现公正的裁决。

3. 辩论原则

辩论原则是指在法庭审理过程中，控辩双方应当以公开的、口头的、对立性的方式进行充分的辩驳。未经充分的辩驳，不得进行裁判。

辩论原则包含以下内容：一是辩论的内容，包括案件事实的认定、证据的确认及法律的适用；二是辩论阶段，包括庭审中的专门辩论阶段、法庭调查阶段中对某一证据、事实和情节的辩论、分散辩论；三是辩论的方式，应当是口头的，包括控辩双方各自先奋力阐明己方观点和理由，反驳对方观点和理由，再交叉辩论，使双方观点、看法和意见发生实质上的交锋。

三、审判制度

审判制度，在这里是指专门适用于审判阶段的特有制度，在我国主要是指两审终审制、合议制、人民陪审制等。

1. 两审终审制

两审终审制，是指一个案件经过两级人民法院审判即告终结的制度。对于第二审人民法院作出的终审判决、裁定，立即发生法律效力，刑事被告人等不得再提起上诉，人民检察院不得按上诉审程序提起抗诉。

在我国，两审终审制存在着例外情况和特殊情况。

（1）例外情况：两审终审制的唯一例外是最高人民法院审理的一审案件

为一审终审，不再有可能进入第二审程序。因为最高人民法院是我国的最高审判机关，经它审判的一切案件，宣判后均立即生效，不存在上诉或按上诉审程序抗诉的问题。因此，两审终审制只适用于地方各级人民法院审判第一审案件。

（2）特殊情况：一是第二审程序的开启必须要有合法的上诉权或抗诉权的行使。如果上诉权或抗诉权被自愿放弃，则第二审程序不被启动，此时案件则经过一审终审。二是我国在两审终审之外，设立了死刑复核程序。它是在贯彻两审终审制的前提下为确保死刑案件的质量而设立的特殊程序。

2. 合议制

合议制，是指人民法院审理案件时的一种审判组织制度，包括合议庭的组成形式、合议的原则等。根据我国《刑事诉讼法》及《人民法院组织法》的有关规定，合议制是最普遍、最常见的基本审判组织制度形式，而独任制和审判委员会制只是特殊形式而已。

合议制的基本含义就是案件审判由审判人员组成合议庭进行，是一种集体审判案件的制度。采用合议制审判案件意在集思广益，避免个人独断专行和主观片面性，从而保证人民法院客观公正地裁断案件。

在我国，合议庭可由审判员组成，也可由审判员、人民陪审员组成。合议庭的组成人员数应当是单数。合议庭评议原则是每个合议庭成员都有平等的发言权和表决权；如果意见发生分歧时，应当按照少数服从多数的原则作出决定；判决书必须由合议庭全体成员署名。

3. 人民陪审制

人民陪审制，是指在我国公民中选举产生人民陪审员参加合议庭，审判案件的一种审判制度。陪审制对我国来讲是一种舶来品，并非我国原创。从当前西方国家的陪审制来看，大致分为两类，即陪审团制和参审制。我国采用的是参审制。参审制的特点在于陪审员个人参加到以法官为主导的审判组织中进行审判活动，陪审员与法官地位平等并享有平等的评议权和表决权，共同参与对案件事实的认定和法律适用问题的审判。

第三节　刑事审判组织

一、独任庭

独任庭，是指由审判员一人独任审判案件的审判组织。基层人民法院按照速裁程序、简易程序审理的轻微刑事案件，一般是由独任庭主持审理的。

二、合议庭

合议庭，是指由审判人员数人按照合议原则组成集体审判案件的审判组织。合议庭是人民法院审判案件的基本组织形式。除法律规定可以独任审判的案件外，其他案件均应由合议庭审判。根据审级或程序的不同，我国合议庭的组成人数分别为三人、五人或七人，即必须是单数。根据《刑事诉讼法》第183条的规定，各级人民法院合议庭的人数与构成是：①基层人民法院、中级人民法院审判第一审案件，应当由审判员三人或者由审判员和人民陪审员共三人或者七人组成合议庭进行；②高级人民法院审判第一审案件，应当由审判员三人至七人或者由审判员和人民陪审员共三人或者七人组成合议庭进行；③最高人民法院审判第一审案件，应当由审判员三人至七人组成合议庭进行；④人民法院审判上诉和抗诉案件，由审判员三人或者五人组成合议庭进行；⑤合议庭的成员人数应当是单数。

合议庭设审判长一人，但人民陪审员不能担任案件的审判长。审判长由院长或者庭长指定一人担任。院长或者庭长参加合议庭时，由院长或者庭长担任审判长。审判长负责主持、组织和指挥合议庭进行审判活动。

参加合议庭的人民陪审员与审判员享有同等审判权利。合议庭评议时，每个合议庭成员享有平等的发言权和表决权。意见发生分歧时，按照少数服从多数的原则作出决定，但少数人的意见应当记入笔录。评议笔录必须由合议庭全体成员签名，判决书必须由合议庭全体成员署名。

三、审判委员会

审判委员会，是指人民法院内部设立的对审判工作实行集体领导的组织形式。

根据《人民法院组织法》的有关规定，我国各级人民法院设立审判委员会，审判委员会由法院院长、庭长和资深审判员组成，所有组成成员被称为审判委员会委员。各级人民法院的审判委员会委员均由各级人民法院院长提请本级人民代表大会常务委员会任免。审判委员会的任务是总结审判经验，讨论重大、疑难案件，讨论其他有关审判工作的问题。

审判委员会讨论决定案件时，采用会议的方式进行。会议由院长主持，院长因故不能主持时，可以委托副院长主持。审判委员会的工作原则是民主集中制，当有意见分歧时，应按照少数服从多数的原则作出决定。审判委员会各委员权利平等，在表决案件时具有同等表决权。本级人民检察院检察长可以列席审判委员会会议，对讨论事项可发表意见，但不参加表决。审判委员会讨论案件的情况和决定，应当记入笔录，并由参加讨论的审判委员会各成员签名。合议庭有不同意见的，可建议院长提交审判委员会复议。审判委员会各成员在判决书或裁定书上不署名，仍应由审理该案的合议庭成员署名。

第四节 刑事判决、裁定和决定

一、刑事判决

1. 刑事判决的概念

刑事判决，在刑事诉讼中是指人民法院对案件中罪与非罪、科刑与否等实体问题所作的处理结论。

判决是人民法院代表国家行使审判权的具体结果，是国家意志在具体案件中的体现，具有一定的稳定性，非依法定程序不能改变。因此，判决只能在调查案件事实后的终结阶段作出。判决一经作出，既标志着实体问题的解决，也标志着程序审理的结束。刑事判决根据其法律适用的结果可以分为有罪判决和无罪判决。有罪判决是人民法院通过对案件的审理，根据已经查明的事实、证据和有关的法律规定，确认被告人行为构成犯罪时所作出的判决。有罪判决又可分为科刑判决和免刑判决。科刑判决是确认被告人有罪，决定给予适当刑事处罚的判决。免刑判决是认定被告人行为构成了犯罪，但因犯罪情节轻微不需要判处刑罚或者有其他法定免刑情节而免除对被告人刑事处罚的判决。无罪判决是人民法院经过审判，对被告人的行为不应当被视为有罪时所作的认定和处理。

判决书是判决的法定表现形式，是刑事诉讼中最重要的法律文书，执行判决一律以判决书为依据。

2. 刑事判决书的构成

(1) 开头部分。包括：①人民法院名称、判决书类别、案号；②公诉机关的名称，公诉人的姓名、职务，如果是自诉案件，则应写明自诉人的情况；③被告人姓名、性别、年龄、民族、职业、籍贯、住址、是否在押；④辩护人、代理人的姓名、职业；⑤案件由来、开庭日期、审判形式、是否公开审理等。

(2) 事实部分。应先写明控方指控的基本内容，被告人、辩护人对指控的看法、态度，然后写明人民法院认定的事实。作有罪判决的，人民法院认定的事实应当详细写明犯罪的时间、地点、动机、目的、手段、行为过程、结果等有关情况；被告人犯数罪的，要写清各罪的犯罪事实和情节，共同犯罪案件中要写明各个被告人参与的犯罪情节，明确主从关系。叙述事实应以法庭审理中查证属实的证据为根据，层次要清楚，主次要分明。如果事实内容涉及国家机密的，应当注意防止泄密；涉及当事人隐私的，不能叙述有关隐私的具体情况和被害人的姓名。无罪判决的事实部分，可以和理由部分合并起来写。

（3）理由部分。有罪判决应当写明认定被告人犯有指控罪行的证据，叙明具体运用证据的理由，确定犯罪性质和罪名的法律依据，判处刑罚或者免除刑罚以及从重、加重、从轻、减轻处罚的理由和根据，这些理由和根据应当包括对辩护意见否定或者肯定的理由和根据。判决无罪的，应当写明判决无罪的具体理由或者有关的证据。

（4）判决结果部分。即判决的主文，是判决书的实质内容，是人民法院对案件所作的结论。

认定被告人有罪的部分应当写明被告人犯了何罪，给予的刑事处罚，赃款、赃物的处理；数罪并罚的，应写明对各罪所判的刑罚和决定执行的刑罚；被告人被羁押的日期如何折抵刑期，刑期的起止日期；有附带民事诉讼的，还应写明附带民事诉讼部分的处理。无罪判决则应写明对被告人宣告无罪的决定。如果有被扣押、封存的物品、文件等，还应写明如何处理。

（5）结尾部分。应写明对本判决不服可以上诉及上诉的法院和上诉期限；合议庭或独任审判员、书记员署名；判决书制作日期等。

二、刑事裁定

刑事裁定，是指人民法院在案件审理过程中或审理结束后对所涉及的程序问题或部分实体问题所作的处理决定。

根据《刑事诉讼法》的有关规定，裁定解决的部分实体问题包括人民法院依法减刑、假释、撤销缓刑、减免罚金等。裁定解决的程序问题包括是否恢复诉讼期限、中止审理、维持原判、撤销原判发回重审、驳回自诉或公诉、核准死刑等。

与判决不同的是，判决只解决实体问题，而裁定既可解决部分实体问题也可解决程序问题。判决必须采用书面形式，而裁定既可采用书面形式也可采用口头形式，法律允许裁定以口头宣告后记入笔录，无须专门写成裁定书。在一个案件中，只能有一个判决，而裁定可以有若干个。不服第一审刑事判决的上诉或抗诉期限为十日，而不服第一审裁定的上诉或抗诉期限为五日。

裁定的书面形式是裁定书。裁定书的制作格式、要求与判决书基本相同，只是内容较简单。它也是重要的司法文书，在制作时内容和形式都必须符合法律的要求。

三、刑事决定

刑事决定，在这里仅指人民法院在案件审理过程中依法对有关程序问题所作的一种处理决定。实际上，公安机关、检察机关在其他诉讼阶段也会有决定作出。

根据《刑事诉讼法》的规定，人民法院作出的有关审判程序的决定主要有：①关于回避的决定；②适用各种强制措施或变更强制措施的决定；③开庭审判的决定；④在庭审过程中，解决当事人和辩护人、诉讼代理人申请通知新的证人到庭，调取新的物证，申请重新鉴定或者勘验等的决定；⑤延期审理、中止审理的决定；⑥提起审判监督程序的决定等。

对于决定不能提起上诉或抗诉。一般情况下，决定一经作出即刻发生效力；某些决定法律允许当事人或有关机关申请复议、复核。

决定也可采用口头形式或书面形式。采用书面形式应制作决定书，写明处理结论及理由。口头形式的决定应当记入笔录，它与书面形式的决定具有同等法律效力。

第五节　对违反法庭秩序的惩戒

法庭是司法裁判的场所，是宣示法律的庄严圣地。因此，各国对于扰乱法庭审判秩序、蔑视法庭的行为，都会给予惩戒。我国《刑事诉讼法》第199条规定了对妨害法庭秩序行为的程序性制裁措施。该条虽然放在公诉案件第一审程序中，但实际是通用于各种审判程序中的，因此放在本章论述，以便于各个审判程序共同遵循。

我国违反法庭秩序的惩戒措施有：

（1）警告。在法庭审判过程中，如果诉讼参与人或者旁听人员违反法庭秩序，审判长应当警告制止。

（2）强行带出法庭。对违反法庭秩序而又不听制止的，可以由法警将其强行带出法庭，以免继续扰乱法庭秩序。

（3）罚款或者拘留。违反法庭秩序情节严重的，处以1 000元以下的罚款，或者15日以下的拘留。罚款、拘留必须经院长批准。被处罚人对罚款、拘留的决定不服的，可以向上一级人民法院申请复议。复议期间不停止执行。

（4）追究刑事责任。对聚众哄闹、冲击法庭或者侮辱、诽谤、威胁、殴打司法工作人员或者诉讼参与人，严重扰乱法庭秩序，构成犯罪的，依法追究刑事责任。

第十六章　第一审程序

第一节　第一审程序概述

一、第一审程序的概念和种类

1. 第一审程序的概念

第一审程序，是指人民法院根据级别管辖的规定对人民检察院提起公诉、自诉人提起自诉的案件进行初次审判时所必须遵循的步骤、方式和方法。审判第一审案件的人民法院称为一审人民法院。

2. 第一审程序的种类

第一审程序按照所审理的案件，可分为公诉案件的第一审程序和自诉案件的第一审程序。按照审判程序的完整性，可分为第一审普通程序和第一审简易程序。

二、第一审程序的意义

（1）第一审程序是将侦查、起诉的活动和控辩双方的意见纳入诉讼轨道的枢纽。在西方有审判中心主义之说，其含义之一就是强调第一审审判位于审前程序和判决执行程序的核心，是全部刑事诉讼程序的中心环节。

（2）第一审程序是法院审判活动的基础性程序。第一审程序是法院整个审判程序的起点。我国审判程序包括第一审程序、第二审程序、审判监督程序，另有死刑复核程序。刑事案件的审理只有启动了第一审程序审理并作出了裁判后，才有可能进入其他审判程序。因此，它是所有案件审理的必经程序，是审判程序体系中的起始点，在全部审判程序中也居于中心的地位。

（3）第一审程序是全面体现诉讼民主性和科学性的关键程序。从程序设计看，第一审普通程序最为完整、全面，能够全面体现刑事诉讼的各项原则和制度，比如公开审判、辩论、辩护、陪审等。

第二节　公诉案件的第一审普通程序

公诉案件的第一审普通程序是指人民法院对人民检察院提起公诉的案件依法进行初次审理时所普遍适用和遵守的程序。它是第一审程序中各项规定最全面的程序。

一、对公诉案件的审查

1. 对公诉案件审查的概念

对公诉案件审查，是指人民法院对人民检察院提起公诉的案件依法进行庭前审查，并决定是否开庭审判的一项诉讼活动。我国《刑事诉讼法》第 186 条规定："人民法院对提起公诉的案件进行审查后，对于起诉书中有明确的指控犯罪事实的，应当决定开庭审判。"这表明对公诉案件的审查是公诉案件进入第一审程序的必经环节。

2. 对公诉案件审查的内容

根据《刑事诉讼法》第 186 条的规定，人民法院的公诉审查重点是看起诉书中是否有明确的指控犯罪事实。有明确的指控犯罪事实则决定受理，没有则不予以受理。所谓"明确的指控犯罪事实"，一般应当包括有具体的罪名、明确的被告人、具体的案件事实与情节、一定的指控证据等。

3. 公诉案件审查后的处理

根据最高人民法院《解释》第 117 条的规定，人民法院对公诉案件审查后，应根据案件的具体情况作如下处理：

（1）退回人民检察院。对于不属于本院管辖或者被告人不在案的，应当决定退回人民检察院。

（2）不予受理。人民法院裁定准许人民检察院撤诉的案件，没有新的事实、证据，人民检察院重新起诉的，人民法院不予受理。

（3）终止审理或不予受理。对于符合《刑事诉讼法》第 16 条第 2 项至第 6 项规定的情形的，应当裁定终止审理或不予受理。

（4）依法受理。对于有明确的指控犯罪事实的案件，以及因证据不足而宣告被告人无罪，人民检察院依据新的事实、证据材料重新起诉的，人民法院应当依法受理。

对于犯罪事实清楚，证据确实、充分，确实无法查明其身份的，也可以按其自报的姓名起诉，人民法院应当依法受理、审判。

二、开庭审判前的准备

（1）确定合议庭组成人员或独任庭审判员。

（2）将起诉书副本送达当事人。人民法院应将人民检察院的起诉书副本至迟在开庭十日以前送达被告人及其辩护人。按照《刑事诉讼法》的要求，不仅要送达被告人，还要送达辩护人。

（3）召开审前会议。在开庭以前，审判人员可以召集公诉人、当事人和辩护人、诉讼代理人，对回避、出庭证人名单、非法证据排除等与审判相关的问题，了解情况，听取意见。

（4）进行权利告知或帮助。对未委托辩护人的被告人，告知其可委托辩护人，或者为符合条件者指定承担法律援助义务的律师为其提供辩护。

（5）通知和公告开庭。人民法院确定开庭日期后，应当将开庭的时间、地点通知人民检察院，传唤当事人，通知辩护人、诉讼代理人、证人、鉴定人和翻译人员。传票和通知书最迟在开庭三日以前送达。

公开审判的案件，应当在开庭三日以前先期公布案由、被告人姓名、开庭时间和地点。

人民法院在开庭审判前所作的上述各项准备工作，均是依法进行的诉讼活动，具有法律效力。根据法律相关规定，应将其制作笔录，并由审判人员和书记员签名。

三、法庭审判

法庭审判是指人民法院的审判组织（合议庭或独任庭）通过开庭的方式，在公诉人、当事人、其他诉讼参与人的参加下，调查核实证据、查清案件事实，充分听取控辩双方对证据、案件事实和法律适用的意见，依法确定被告人的行为是否构成犯罪，应否承担刑事责任以及给予何种刑罚处罚的诉讼活动。根据《刑事诉讼法》的规定，法庭审判程序包括五个阶段：开庭、法庭调查、法庭辩论、被告人最后陈述、评议和宣判。法庭审判的步骤和程序如下：

1. 开庭

开庭是正式进行法庭审判的起始标志。

（1）开庭前，书记员应依次进行下列工作：首先查明公诉人、当事人、证人及其他诉讼参与人是否已经到庭；然后宣读法庭规则；请公诉人、辩护人入庭；请审判长、审判员（人民陪审员）入庭，审判人员入庭时，请全体人员起立；审判人员、全体人员就座后，书记员当庭向审判长报告开庭前的准备工作已经就绪。

(2) 审判长宣布开庭。审判长宣布开庭后，应当宣布案由，并传唤被告人到庭，问明被告人姓名、年龄、民族、籍贯、出生地、文化程度、住址、职业，被告人受过何种法律处分及处分的种类、时间；是否被采取强制措施及种类、时间；是否收到起诉书副本及收到的日期；如果有附带民事诉讼，还应查明附带民事诉讼被告人收到民事诉状的日期。上述情况也可以由书记员在开庭前查明，开庭后向审判长报告。

(3) 审判长宣布是否公开审理。即审判长宣布案件的来源、起诉的理由、附带民事诉讼原告人和被告人的姓名及是否公开审理。对不公开审理的案件，应当当庭宣布不公开审理的理由。

(4) 审判长宣布合议庭组成人员、书记员、公诉人、辩护人、鉴定人和翻译人员名单。

(5) 审判长告知诉讼权利。审判长应当告知当事人及其法定代理人、辩护人、诉讼代理人在法庭审理过程中依法享有下列诉讼权利：①可以申请合议庭组成人员、书记员、公诉人、鉴定人和翻译人员回避；②可以提出证据、申请通知新的证人到庭、调取新的证据、重新鉴定或者勘验、检查；③被告人可以自行辩护；④被告人可以在法庭辩论结束后作最后陈述。

(6) 审判长询问是否回避。审判长分别询问当事人及其法定代理人、辩护人、诉讼代理人是否申请回避，何人申请回避以及申请回避的理由。如果有申请回避的，合议庭认为符合法定情形的，应当依照有关回避的规定处理；认为不符合法定情形的，应当当庭驳回。继续法庭审理。如果申请回避人当庭申请复议，合议庭应当宣布休庭，待作出复议决定后，确定是否继续法庭审理。同意或驳回回避申请的决定及复议决定，由审判长宣布并说明理由，必要时，也可由院长到庭宣布。

对共同犯罪案件，应将各被告人同时传唤到庭，向其宣布上述事项，以避免重复，节省开庭时间。

2. 法庭调查

法庭调查是指在审判人员的主持下和公诉人、当事人和其他诉讼参与人的参加下，当庭对案件事实和证据进行调查、核实的诉讼环节。法庭调查的范围是人民检察院起诉书所指控的被告人的犯罪事实和证明被告人有罪、无罪、罪重、罪轻的各种证据。依照《刑事诉讼法》的相关规定和最高人民法院的司法解释，法庭调查包括以下具体步骤和程序：

(1) 公诉人宣读起诉书。审判长宣布法庭调查开始后，先由公诉人宣读起诉书；有附带民事诉讼的，再由附带民事诉讼的原告人或者其诉讼代理人宣读附带民事诉状。如果一案有两名以上被告人，宣读起诉书时可以同时在场，但宣读起诉书后，审问被告人一般应当分别进行，以免互相影响，不利于法庭调查。

（2）被告人、被害人分别陈述指控的犯罪事实。公诉人宣读起诉书后，在审判长主持下，被告人、被害人可以就起诉书指控的犯罪事实分别进行陈述。一般先由被告人陈述，再由被害人陈述。如果被告人承认起诉书指控的犯罪事实，则应当让其把实施犯罪行为的经过、情节详细地陈述清楚；如果被告人否认起诉书指控的罪行，应当允许他对控诉的事实和证据进行充分的辩解和反驳。被告人陈述后，被害人可以根据起诉书对犯罪的指控陈述自己受害经过。审判人员对被告人、被害人就起诉书指控的犯罪事实分别所作的陈述，都应当认真地听取，以便于合议庭了解当事人对指控的基本意见。

（3）讯问被告人。①公诉人讯问被告人。在审判长主持下，公诉人可以就起诉书中所指控的犯罪事实首先讯问被告人。通过讯问被告人，将案件的事实与情节依次问清、查明。这是法庭调查中的关键环节，讯问的内容应紧紧围绕起诉书对被告人的有罪指控进行，目的是通过讯问让审判人员当庭听清楚被告人的供述和辩解，以便于查明案件事实真相。②被害人、附带民事诉讼的原告人和辩护人、诉讼代理人，经审判长许可，可以向被告人发问。③审判人员讯问被告人。审判人员可以讯问被告人，但一般是补充性讯问，这表明我国的审判人员在法庭上既不是消极的仲裁者，当然也非积极的控诉者。法官主持和指挥法庭的调查活动，又肩负查清案件事实的职责。

（4）向被害人发问。在法庭调查中，控辩双方经审判长准许，均可以向被害人、附带民事诉讼原告人发问；审判人员认为有必要时，也可以向被害人及附带民事诉讼原告人发问，以求进一步弄清案件事实。

（5）核实证人证言和鉴定意见。①控辩双方对证人证言、鉴定意见有异议，人民法院认为证人、鉴定人有必要出庭作证的，证人、鉴定人应当出庭作证。该规定对警察出庭同样适用。②证人作证，审判人员应当告知他要如实地提供证言和有意作伪证或者隐匿罪证要负的法律责任。公诉人、当事人和辩护人、诉讼代理人经审判长许可，可以对证人、鉴定人发问。审判长认为发问的内容与案件无关的时候，应当制止。审判人员可以询问证人、鉴定人。③对未到庭的证人的证言笔录、鉴定人的鉴定意见、勘验笔录和其他作为证据的文书，应当当庭宣读。审判人员应当听取公诉人、当事人和辩护人、诉讼代理人的意见。④控辩双方可以申请法庭通知有专门知识的人出庭，就鉴定人作出的鉴定意见提出意见。有专门知识的人出庭，适用鉴定人的有关规定。

（6）出示、核查物证、书证。公诉人、辩护人应当向法庭出示物证，让当事人辨认。

（7）围绕诉讼主张进行举证、质证。除了对单个证据审查核实外，控辩双方还需要结合本方的诉讼主张向法庭进行举证，并接受对方的质证与反驳。顺序是：①控方向法庭举证；②被告人、辩护人、法定代理人就控诉方提出的证据当庭进行质证、辨认和辩论；③辩方向法庭举证；④控辩双方依次当庭进行质证和反驳。

（8）调取新证据。《刑事诉讼法》第197条规定："法庭审理过程中，当事人和辩护人、诉讼代理人有权申请通知新的证人到庭，调取新的物证，申请重新鉴定或者勘验。"当事人和辩护人等申请通知新的证人到庭，调取新的证据，申请重新鉴定或者勘验的，应当提供证人的姓名、证据的存放地点，说明所要证明的案件事实，要求重新鉴定或者勘验、检查的理由。法庭根据具体情况，应当作出是否同意的决定。同意当事人申请的，应当宣布暂时休庭延期审理；不同意的，应当告知理由并继续开庭。

（9）法庭调查核实证据。法庭审理过程中，合议庭对证据有疑问的，可以宣布休庭，对证据进行调查核实。人民法院调查核实证据，可以进行勘验、检查、扣押、鉴定和查询、冻结。必要时，可以通知检察人员、辩护人到场。合议庭收集到的证据材料也应在法庭上经过控辩双方的质证、辩论后，才能作为定案的依据。

经过法庭调查后，合议庭认为案情已经查清，证据已经核实，公诉人、当事人和辩护人也没有再提出需要补充调查的事实和证据，即由审判长宣布法庭调查结束，进入法庭辩论阶段。

3. *法庭辩论*

《刑事诉讼法》第198条规定："法庭审理过程中，对与定罪、量刑有关的事实、证据都应当进行调查、辩论。经审判长许可，公诉人、当事人和辩护人、诉讼代理人可以对证据和案件情况发表意见并且可以互相辩论。"此规定表明，法庭辩论既可在法庭调查阶段分散进行，也可在法庭辩论阶段集中进行。

法庭辩论在审判长主持下，按照下列顺序进行：公诉人发言；被害人及其诉讼代理人发言；被告人自行辩护；辩护人辩护；控辩双方进行辩论。其中控辩双方可以反复互相辩论。对附带民事诉讼部分的辩论应在对刑事诉讼部分的辩论结束以后进行。

公诉人的发言，称为公诉词。公诉词是公诉人在总结法庭调查的事实、证据的基础上，依据法律揭露犯罪，阐明检察机关对被告人追究刑事责任的意见，并在法庭辩论阶段集中发表的演词。其作用是支持公诉、宣传法制、教育民众。

辩护人的发言，称为辩护词。辩护词也应以法庭调查的情况为基础，从保护被告人的合法权益出发提出辩护的论点。辩护人一般可以从以下几个方面进行辩护：一是辩护被告人的行为不构成犯罪或罪行较轻；二是控方提出的证明被告人犯罪的证据不确实、不充分；三是辩方阐明其具有从轻、减轻或免除刑事责任的理由。辩护人的发言，论点要明确、具体，论据要充分、可靠。

法庭辩论的目的，是通过控辩双方正反两方面意见的阐述、辩论，全面查清案件事实，正确运用法律，协助审判人员对案件作出公正的判决。因此，控辩双方都应当坚持“以事实为根据，以法律为准绳”的原则，依法论罪，以理服人，不能强词夺理，更不能进行人身攻击。遵守法庭纪律，以保障诉讼参与人的合法权益不受侵犯，保证辩论活动有秩序的进行。审判长对于控辩双方与案件无关、重复的意见或者互相指责的发言应当制止。

在法庭辩论中，合议庭对双方的辩论发言都应认真听取。审判长应当善于抓住双方辩论的焦点，把辩论引向深入。如果发现新的事实、情节和证据需要进一步核实查清，审判长应当暂停辩论，恢复法庭调查，待查清后再继续辩论。如果恢复法庭调查尚不能查清，审判长应宣告延期审理。

审判长认为经过反复辩论案情已经查明，罪责已经分清，或控辩双方的意见已经充分发表，应及时宣告法庭辩论终结。

4. 被告人最后陈述

审判长在宣布辩论终结后，被告人有最后陈述的权利。这是被告人享有的一项法定诉讼权利，同时也是法庭审理中的一个独立环节和步骤。

审判长首先应当告知被告人享有此项权利，同时应充分保障其行使这项权利。审判长应当让被告人作最后的充分的陈述。被告人最后陈述只要不超出本案范围，就不应限制其发言的时间，或随意打断其发言。但是如果陈述的内容重复或与本案无关，或涉及国家秘密、个人隐私，以及借陈述发表反动言论等，审判长应当制止。

被告人在最后陈述中如果提出新的犯罪事实或新的证据，在一般情况下，应当恢复法庭调查。如果案情复杂，恢复法庭调查仍不能查清事实，还可以宣告延期审理。如果被告人提出新的辩解理由，合议庭认为确有必要的可以恢复法庭辩论。

附带民事诉讼部分可以在法庭辩论结束后当庭调解。调解不能达成协议的，可以同刑事部分一并判决。

5. 评议和宣判

在被告人最后陈述完毕后，审判长即宣布休庭，法庭进入合议庭评议、宣判阶段。

（1）合议庭评议。合议庭评议是根据法庭审理查明的事实、证据，依照刑事法律的规定，并充分考虑控辩双方的意见，评议确定被告人有罪或者无罪、应否追究刑事责任；犯何种罪、应否处以刑罚、判处何种刑罚；有无从重或者从轻、减轻以至免除刑罚的情节；附带民事诉讼如何解决，赃款、赃物如何处理等。

合议庭评议案件一律秘密进行。进行评议时，合议庭组成人员享有同等的权利。合议庭进行评议的时候实行少数服从多数的原则，但是少数人的意见应当记入笔录。评议笔录由合议庭的组成人员签名。一般情况下，合议庭经过开庭审理并评议后，应当作出判决。但对于疑难、重大、复杂的案件，合议庭成员意见分歧较大的，由合议庭提请院长决定提交审委会讨论决定；审判委员会的决定，合议庭应当执行。

（2）作出裁判。①起诉指控的事实清楚，证据确实、充分，依据法律认定被告人的罪名成立的，应当作出有罪判决。若指控的罪名与人民法院审理认定的罪名不一致的，也应当作出有罪判决。只是需注意，人民法院改变指控罪名必须经过法定程序，即必须征求控辩双方意见；在必要时，应恢复法庭辩论。否则，就混淆了审判职能与控诉职能，并且有剥夺被告人辩护权之嫌。②案件事实清楚，证据确实、充分，依据法律认定被告人无罪的，应当判决宣告被告人无罪。③证据不足，不能认定被告人有罪的，应当以证据不足，指控的犯罪不能成立，判决宣告被告人无罪。④对于案件中部分事实不清，证据不足的，依法不予认定。⑤被告人属于《刑事诉讼法》第 16 条规定情形之一的，应当判决宣告被告人不负刑事责任，作出无罪判决或者裁定终止审理。

（3）宣告判决。《刑事诉讼法》第 202 条第 1 款规定："宣告判决，一律公开进行"，即不管案件是否公开审理，都应当将判决公之于众。宣告判决，有当庭宣判和定期宣判两种形式。①当庭宣判是指在合议庭经过开庭审理、评议并作出决定后，由审判长当庭宣判判决结果。当庭宣告判决的，应当在五日以内将判决书送达当事人和提起公诉的人民检察院。②定期宣判是指合议庭经休庭评议并作出决定后，或者因案情疑难、复杂、重大，由合议庭提请院长决定提交审委会讨论决定，而另行确定日期宣告判决的活动。定期宣告判决的，应当在宣告后立即将判决书送达当事人和提起公诉的人民检察院。

判决书应当同时送达辩护人、诉讼代理人。

地方各级人民法院和专门人民法院在宣告第一审判决时，应当告知被告人，并告知上诉的期限和上诉的法院。被告人如果不服，有权在上诉期限内提出上诉。

四、认罪认罚案件的审理

1. 权利告知和自愿性审查

被告人认罪认罚的，审判长应当告知被告人享有的诉讼权利，如申请回避权、辩护权、获得律师帮助权等，还要告知认罪认罚从宽的法律规定。

法庭要审查被告人认罪认罚的自愿性，认罪认罚具结书内容的真实性、合法性。如是否自愿认罪认罚，是否了解认罪认罚的法律后果，具结书上是否为本人签名，律师有无提供指导和帮助等。

2. 对指控罪名和量刑建议的采纳

《刑事诉讼法》第201条规定："对于认罪认罚案件，人民法院依法作出判决时，一般应当采纳人民检察院指控的罪名和量刑建议。"也就是说，对于认罪认罚案件，人民法院一般应当采纳检察院指控的罪名和量刑建议，这是对检察机关和当事人之间有关认罪认罚从宽协议的尊重和认可，是认罪认罚从宽原则得以实现的程序保证。若没有法院的认可，检察机关对当事人从宽的承诺就无异于欺骗，因为无法实现定罪量刑上的从宽约定，当事人在许多时候未必愿意认罪和如实供述罪行。从这个意义上讲，诉辩协商以及法院对检察机关指控罪名和量刑建议的认可，开启了我国刑事诉讼文明、公正、高效的新时代。

3. 法院不采纳指控罪名和量刑建议的例外情形

有下列情形时，即使被告人当庭表示认罪认罚，法院也不能采纳检察机关指控的罪名和量刑建议：

（1）被告人的行为不构成犯罪或者不应当追究其刑事责任的。这种情况下，如果法院按照有罪予以认定，就将造成冤错案件，不仅损害当事人合法权益，也损害了法律的权威性和司法的公正性。因此，对于被告人行为的定性，辩护人在法庭上是可以依法做无罪辩护的。只要被告人不否认其行为的事实，律师作这种无罪辩护，即使不被采纳，也不应当影响对被告人给予认罪认罚从宽的处理。

（2）被告人违背意愿认罪认罚的。认罪认罚必须是自愿的，若经法庭审理，发现被告人的认罪认罚是不自愿的，或者被告人在法庭上明确表示不认罪认罚的，则法院就不能采纳公诉指控的罪名和量刑建议，可以依据事实和法律作出判决，不考虑认罪认罚从轻的因素。

（3）被告人否认指控的犯罪事实的。被告人对指控犯罪事实的否认，也是一种无罪抗辩，对此，法庭必须慎重审查，以准确认定被告人是否有罪。对于依然认定为实施了犯罪行为的被告人，不适用认罪认罚从宽的规定。

（4）起诉指控的罪名与审理认定的罪名不一致的。公诉机关和法院在被告人所触犯的罪名认定上不一致的，法院有权根据自己对法律的理解和把握，独立作出定罪量刑判决，不需采纳指控罪名和量刑建议。但是，按照法院确定的罪名判决时，仍然要对被告人给予认罪认罚从宽的把握。

（5）其他可能影响公正审判的情形。

4. 量刑建议不当的处理

人民法院经审理认为量刑建议明显不当，或者被告人、辩护人对量刑建议提出异议的，人民检察院可以调整量刑建议。

人民检察院不调整量刑建议或者调整量刑建议后仍然明显不当的，人民法院应当依法作出判决。

五、法庭审理期限

《刑事诉讼法》第208条第1款的规定："人民法院审理公诉案件，应当在受理后二个月以内宣判，至迟不得超过三个月。对于可能判处死刑的案件或者附带民事诉讼的案件，以及有本法第158条规定情形之一的，经上一级人民法院批准，可以延长三个月；因特殊情况还需要延长的，报请最高人民法院批准。"

六、延期审理和中止审理

1. 延期审理

延期审理，是指案件因故不能按原定开庭时间审理，或者在法庭审理过程中，遇有足以影响审判继续进行的情况，合议庭决定延期审理，待影响审理进行的原因消失后，再行开庭审理。

根据《刑事诉讼法》第204条和最高人民法院司法解释的有关规定，延期审理主要适用于以下几种法定情形：

（1）需要通知新的证人到庭，调取新的物证，重新鉴定或者勘验的。

（2）检察人员发现提起公诉的案件需要进行补充侦查，提出建议的。

（3）由于申请回避而不能进行审判的。

（4）辩护人依照有关规定当庭拒绝继续为被告人进行辩护，或者被告人当庭拒绝辩护人为其辩护，而被告人要求另行委托辩护或者要求人民法院另行指定辩护律师，合议庭同意的。

（5）其他情形：被告人因患病而神志不清或体力不能承受审判的；人民检察院变更了起诉范围，指控被告人有新的罪行，被告人、辩护人为准备答辩，申请延期审理的；合议庭成员、书记员、公诉人、辩护人在审理过程中由于身体原因，审理无法继续进行等。

人民检察院要求延期审理补充侦查的案件，应当在一个月以内补充侦查完毕。

延期审理原则上不能无限期拖延而应有一个确定的时间，因为延期审理的时间原则上要计入审理期限。延期审理的开庭日期和地点能当庭确定的，应当当庭通知公诉人、当事人和其他诉讼参与人；不能当庭确定的，应当在确定后另行通知。

延期审理后再行开庭审判时，仍应按照法庭审判的顺序进行，但对于以前庭审已经查清的事实和证据，可以不逐一核查。

2. 中止审理

中止审理，是指因发生某种特定情况影响了案件的正常审理活动，因此，人民法院决定停止诉讼活动，中止诉讼程序，待该项原因消失后，再行恢复审理。

《刑事诉讼法》第206条规定："在审判过程中，有下列情形之一，致使案件在较长时间内无法继续审理的，可以中止审理：（一）被告人患有严重疾病，无法出庭的；（二）被告人脱逃的；（三）自诉人患有严重疾病，无法出庭，未委托诉讼代理人出庭的；（四）由于不能抗拒的原因。中止审理的原因消失后，应当恢复审理。中止审理的期间不计入审理期限。"

3. 延期审理和中止审理的异同

相同点：刑事诉讼的延期审理和中止审理都是因遇到法定事由，由人民法院决定暂停审理的一种诉讼制度。

不同点：①原因不同。延期审理的原因是因故不能按照原定时间开庭审理，或者在开庭后因故不能继续审理而决定顺延审判日期的一种诉讼处理；中止审理的原因主要是与案件有直接利害关系的当事人不能到庭，尤其是被告人不能到庭受审，因而使案件不能继续审理。②结果不同。延期审理的结果只是中断审理的具体时间，不是诉讼活动的停止，因此延期的时间要计入审判期限；中止审理的结果是中止诉讼程序，诉讼活动停止，因此中止审理的期间不计入审判期限。

第三节　自诉案件的第一审程序

自诉案件的第一审程序，是指第一审人民法院在自诉人、被告人及其他诉讼参与人的参加下，依法处理自诉案件的方式、方法和步骤。与公诉案件的第一审程序相比较，自诉案件的第一审程序有以下几个特点：一是参加诉讼的国家机关一般来讲只有人民法院，而公安机关和人民检察院不介入；二是没有专门的侦查程序；三是当事人对诉讼程序的开始和终止具有一定的决定作用，即没有自诉人提起自诉，自诉案件的诉讼程序就不会启动，自诉人撤诉或自诉人与被告人达成和解协议，案件的诉讼程序即可终止。

一、自诉案件的审查和受理

1. 自诉案件的审查

自诉案件的审查，是指人民法院收到自诉状或者口头告诉后，应当按照受理条件进行审查。人民法院对自诉案件开庭前的审查既是诉讼程序性的审查，又是实体上的审查。经过审查，认为符合受理条件的，应当作出立案决定，并书面通知自诉人或者代为告诉人。人民法院审查后按下列情形分别处理：

（1）犯罪事实清楚，有足够证据的案件，应当开庭审判。

（2）缺乏罪证的自诉案件，如果自诉人提不出补充证据，应当说服自诉人撤回自诉，或者裁定驳回。

2. 自诉案件的受理

自诉案件的受理，是指人民法院按照法定受理条件对自诉案件进行审查后，认为符合受理条件的，则作出立案决定并进行审判；不符合受理条件的，则应说服自诉人撤回起诉，或者裁定驳回起诉。受理后，自诉人经两次依法传唤，无正当理由拒不到庭的，或者未经法庭许可中途退庭的，按撤诉处理。

二、自诉案件审判的特点

人民法院对于决定受理的自诉案件，应当开庭审判。审判程序既可适用简易程序，也可参照适用公诉案件第一审普通程序进行。

根据《刑事诉讼法》的规定，自诉案件第一审审判具有以下特点：

（1）可以适用简易程序，由审判员一人独任审判。

（2）人民法院对自诉案件，可以进行调解。但公诉转自诉的案件，不适用调解。

调解应当在自愿合法的基础上，在不损害国家、集体和其他公民利益的前提下进行。调解达成协议的，人民法院应当制作刑事自诉案件调解书。调解书经双方当事人签收后即发生法律效力。调解没有达成协议或者调解书签收前当事人反悔的，人民法院应当进行判决。

（3）自诉人在宣告判决前，可以同被告人自行和解或者撤回自诉。

对于已经审理的自诉案件，当事人自行和解的，应当记录在卷。对于自诉人要求撤诉的，经人民法院审查认为确属自愿的，应当准许；不是出于自愿的，应当不予准许。自诉人经两次依法传唤，无正当理由拒不到庭的，或者未经法庭许可中途退庭的，按撤诉处理。自诉人是两人以上，其中部分人撤诉的，不影响案件的审理。

（4）被告人可以对自诉人提起反诉。反诉是指在自诉案件审理过程中，自诉案件的被告人基于同一个案件事实又作为案件的被害人向受理该自诉案件的人民法院控告自诉人犯有侵犯自己权益的罪行，而要求人民法院依法追究其刑事责任的诉讼。

反诉必须符合下列条件：①反诉的对象必须是本诉的自诉人。②反诉的内容必须是基于本案事实的行为。通常，本诉与反诉控告的行为之间具有因果关系。③反诉的案件必须本身也是自诉案件性质。

反诉以自诉存在为前提，但它是一个独立的诉讼，不是对自诉的答辩。反诉案件的审理适用自诉案件的规定，并应当与自诉案件一并审理。如果原自诉人撤诉，不影响反诉案件的继续审理。

（5）被告人未被羁押的，法院应当在受理后六个月以内宣判。

三、自诉案件的审理期限

（1）被告人被羁押的，人民法院应当在受理后二个月以内宣判，至迟不得超过三个月。

（2）有附带民事诉讼的，经上一级人民法院批准，可以延长三个月。

（3）被告人未被羁押的，法院应当在受理后六个月以内宣判。

（4）法庭审理中，法官对证据有疑问，需要调查核实的，以及改变管辖法院的，重新计算审理期限。

第四节　简易程序

一、简易程序的概念和意义

1. 简易程序的概念

简易程序，是指基层人民法院审理某些事实清楚、情节简单、犯罪轻微的刑事案件所适用的比普通程序相对简化的第一审程序。公诉案件和自诉案件都可能适用简易程序。

2. 简易程序设立的意义

简易程序是1996年《刑事诉讼法》新增设的一个程序。简易程序的增设，既符合我国审判实践的客观需要，也顺应了世界多数国家刑事诉讼制度改革发展的潮流，具有重要意义。

（1）简易程序有利于合理配置审判资源，提高审判效率。对于一些案件事实清楚、证据确实充分、案情简单、犯罪情节轻微的刑事案件，通过简易程序审批，可以有效降低司法成本，节约司法资源。

(2) 简易程序的快捷性，有利于当事人减轻诉累，及时维护合法权益。

(3) 简易程序的设立使刑事审判程序多样化，符合国际潮流。程序多样化意味着刑事审判程序更加科学、合理。

二、简易程序的适用范围

根据《刑事诉讼法》第 214 条的规定，基层人民法院管辖的案件，符合下列条件的，可以适用简易程序审判：①案件事实清楚、证据充分的；②被告人承认自己所犯罪行，对指控的犯罪事实没有异议的；③被告人对适用简易程序没有异议的。上述三个条件同时具备才可适用简易程序。

根据《刑事诉讼法》第 215 条的规定，有下列情形之一的，不适用简易程序：①被告人是盲、聋、哑人，或者是尚未完全丧失辨认或者控制自己行为能力的精神病人的；②有重大社会影响的；③共同犯罪案件中部分被告人不认罪或者对适用简易程序有异议的；④其他不宜适用简易程序审理的。

三、简易程序的审理特点

(1) 基层人民法院适用。中级、高级人民法院等不得适用。

(2) 第一审程序中适用。二审等其他审判程序不适用简易程序。

(3) 实行独任制或者合议制审理。按照《刑事诉讼法》第 216 条的规定，适用简易程序并非都是独任审判，有两种情形：①可选择独任制或合议制审判。对可能判处三年有期徒刑以下刑罚的，可以组成合议庭进行审判，也可以由审判员一人独任审判。独任审判不得由陪审员进行。②合议制审判。对可能判处有期徒刑超过三年的，应当组成合议庭进行审判。

(4) 适用简易程序审理公诉案件，人民检察院应当派员出席法庭。

(5) 确认被告人认罪且同意适用简易程序。《刑事诉讼法》第 217 条规定："适用简易程序审理案件，审判人员应当询问被告人对指控的犯罪事实的意见，告知被告人适用简易程序审理的法律规定，确认被告人是否同意适用简易程序审理。"即确认两点：一是被告人认罪；二是被告人同意适用简易程序。缺一则不能适用。

(6) 在庭审的程序步骤上，适用简易程序审理时，不受公诉案件第一审普通程序中关于送达期限、讯问被告人、询问证人、鉴定人、出示证据、法庭辩论程序规定的限制，可以将法庭调查阶段和法庭辩论阶段简化或合并起来进行，将一些程序环节、步骤从简、从略，从而大大简化审理程序。但在判决宣告前应当听取被告人的最后陈述意见。经审判人员许可，被告人及其辩护人可以同公诉人、自诉人及其诉讼代理人互相辩论。

（7）在宣判形式上，适用简易程序审理，原则上采用当庭宣判形式，不采用定期宣判形式。

（8）适用简易程序审理，人民法院应当在受理后二十日以内审结；对可能判处的有期徒刑超过三年的，可以延长至一个半月。

上述除第（3）（4）项外，都是简易程序不同于普通程序的特点。

四、简易程序的提起

1. 对公诉案件适用简易审判程序的提起

（1）人民检察院建议适用简易程序。对一些轻微的公诉案件，如认为符合适用简易程序条件的，人民检察院在提起公诉的时候，可以建议人民法院适用简易程序。具体做法是：人民检察院先制作《适用简易程序建议书》；在提起公诉时，连同全案卷宗、证据材料、起诉书一并移送人民法院。

人民法院在征得被告人、辩护人同意后决定适用简易程序的，应当制作《适用简易程序决定书》，在开庭前送达人民检察院、被告人及辩护人。人民法院认为依法不应当适用简易程序的，应当书面通知人民检察院。

（2）人民法院决定适用简易程序。对于人民检察院没有建议适用简易程序的公诉案件，而人民法院经审查认为可以适用简易程序审理的，由人民法院决定适用简易程序审理。做法是：首先，人民法院应当征求人民检察院与被告人、辩护人的意见。向人民检察院征求意见时，应当提出书面建议，人民检察院应当在十日内答复是否同意，同意的即移送全案卷宗和证据材料。其次，人民法院决定适用简易程序时，应当制作《适用简易程序决定书》，在开庭前送达人民检察院、被告人及辩护人，案件则可适用简易程序审理。

2. 对自诉案件适用简易审判程序的提起

对自诉案件是否适用简易程序审理，只需由人民法院审查决定。人民法院通过审查案件，发现符合适用简易程序条件的，决定适用简易程序并制作《适用简易程序决定书》。然后，在开庭前将开庭时间、地点分别通知人民检察院、自诉人、被告人、辩护人及其他诉讼参与人。通知可用简便方式但应当记录在卷。

根据《刑事诉讼法》第 221 条的规定，适用简易程序审理的案件，在人民法院审理过程中如发现有不宜适用简易程序的，应当决定中止审理，并按照第一审普通程序重新审理。转为普通程序审理的案件，审理期限从决定转为普通程序之日计算。

第五节　刑事速裁程序

一、刑事速裁程序的概念和立法

刑事速裁程序，顾名思义就是对事实清楚、证据确实充分、被告人认罪认罚的轻微犯罪案件适用的简便快速审判程序。

2014 年 6 月 27 日，全国人民代表大会常务委员会发布《关于授权最高人民法院、最高人民检察院在部分地区开展刑事案件速裁程序试点工作的决定》，授权在全国 18 个大中城市开展刑事速裁程序试点。8 月 26 日，最高人民法院、最高人民检察院会同公安部、司法部制定了《关于在部分地区开展刑事案件速裁程序试点工作的办法》，对刑事速裁程序及其试点工作进一步细化，试点期限为两年。试行期间，与此相配套的一些制度如值班律师制度也应运而生。经过试行，刑事速裁程序取得了较好的法律效果，获得了社会广泛的接受。2018 年《刑事诉讼法》将刑事速裁程序正式确定为一项独特的审判程序。

刑事速裁程序的确立，进一步完善了我国的刑事诉讼审判程序；使刑事案件的办理程序简洁、流程简化、期限短，降低了诉讼成本，提高了诉讼效率和审理质量，缓解了我国司法资源相对短缺与刑事案件不断增多的现实矛盾；更为科学有效地保障了当事人的诉讼权利，免除或者缩短了刑事羁押，减少了不必要的程序风险和焦虑；对于如实供述、真诚认罪悔罪的被告人，提供快速审判、广泛适用轻刑的激励；带动促进值班律师、刑事辩护全覆盖等现代民主文明诉讼制度的建立和广泛推行。

二、刑事速裁程序的适用范围

《刑事诉讼法》第 222 条规定，基层人民法院管辖的可能判处三年有期徒刑以下刑罚的案件，案件事实清楚，证据确实、充分，被告人认罪认罚并同意适用速裁程序的，可以适用速裁程序。根据该条规定，适用速裁程序的案件需要具备如下条件：①基层人民法院管辖的可能判处三年有期徒刑以下刑罚的案件；②案件事实清楚，证据确实、充分；③被告人认罪认罚；④被告人同意适用速裁程序。

与刑事速裁程序试点阶段相比，《刑事诉讼法》对适用速裁案件的范围有所放宽，试点阶段适用速裁程序的案件是：危险驾驶、交通肇事、盗窃、诈骗、抢夺、伤害、寻衅滋事等情节较轻，依法可能判处一年以下有期徒刑、拘役、管制的案件，或者依法单处罚金的案件。

三、不能适用刑事速裁程序的案件

根据《刑事诉讼法》第 223 条的规定，有下列情形之一的，不适用速裁程序：①被告人是盲、聋、哑人的；②被告人是尚未完全丧失辨认或者控制自己行为能力的精神病人的；③被告人是未成年人的；④案件有重大社会影响的；⑤共同犯罪案件中部分被告人对指控的犯罪事实、罪名、量刑建议或者适用速裁程序有异议的；⑥被告人与被害人或者其法定代理人没有就附带民事诉讼赔偿等事项达成调解或者和解协议的；⑦其他不宜适用速裁程序审理的。

人民法院在审理过程中，发现有被告人的行为不构成犯罪或者不应当追究其刑事责任、被告人违背意愿认罪认罚、被告人否认指控的犯罪事实或者其他不宜适用速裁程序审理的情形的，应当按照公诉案件第一审普通程序或者简易程序的规定重新审理。

四、刑事速裁程序内容

（1）人民检察院在提起公诉的时候，可以建议人民法院适用速裁程序。在起诉书中提出量刑建议，起诉书可以简化。

（2）由审判员一人独任审判。

（3）不受刑事诉讼法关于送达期限的限制。

（4）开庭时应当庭询问被告人对指控的犯罪事实、量刑建议及适用速裁程序的意见，不再进行法庭调查、法庭辩论，在判决宣告前应当听取辩护人的意见和被告人的最后陈述意见。

（5）适用速裁程序审理案件，人民法院应当在受理后 10 日以内审结；对可能判处的有期徒刑超过一年的，可以延长至 15 日。

（6）法院对于案件的审理，以集中开庭、集中告知、逐案审理的方式进行。

（7）适用速裁程序审理案件，应当当庭宣判。使用格式裁判文书。

（8）由值班律师在每一个诉讼阶段随时提供免费的法律服务和帮助。

速裁程序简化了程序，但不减权利，兼顾了实体公正与程序公正，从根源上解决了案多人少的问题，凸显了公诉的分流过滤作用，做到了法律效果与社会效果的有机统一。

第十七章　第二审程序

第一节　第二审程序概述

一、第二审程序的概念和特点

第二审程序是指地方各级第一审人民法院的上一级人民法院根据合法的上诉或抗诉，对第一审人民法院作出的判决和裁定尚未生效的案件进行重新审判所适用的审判程序。

二、第二审程序的任务

第二审程序的任务是在对第一审裁判认定的事实和适用法律进行全面审查的基础上，维持正确的第一审裁判，纠正错误的第一审裁判。具体包括如下方面：

（1）对第一审裁判认定事实是否清楚、证据是否确实充分进行审查。

（2）对第一审裁判在适用法律上是否正确进行审查。

（3）对案件作出公正处理。经过审查，发现第一审裁判事实清楚、证据确实充分，实体处理和程序都合法的，就应当维持原裁判；发现第一审裁判事实不清、证据不足，或者实体处理有错误、程序违法的，就依法改判或发回第一审人民法院重审。

三、第二审程序的意义

（1）维持正确的第一审裁判，肯定第一审人民法院的审判工作。第一审裁判作出之后，当事人上诉或人民检察院抗诉，引起第二审程序，但并不意味着第一审裁判就一定是错误的。如果第二审人民法院经过审查查明第一审裁判是正确的，第二审人民法院应当维持第一审裁判，不仅可以肯定第一审人民法院的审判工作，而且可以打消当事人的侥幸心理，促使被告人认罪服判，心悦诚服地接受改造。

（2）纠正错误的第一审裁判。由于刑事案件的复杂性以及同犯罪作斗争的艰巨性，第一审人民法院作出错误裁判的可能性总是存在的。人民法院通过第二审程序发现第一审裁判确有错误时，或者发回第一审人民法院重审，或者依法改判，对错误予以纠正，以满足上诉者或抗诉者的请求，同时维护国家法律的尊严，保障当事人的合法权益不受侵犯。

（3）指导、监督第一审人民法院的审判工作。第二审人民法院通过对上诉、抗诉案件的审判，可以深入细致地了解第一审人民法院的审判工作情况，肯定其成绩，发现其不足，促进第一审人民法院提高审判工作的质量。

四、第二审程序的审判原则

根据我国《刑事诉讼法》的规定，我国第二审程序中，人民法院除了要遵守刑事诉讼法的基本原则和审判阶段的审判原则以外，根据二审阶段的特殊性，还必须遵循全面审查原则和上诉不加刑原则。

1. 全面审查原则

第二审程序中的全面审查原则，是指第二审人民法院应当就第一审裁判认定的事实和适用法律进行全面审查，不受上诉或者抗诉范围的限制。第二审程序中的全面审查原则的具体含义包括以下几个方面：①第二审人民法院既要进行事实审又要进行法律审；②第二审人民法院不受上诉或抗诉范围的限制；③不受上诉主体或抗诉对象的限制；④不受案件性质的限制。

2. 上诉不加刑原则

（1）上诉不加刑原则的含义。上诉不加刑原则是指第二审人民法院审判只有被告人一方提出上诉的案件时，不得通过改判或者发回重审而加重刑罚的裁判原则。

（2）上诉不加刑原则的意义：①有利于保障被告人的上诉权，保障两审终审制的贯彻执行；②有利于促使第一审人民法院加强责任心，不断提高办案质量；③有利于促使人民检察院履行法律监督职能，促使自诉人及其法定代理人积极行使上诉权。

第二节　第二审程序的提起

一、提起二审程序的形式

我国《刑事诉讼法》明确规定，提起第二审程序的形式有上诉和抗诉两种。

上诉是指被告人、自诉人等依法享有上诉权的人不服地方各级人民法院的第一审判决或裁定，在法定期限内依照法定程序提请第一审人民法院的上一级人民法院对案件进行重新审判的一种诉讼活动。

抗诉是指人民检察院认为人民法院的判决、裁定确有错误，依法要求人民法院重新审判案件的诉讼活动。二审抗诉是指地方各级人民检察院认为同级人民法院的第一审未生效判决、裁定确有错误，在法定抗诉期限内依照法定程序提请上一级人民法院重新审判案件的诉讼活动。二审抗诉既是人民检察院起诉权的延伸，又是人民检察院进行审判监督的重要方式。

二、提起第二审程序的对象

提起第二审程序的对象是地方各级人民法院第一审判决、裁定尚未生效的案件。

强调“地方各级人民法院”，意味着经最高人民法院第一审判决、裁定的案件不能成为提起第二审程序的对象，因为最高人民法院作出的所有判决、裁定都是终审的判决和裁定，一经宣告立即发生法律效力。

强调“第一审判决、裁定尚未生效”，意味着地方各级人民法院作出第一审判决、裁定后，上诉或抗诉期限届满以前，判决、裁定尚未生效之时，其案件可以成为提起第二审程序的对象。

三、提起第二审程序的主体

1. 上诉的主体

《刑事诉讼法》第 227 条规定：“被告人、自诉人和他们的法定代理人，不服地方各级人民法院第一审的判决、裁定，有权用书状或者口头向上一级人民法院上诉。附带民事诉讼的当事人和他们的法定代理人，可以对地方各级人民法院第一审的判决、裁定中的附带民事诉讼部分，提出上诉。”可见，上诉的主体包括以下三类：

（1）对刑事判决、裁定享有独立上诉权的主体，是刑事被告人、自诉人和他们的法定代理人。

（2）经刑事被告人授权上诉的主体，是没有独立上诉权的上诉主体。刑事被告人的近亲属和辩护人，经被告人同意后，可以为刑事被告人的利益而提出上诉。

（3）附带民事诉讼的原告、被告及其法定代理人，对地方各级人民法院第一审判决、裁定中的附带民事诉讼部分不服，有权提出上诉。

公诉案件中的被害人及其法定代理人没有上诉权，只有请求抗诉权。

2. 抗诉的主体

第二审程序中抗诉的主体是地方各级人民检察院。抗诉是国家赋予法律监督机关即人民检察院的特定诉讼权力。地方各级人民检察院如果认为同级人民法院的一审裁判确有错误，不管这个裁判对被告人有利还是不利，都应当向上一级人民法院依法提出抗诉。最高人民检察院对其同级人民法院即最高人民法院的裁判，只能按审判监督程序抗诉，不能按二审程序抗诉。

四、提起第二审程序的期限和理由

1. 提起上诉和抗诉的期限

《刑事诉讼法》第230条规定："不服判决的上诉和抗诉的期限为十日，不服裁定的上诉和抗诉的期限为五日，从接到判决书、裁定书的第二日起算。"上诉和抗诉的主体必须在法定的期限内提出上诉和抗诉，才能达到阻止第一审裁判生效并引起第二审程序的目的。

2. 提起上诉和抗诉的理由

根据我国《刑事诉讼法》的规定，上诉主体提出上诉的理由是"不服地方各级人民法院第一审的判决、裁定"，抗诉主体提出抗诉的理由是"认为同级人民法院的第一审未生效判决、裁定确有错误"。

五、提起第二审程序的途径和方式

1. 提起上诉的途径和方式

上诉的方式有两种，书面方式和口头方式。上诉主体通常应当提交上诉状及其副本。上诉状内容应当包括：第一审判决书、裁定书的文号和上诉人收到判决书、裁定书的时间；第一审人民法院的名称；上诉的请求和理由；提出上诉的时间；上诉人签名或者盖章。

上诉的途径有两种：上诉主体通过第一审人民法院提出上诉，或者上诉主体直接向第二审人民法院提出上诉。

2. 提起抗诉的途径和方式

提起抗诉的方式只有一种，即书面方式。人民检察院提出抗诉，应当向人民法院提交抗诉书，抗诉书是抗诉的唯一表现方式。

抗诉的途径只有一种，即人民检察院应当通过第一审人民法院提交抗诉书。第一审人民法院收到抗诉书后，应当将抗诉书连同案卷、证据一并移送上一级人民法院，并将抗诉书副本送达当事人。直接向第一审人民法院提出抗诉，目的在于强化审判监督的效果，促使法院进一步提高审判工作质量。

第三节　第二审程序的审理方式和程序

一、对上诉、抗诉案件的审查

第二审人民法院对第一审人民法院移送上诉、抗诉的案卷，应当审查是否包括下列内容：移送上诉、抗诉案件函；上诉状或者抗诉书；第一审判决书或者裁定书八份（每增加一名被告人增加一份）；全部案卷材料和证据，包括案件审结报告和其他应当移送的材料。

以上材料齐备的，第二审人民法院应当收案；材料不齐备的，应当通知第一审人民法院及时补送。

二、第二审程序的审理方式

对上诉案件或者人民检察院抗诉的案件，第二审人民法院应当组成合议庭，依法审理。第二审人民法院审理第二审案件，有两种审理方式：开庭审理和不开庭审理。

1. 开庭审理

（1）开庭审理的案件范围。根据《刑事诉讼法》第234条第1款的规定，第二审人民法院对于下列案件，应当组成合议庭，开庭审理：①被告人、自诉人及其法定代理人对第一审认定的事实、证据提出异议，可能影响定罪量刑的上诉案件；②被告人被判处死刑的上诉案件；③人民检察院抗诉的案件；④其他应当开庭审理的案件。

（2）开庭审理的地点。第二审人民法院开庭审理上诉、抗诉案件，可以到案件发生地或者第一审人民法院所在地进行。

（3）检察人员出庭与阅卷。人民检察院提出抗诉的案件或者第二审人民法院开庭审理的公诉案件，同级人民检察院都应当派员出席法庭。第二审人民法院应当在决定开庭审理后及时通知人民检察院查阅案卷。人民检察院应当在一个月以内查阅完毕。人民检察院查阅案卷的时间不计入审理期限。

（4）开庭审理程序。第二审人民法院开庭审理上诉或抗诉案件，除参照第一审程序的规定外，还应当依照下列规定进行。在法庭调查阶段，审判长或审判员宣读第一审判决书、裁定书后，由上诉人陈述上诉理由或者由人民检察院检察人员宣读抗诉书。对于既有上诉又有抗诉的案件，先由检察人员宣读抗诉书，再由上诉人陈述上诉理由。法庭调查的重点要针对上诉或抗诉的理由，全面查清事实，核实证据。在法庭调查阶段，如果检察人员或者辩护人申请出示、宣读、播放第一审审理期间已经移交给人民法院的证据的，法庭应当指令值庭法警出示、播放有关证据；需要宣读的证据，由法警交由申请人宣读。在法庭辩论阶段，上诉案件，应当先由上诉人、辩护人发言，再由检察人员发言；抗诉案件，应当先由检察人员发言，再由被告人、辩护人发言；既有上诉又有抗诉的案件，应当先由检察人员发言，再由上诉人、辩护人发言，并进行辩论。

在第二审程序中，被告人除自行辩护外，还可以委托辩护人辩护。共同犯罪案件，只有部分被告人提出上诉或者人民检察院只就第一审人民法院对部分被告人的判决提出抗诉的，其他同案被告人也可以委托辩护人辩护；没有提出上诉的和人民检察院没有对其判决提出抗诉的第一审被告人，应当参加法庭调查，并可以参加法庭辩论。

2. 不开庭审理

第二审人民法院决定不开庭审理的案件，应当组成合议庭。不开庭审理的要求：

（1）合议庭必须阅卷。合议庭要充分了解第一审判决所依据的证据材料，明了第一审案件事实的认定和法律适用情况，做到胸有成竹。

（2）应当讯问被告人，听取其他当事人、辩护人、诉讼代理人的意见。以便准确判断案情，防止案卷材料掩盖事实真相的弊端。

三、第二审程序对案件的处理

1. 案件处理形式

（1）第一审判决或裁定认定事实正确，证据确实充分，适用法律定罪量刑适当，程序合法的，应当裁定驳回上诉或抗诉，维持原判决或裁定。

（2）第一审判决或裁定认定事实不清、证据不足的，可以查清事实后改判，也可以撤销原判决或裁定，发回第一审人民法院重新审判。但是，依照此种情形发回重审的案件，原审人民法院作出判决后，被告人提出上诉或者人民检察院提出抗诉的，第二审人民法院应当依法作出判决或者裁定，不得再发回原审人民法院重新审判。这样限制，目的在于防范过多地发回重审，浪费司法资源。

（3）第一审判决认定事实没有错误，但适用实体法有错误的，应当撤销原判决，进行改判。第二审人民法院对于刑事和附带民事诉讼部分都有上诉或抗诉的案件，如果发现刑事和附带民事诉讼部分均有错误需要改判的，应当一并改判。

（4）第二审人民法院发现了第一审人民法院的审理有下列违反法律规定

的诉讼程序的情形之一的，应当裁定撤销原判，发回第一审人民法院重新审判：①违反审判公开制度的；②违反回避制度的；③剥夺或者限制了当事人的法定诉讼权利，可能影响公正审判的；④审判组织的组成不合法的；⑤其他违反法律规定的诉讼程序，可能影响公正审判的。违反法定程序是发回重审的法定理由，不管程序的违反是否实际导致了判决或裁定的错误。

2. 改判或重审须遵循上诉不加刑原则

《刑事诉讼法》第237条要求：

（1）第二审人民法院审理只有被告人或者他的法定代理人、辩护人、近亲属上诉的案件，不得加重被告人的刑罚。当然，如果同时有人民检察院提出抗诉或者自诉人提出上诉的，就不受该限制，可以加刑也可以减刑。

（2）第二审人民法院发回原审人民法院重新审判的案件，除有新的犯罪事实、人民检察院补充起诉的以外，原审人民法院也不得加重被告人的刑罚。

3. 发回重审须另行组成合议庭

第一审人民法院对第二审人民法院发回重审的案件，应当另行组成合议庭，依照第一审程序进行重新审判。其所作出的判决或裁定是第一审判决或裁定，可以对其依法提出上诉或二审抗诉。

4. 二审裁判的效力

第二审人民法院的判决、裁定是终审的判决、裁定，一经宣告，立即发生法律效力，不得对其提出上诉或者二审抗诉。

四、第二审程序审理期限

第二审人民法院受理上诉、抗诉案件，应当在二个月以内审结。

对于可能判处死刑的案件，附带民事诉讼的案件，交通十分不便的边远地区发生的重大复杂案件，重大的犯罪集团案件，流窜作案的重大复杂案件，犯罪涉及面广且取证困难的重大复杂案件等，经省、自治区、直辖市高级人民法院批准或者决定，可以延长二个月。

因特殊情况还需要延长的，报请最高人民法院批准。

最高人民法院受理上诉、抗诉案件的审理期限，由最高人民法院决定。

五、自诉案件、附带民事诉讼案件的第二审特别事项

1. 自诉案件的二审调解与反诉

在自诉案件的第二审程序中，除了公诉转自诉的案件外，可以进行调解，当事人也可以自行和解。

（1）调解结案的，应当制作调解书；调解书送达后，第一审判决、裁定

被视为自动撤销。

（2）当事人自行和解的，由人民法院裁定准许撤回自诉，并撤销第一审判决或者裁定。

（3）第二审人民法院对于调解结案或者当事人和解的自诉案件，被告人被采取强制措施的，应当立即予以解除。

（4）在第二审程序中，自诉案件的被告人提出反诉的，第二审人民法院应当告知其另行起诉。

2. 在附带民事诉讼案件的第二审调解与反诉

在附带民事诉讼案件的第二审程序中，第一审民事原告人增加新的诉讼请求或者第一审民事被告人提出反诉的，第二审人民法院可以根据当事人自愿的原则就新增加的诉讼请求或者反诉进行调解，调解不成的，告知当事人另行起诉。

第十八章 死刑复核程序

第一节 死刑复核程序概述

一、死刑复核程序的概念与特征

死刑复核程序是法院对依法需要核准的死刑案件予以审查核准的一种特殊审判程序。它包括对判处死刑立即执行案件的复核程序和对判处死刑缓期二年执行案件的复核程序。

二、死刑复核程序的任务和意义

死刑复核程序作为一种独立的审判程序，无疑具有自己的特定任务。总体看，该程序的任务是：依法享有死刑复核权或者核准权的人民法院对报请复核的死刑案件，在认定事实和适用法律上是否正确进行全面审查，然后作出是否同意判处死刑或者是否核准死刑的决定。详言之，该任务包括两方面：其一，对案件内容进行全面审查。其二，依据事实和法律，作出是否同意判处死刑或者是否核准死刑的决定并制作相应的司法文书，以肯定正确的死刑裁判及阻止错误的死刑裁判生效。

长期以来的司法实践表明，死刑复核程序对于死刑的恰当适用具有十分重要的意义。具体表现在：

（1）死刑复核程序有利于保障死刑案件的审判质量。鉴于办案人员个体认识水平的差异，死刑案件尽管经过了侦查、审查起诉、一审程序、二审程序等诉讼环节，仍然可能因为办案人员认识的原因发生错误裁判的可能。同时，案件事实的某些客观情况本身存在一个逐渐暴露的过程。在死刑复核前的诉讼阶段，由于客观条件不具备，这些情况没有被办案人员所认识。从诉讼原理看，最高法院客观上不具有最好的外在条件对案件事实把关。但是，从司法历史看，我国最高人民法院的确对死刑案件的事实认定质量起到了极为重要的把关作用。可见，立法上设置死刑复核程序，能够防止错判死刑，防止错杀无辜。

(2) 死刑复核程序有利于统一适用死刑的尺度。司法人员对案件事实的认识是属于对事物的定性认识而非对事物的定量认识。在定性认识范畴中，仅仅凭借人们认识的主观把握很难保证这种认识的精确性。显然，死刑裁判的主体越多，个体认识差异所带来的适用死刑的尺度的差异就越大。差异越大，死刑适用的公正性就会越突出。死刑复核程序的设置将死刑缓期二年执行的案件的复核主体数减小到30余个，将死刑立即执行的复核主体减小到一个。这就最大限度地统一了我国适用死刑的尺度。

(3) 死刑复核程序有利于控制适用死刑的数量。死刑作为一种剥夺生命的刑罚，虽然能够消除已然的犯罪主体，但是，对于未然的犯罪主体起到了不好的示范作用。死刑数量增多就意味着一个公民只要涉嫌犯下法定的死刑之罪，就极可能被判处死刑。这就告诉那些已经触犯死罪的公民，从犯罪一开始就只能同国家对抗到底，结果死刑适用越多，预防和惩罚严重犯罪的难度越大。鉴于此，我国一直坚持少杀、慎杀政策，可杀可不杀的坚决不杀。死刑复核程序的设置将判处死刑立即执行的权力集中在最高人民法院，有利于最高人民法院在整体上控制我国死刑适用的数量。

第二节　死刑立即执行案件的复核程序

一、死刑立即执行案件的核准权

死刑立即执行案件的核准权依法由最高人民法院行使。

我国自20世纪80年代初起，为实施严打政策，死刑复核权逐步大规模下放：1980年2月12日，全国人大常委会决定由最高人民法院将部分死刑案件授权给高级法院进行复核。1983年，全国人大常委会修订了《人民法院组织法》并特别规定："杀人、抢劫、强奸、爆炸以及其他严重危害公共安全和社会治安的判处死刑案件的核准权，最高人民法院在必要的时候，得授权省、自治区、直辖市的高级人民法院行使。"1983年9月，最高人民法院以通知的形式将除反革命案件和贪污等严重经济犯罪案件（包括受贿案件、走私案件、投机倒把案件、贩毒案件、盗运珍贵文物出口案件）外的其他案件的死刑核准权下放给高级人民法院。1991年6月，最高人民法院以同样形式将毒品犯罪的核准权授权由云南省高级人民法院行使。1993年和1996年，最高人民法院又将毒品犯罪的核准权分别授予广东省、广西壮族自治区、四川省、甘肃省高级人民法院。1997年9月，即使1996年和1997年《刑事诉讼法》与《刑法》的修改再次明确规定了死刑复核权由最高人民法院统一行使，最高人民法院仍然以通知的形式维持原来对死刑复核权的下放。

2006年10月31日十届全国人大常委会第二十四次会议表决通过了《关于修改人民法院组织法的决定》，将《人民法院组织法》第13条修改为："死刑除依法由最高人民法院判决的以外，应当报请最高人民法院核准。"据此，最高人民法院于2006年12月28日公布了最高人民法院关于死刑的《决定》，该《决定》明确废止了以前最高人民法院所发布的授权行使死刑案件核准权的各种规定，同时明确，死刑除依法由最高人民法院判决的以外，各高级人民法院和解放军军事法院依法判处和裁定的，应当报请最高人民法院核准。至此，死刑立即执行案件的核准权真正由最高人民法院行使，而死刑缓期二年执行案件则可以由各高级人民法院判决或者核准。

二、死刑立即执行案件的报请复核

(1) 中级人民法院判处死刑的第一审案件，被告人不上诉、人民检察院不抗诉的，在上诉、抗诉期满后三日内报请高级人民法院复核。高级人民法院同意判处死刑的，应当依法作出裁定，报请最高人民法院核准；不同意判处死刑的，应当提审或者发回重新审判。高级人民法院提审的案件应当按照第二审程序进行审理，所作出的裁判是终审裁判。如果改判为死刑缓期二年执行的，高级人民法院无须再对该案进行复核；如果直接改判死刑的，需报请最高人民法院核准。

(2) 中级人民法院判处死刑的第一审案件，被告人提出上诉或者人民检察院提出抗诉，高级人民法院终审裁定维持死刑判决的，报请最高人民法院核准；高级人民法院不同意判处死刑的，可以直接改判或者发回重新审判。

(3) 高级人民法院判处死刑的第一审案件，被告人不上诉、人民检察院不抗诉的，在上诉、抗诉期满后三日内报请最高人民法院核准。高级人民法院改判为死刑的第二审案件，应当报请最高人民法院核准。判处死刑缓期二年执行的罪犯，在死刑缓期执行期间，如果故意犯罪，查证属实，应当执行死刑的，由高级人民法院报请最高人民法院核准。

(4) 被告人所犯数罪中，或者共同犯罪案件部分被告人的罪行有被判处死刑立即执行的，必须将全案报请最高人民法院核准。

三、判处死刑立即执行案件的复核与核准

1. 复核

(1) 复核组织。按照《刑事诉讼法》第249条的规定，最高人民法院复

核死刑案件，应当由审判员三人组成合议庭进行。

（2）提审被告人。

（3）听取辩护人的意见。《刑事诉讼法》第251条明确规定：“最高人民法院复核死刑案件，应当讯问被告人，辩护律师提出要求的，应当听取辩护律师的意见。”辩护人提出书面意见的，应当附卷。办案人员应该与被告人委托的律师及时联系，通知他们及时提供有利于被告人的新证据、新意见。对于检察机关在复核阶段提出处理意见的，可以征求辩护人的意见。

（4）听取检察机关的意见。《刑事诉讼法》第251条第二款规定：“在复核死刑案件过程中，最高人民检察院可以向最高人民法院提出意见。最高人民法院应当将死刑复核结果通报最高人民检察院。”

（5）审查核实案卷材料（简称为“阅卷”）。

（6）制作复核审理报告。

2. 核准与不核准

《刑事诉讼法》第250条规定：“最高人民法院复核死刑案件，应当作出核准或者不核准死刑的裁定。对于不核准死刑的，最高人民法院可以发回重新审判或者予以改判。”可见，最高人民法院在复核死刑案件后，只能作出核准或者不核准死刑的裁定。对于不核准死刑的，最高人民法院可以发回重新审判或者予以改判。

第三节　死刑缓期二年执行案件的复核程序

一、死刑缓期二年执行案件的核准权

《刑事诉讼法》第248条规定：“中级人民法院判处死刑缓期二年执行的案件，由高级人民法院核准。”第249条规定：“高级人民法院核准死刑缓期二年执行的案件，应当由审判员三人组成合议庭进行。”

二、死刑缓期二年执行案件的报请和复核

1. 报请复核

判处死刑缓期二年执行案件的报请和复核要求及所送的材料内容与报请复核死刑立即执行案件相同。但需特别注意，高级人民法院核准死缓案件时，必须提审被告人。

2. 复核

复核组织同样是由三名审判员组成合议庭进行。复核方式也是调查讯问

式，即阅卷、调查和讯问被告人。根据最高人民法院司法解释的规定，高级人民法院核准死刑缓期二年执行案件，应该提审被告人。复核的内容与死刑立即执行案件的复核相同。

3. 复核结果

（1）中级人民法院判处死刑缓期二年执行的第一审案件，被告人不上诉、人民检察院不抗诉的，在上诉、抗诉期满后，报请高级人民法院核准。

高级人民法院对于报请核准的死刑缓期二年执行的案件，经审查后，按照下列情形分别处理：①同意判处死刑缓期二年执行的，作出予以核准的裁定；②如果认为原判事实不清，证据不足，应当裁定发回原中级人民法院重新审判的案件，重新审判所作出的判决、裁定，被告人可以上诉，人民检察院可以抗诉；③认为原判过重，不同意判处死刑缓期二年执行的，应当依法改判。高级人民法院核准判处死刑缓期二年执行案件，只能作出核准或者不核准的决定，不能加重被告人的刑罚。

（2）中级人民法院判处死刑缓期二年执行的第一审案件，被告人上诉或者人民检察院抗诉的，由高级人民法院进行二审。高级人民法院审理后，按照不同情形分别处理：①同意判处死刑缓期二年执行的，作出维持原判的裁定。此裁定立即生效，无须再经过核准程序；②原判认定的事实不清或者证据不足的，用裁定撤销原判，发回原审人民法院重新审判；③原判决认定事实正确，但适用法律有错误或者量刑不当，不需要判处死刑缓期二年执行的，应当用判决直接改判。

（3）高级人民法院第一审判处死刑缓期二年执行的案件，被告人不上诉、人民检察院不抗诉的，在上诉、抗诉期满后判决即发生法律效力。

第十九章　审判监督程序

第一节　审判监督程序概述

一、审判监督程序的概念

审判监督程序，是指人民法院、人民检察院对于已经发生法律效力的刑事判决和裁定，发现在认定事实和适用法律上确有错误，依法提出对案件重新审判的诉讼程序。也有人称依审判监督程序审理的案件为“再审案件”，将审判监督程序称为生效裁判的“再审程序”。这里所谓的“再审”，可以理解为对已经发生法律效力的裁判进行的再次审理。审判监督程序是一种补救性的特殊程序，是专为纠正已经发生法律效力的错误判决、裁定而设置的，不是每案必经的，只在纠正错误的生效刑事裁判的情况下才适用。

二、审判监督程序的任务

审判监督程序的任务是：纠正确有错误的生效刑事判决、裁定，确保刑事判决和裁定的正确性，维护公平正义；准确有效地惩罚犯罪分子，使无罪的人得以平反昭雪，做到实事求是，不枉不纵。

三、审判监督程序的意义

人民法院依法作出的判决、裁定，一旦发生法律效力，就具有约束力和一定的稳定性。非经法定程序，任何机关、团体、单位和个人都无权变更或者撤销。但对于错误的判决、裁定，如果不及时地予以纠正，就可能冤枉无辜，也可能放纵犯罪分子。因此，设立审判监督程序对保护公民的合法权益，准确打击犯罪，维护社会的稳定，都具有重要意义。体现在：

（1）体现“有错必纠”原则，恢复个案的公正。对于少数案件发生误判，一经发现就要实事求是地予以纠正，这是对错误裁判的最好补救办法，是“实事求是，有错必纠”方针在刑事诉讼程序中的体现。在刑事诉讼中，无论案件被判刑人是否有利，只要在实体上、程序上确有错误，都应及时加以纠正。这样，不仅可以使无罪者得以平反，而且使判处畸轻的罪犯受到应得的惩罚。

（2）保证司法体系内部监督的落实和国家法律适用的统一。审判监督程序是上级司法机关监督下级司法机关的重要形式。我国上下级人民法院之间不是领导和被领导关系，而是审判监督关系。上级人民法院通过审判监督程序提审改判或指令下级人民法院再审，纠正下级人民法院已生效的判决和裁定。人民检察院是具有法律监督职能的机关，人民检察院的监督活动贯穿于刑事诉讼的全过程。上级人民法院和上级人民检察院的监督，有利于改进审判工作，提高办案质量，确保国家法律在全国范围的统一正确实施。

（3）发挥公民和社会团体对司法机关的监督作用，增强司法机关的可信性和权威性。审判监督程序也是群众监督审判工作的重要渠道。依据我国《刑事诉讼法》，对于已发生法律效力的判决和裁定，当事人及其法定代理人、近亲属等都可以提出申诉，这是提起审判监督程序的基本材料来源，它有助于司法机关及时发现和纠正错误的判决裁定，体现执法为民的宗旨，增强司法机关在全社会的可信性和权威性，促进依法治国方针的实现。

第二节　提起审判监督程序的理由和根据

一、提起审判监督程序的理由

1. 判决、裁定在认定事实上确有错误

（1）发现新的事实或证据，足以证明原判决、裁定认定的事实确有错误。

（2）原判决、裁定认定的案件主要事实不清。如犯罪行为人不能确定是谁或者有张冠李戴嫌疑，一罪或是数罪不清，一人或是数人犯罪不明，案件性质模糊、主从犯未区分等。

（3）影响定罪量刑的重要情节不清。如对行为人的年龄或精神状况没有查明，是否具备犯罪的特殊主体身份不清楚，有无前科、教唆未查证等。

（4）案内主要证据不确实或不充分。也就是说，据以定罪量刑的证据有重大瑕疵甚至是虚假的，或者是无法印证的孤证，不足以证明主要犯罪事实或重大情节。

（5）证明案件事实的主要证据之间存在矛盾。如被害人的陈述与目击证人的证言有重要矛盾没有排除，物证与其他证据不符等。

2. 判决、裁定在适用法律上确有错误

适用法律的错误，包括适用实体法上的错误和适用程序法上的错误两个方面。

适用实体法上的错误主要有：适用《刑法》条文不当，对案件定性错误导致罪与非罪、此罪与彼罪相混淆，对犯罪行为和形态认识错误引起罪数的混乱，量刑上出现轻罪重判或者重罪轻判的错误等。适用实体法的错误往往会直接导致刑事判决、裁定结果的错误，在历来非常强调实体公正的我国，这种错误显然是必须加以纠正的，因此，适用实体法的错误就是提起审判监督程序的一个非常突出的理由。

适用程序法的错误有两种，一种是严重的可能导致不公正审判结果的程序错误，如采纳侦查中刑讯逼供的证据，勘验、检查程序错误，办案人员该回避的没有回避，剥夺或者限制了被告人的辩护权，审判违反公开原则、辩论原则，诉讼文书送达方式错误，法庭审判程序不合法，审判人员在审理案件过程中贪污受贿、徇私枉法等，这些都可能影响判决、裁定的正确性。另一种是一般不会影响裁判结果的程序瑕疵，如开庭日期有拖延，法官的衣冠不整，法庭秩序不太好等。一般来说，对于那些严重违反法律规定的诉讼程序，可能导致不公正审判结果的程序错误，才有可能和必要启动审判监督程序加以纠正。

二、提起审判监督程序的根据

司法机关对已经生效的刑事判决、裁定错误的发现，一般是借助于一定途径获得的材料；反过来，当司法机关提起审判监督程序时，也会将通过什么途径获得的什么材料，作为提起再审的程序根据。所以，进一步疏通这些信息管道，有助于司法机关及时了解和发现刑事审判中存在的问题，并尽快予以纠正，确保刑事审判的质量。从司法实践看，司法机关提起审判监督程序的材料来源和根据，主要有如下几种：

（1）当事人及其法定代理人、近亲属的申诉。

（2）人民法院、人民检察院在办案过程中或检查工作时发现的错误裁判。

（3）各级人民代表大会代表、政协委员提出的纠正错案的议案。

（4）机关、团体、企事业单位、新闻媒介、人民群众等对生效判决、裁定提出的质疑、意见和情况反映等。

三、申诉的理由和法律效力

1. 申诉的概念

这里的申诉是指，当事人及其法定代理人、近亲属对已经发生法律效力的判决、裁定不服，向人民法院或者人民检察院提出重新审查改判的一种诉讼请求。申诉作为提起审判监督程序的材料来源或根据，在司法实践中占有很大比重，是提起审判监督程序的最主要的根据，也是司法机关发现错误裁判的一个重要途径。

申诉不同于上诉。上诉是二审程序中的概念，是引起二审程序的根据。申诉和上诉最主要的区别有四点：①上诉是请求对未生效的判决、裁定进行重新审理，申诉则是针对已经生效的判决、裁定请求人民法院重新审理；②上诉会必然引起二审程序，无论理由正当与否，但申诉并不必然引起审判监督程序，因为申诉者无权提起该程序。申诉仅是司法机关提起审判监督程序的一种根据和材料来源，是否提起审判监督程序，由司法机关对申诉进行审查后才决定；③上诉必然阻止一审判决、裁定发生法律效力；但申诉则不同，《刑事诉讼法》明确规定，申诉的提出不能停止判决、裁定的执行；④上诉有法定期限限制，申诉则没有期限限制。

2. 申诉的理由

根据我国《刑事诉讼法》的规定，提起审判监督程序的先决条件是发生法律效力的判决、裁定确有错误。由于当事人及其法定代理人、近亲属与案件的结果有直接的利害关系，这就决定了他们提出的申诉可能正确，也可能不正确。因此，为了充分保障当事人等的申诉权，使司法机关能够统一理解、掌握和执行“确有错误”的标准，确保合法的申诉能够引起重新审判的结果，《刑事诉讼法》第253条规定，当事人及其法定代理人、近亲属的申诉符合下列情形之一的，人民法院应当重新审判：

（1）有新的证据证明原判决、裁定认定的事实确有错误，可能影响定罪量刑的。

（2）据以定罪量刑的证据不确实、不充分、依法应当予以排除，或者证明案件事实的主要证据之间存在矛盾的。

（3）原判决、裁定适用法律确有错误的。

（4）违反法律规定的诉讼程序，可能影响公正审判的。

（5）审判人员在审理该案件的时候，有贪污受贿、徇私舞弊、枉法裁判行为的。

四、对申诉的受理和审查处理

根据《刑事诉讼法》的规定，当事人及其法定代理人、近亲属的申诉，既可以向人民法院提出，也可以向人民检察院提出。

1. 人民法院对申诉的受理和审查处理

人民法院对刑事案件的申诉人在刑罚执行完毕后两年内提出的申诉，应当受理。超过两年提出申诉，具有下列情形之一的，人民法院也应当受理：①可能对原审被告人宣告无罪的；②原审被告人在本条规定的期限内向人民法院提出申诉，人民法院未受理的；③属于疑难、复杂、重大案件的。不符合这些规定的，人民法院不予受理。

人民法院对申诉的审查处理：①各级人民法院对当事人及其法定代理人、近亲属对本院已经生效的判决、裁定提出的申诉，应当进行登记并认真审查；②受理、审查申诉一般由作出生效判决、裁定的人民法院进行；③人民法院自接到申诉材料后，应当在三个月、最迟不超过六个月的时间内依法进行审查，写出审查报告，提出处理意见，经审定后作出决定：认为符合法定申诉理由的，由院长提请审判委员会讨论决定是否重新审判；对不符合条件的，应当说服申诉人撤回申诉，申诉人坚持的，应当书面通知驳回；④申诉人对驳回申诉不服的，可以向上一级人民法院申诉。上一级人民法院经审查认为申诉不符合《刑事诉讼法》第242条规定的情形之一的，应当予以驳回。

2. 人民检察院对申诉的受理和审查处理

人民检察院对于当事人等针对人民法院生效裁判的错误提出的申诉，首先由控告申诉部门、监所检察部门分别受理，依法进行审查，并将结果通知申诉人。经审查，认为法院生效的判决或裁定确有错误的需要提出抗诉的，由控告申诉部门报请检察长提交检察委员会讨论决定。决定提出抗诉的，由公诉部门出庭支持抗诉。经审查认为申诉不符合法定理由的，予以驳回。

第三节　提起审判监督程序的主体

根据《刑事诉讼法》第254条的规定，有权提起审判监督程序的机关、人员及其权限如下：

（1）各级人民法院院长并审判委员会。各级人民法院院长对本院已经发生法律效力的判决和裁定，如果发现在认定事实上或者在适用法律上确有错误，必须提交本院审判委员会讨论决定提起审判监督程序。

（2）最高人民法院和上级人民法院。最高人民法院对各级人民法院已经发生法律效力的判决和裁定，上级人民法院对下级人民法院已经发生法律效力的判决和裁定，如果发现确有错误，有权提审或指令下级人民法院再审。所谓提审即提高管辖审级，是指原审人民法院的上级法院若认为该案由原审人民法院审判不适宜时直接调取原案卷材料，将该案提调自行审判的一种诉讼活动。

指令下级人民法院再审，一般是指要求原审人民法院对案件给予重新审判。提审和指令再审，是最高人民法院对各级人民法院，上级人民法院对其辖区内的下级人民法院已经生效的错误判决、裁定行使审判监督权，依法提起再审程序的两种重要方式。

（3）最高人民检察院和上级人民检察院。最高人民检察院对各级人民法院已经发生法律效力的判决和裁定，上级人民检察院对下级人民法院已经发生法律效力的判决和裁定，如果发现确有错误，有权按照审判监督程序向同级人民法院提出抗诉。《刑事诉讼法》第 254 条第四款规定："人民检察院抗诉的案件，接受抗诉的人民法院应当组成合议庭重新审理，对于原判决事实不清或者证据不足的，可以指令下级人民法院再审。"这表明，人民检察院按照审判监督程序提出抗诉的效力与申诉权人的申诉不同，能够直接引起审判监督程序。对于人民检察院提出抗诉的案件，人民法院必须再审。并且，还必须由接受抗诉的人民法院组成合议庭重新审理，只有在原判决事实不清或者证据不足的情况下，才可以指令下级人民法院再审。

第四节　按照审判监督程序对案件的再审

一、再审的原则

人民法院对再审案件进行重新审判时，除了要遵循刑事诉讼法的基本原则和一般的审判原则外，还应当坚持两个特殊的原则：

1. 全面审查原则

最高人民法院要求，人民法院按照审判监督程序重新审判案件，应当对原判决、裁定认定的事实、证据和适用法律进行全面审查，不受申诉或者抗诉范围的限制。全面审查的目的在于尽可能发现案件裁判上的错误并彻底解决，以节省诉讼资源，提高诉讼效率，避免今后的再次审判。

2. 有错必纠原则

无论是原裁判认定事实有错误还是适用法律不当，或者是两种错误都同时存在，都必须在认真查清的基础上，按照"有错必纠"的原则，予以客观公正的处理。我国《刑事诉讼法》没有关于再审不加刑的规定，因此，人民法院在再审改判时，既可以减刑也可以加刑，可以按照案件的事实、证据和相关法律的规定，作出正确的判决或裁定。但是，根据最高人民法院《关于刑事再审案件开庭审理程序的具体规定》，除人民检察院抗诉的以外，再审一般不得加重原审被告人（原审上诉人）的刑罚。不具备开庭条件可以不开庭审理的，或者可以不出庭参加诉讼的，不得加重未出庭原审被告人（原审上诉人）、同案原审被告人（同案原审上诉人）的刑罚。这就要求人民法院在再审改判时，既要有错必纠，又要体现合乎程序理念的人文关怀。

二、再审的法院

按照审判监督程序对案件进行重新审判的法院是不特定的，可以是如下任何一级法院：

（1）作出原生效裁判的第一审人民法院。

（2）作出原生效裁判的第二审人民法院。

（3）提审的上级人民法院。任何上级人民法院都可以提审，因而，这里的上级人民法院也是不特定的。

（4）被指令再审的下级人民法院。《刑事诉讼法》第255规定："上级人民法院指令下级人民法院再审的，应当指令原审人民法院以外的下级人民法院审理；由原审人民法院审理更为适宜的，也可以指令原审人民法院审理。"依该条的精神，被指令再审的法院首选应当选择原审法院以外的下级人民法院，只有在特殊情况下，才指令原审人民法院审理。被指令的原审人民法院，可能是原一审法院，也可能是原二审法院。

三、再审所适用的程序

1. 再审法庭审判程序

人民法院决定按照审判监督程序重新审判的案件，除人民检察院提起抗诉的外，应当制作再审决定书。再审期间可以决定中止原判决、裁定的执行。按照审判监督程序对案件重新审判一律组成合议庭。若由原审人民法院重新审理的，应当另行组成合议庭进行，原合议庭的成员不得参加。

审判监督程序本身没有独立的法庭审判程序，其审判程序是根据原审裁判生效的审级以及适用提审还是再审而确定的。

（1）原审生效的裁判若是经第一审程序作出的，那么再审就适用第一审程序。当然，不得适用简易程序，合议庭中不得有人民陪审员参加。对再审所作出的判决、裁定可以上诉、抗诉。

（2）原审生效裁判若是第二审人民法院作出的，那么，再审须适用第二审程序。所作出的判决、裁定是终审的判决、裁定，不得上诉或抗诉。

（3）再审若是上级人民法院提审的，适用第二审程序，所作出的裁判是终审的判决、裁定。

（4）指令再审的审判程序，依据原审生效裁判所适用的程序决定，原来是一审的按照一审程序进行，原来是二审的按照二审程序进行。

2. 再审开庭审理与不开庭审理的情形

根据最高人民法院的规定，人民法院审理再审案件，有一部分要开庭审理，另一部分可以不开庭审理。

（1）开庭审理的案件：①依照第一审程序审理的；②依照第二审程序需要对事实或者证据进行审理的；③人民检察院按照审判监督程序提出抗诉的；④可能对原审被告人（原审上诉人）加重刑罚的；⑤有其他应当开庭审理情形的。人民法院开庭审理的再审案件，同级人民检察院应当派员出席法庭。

（2）下列再审案件可以不开庭审理：①原判决、裁定认定事实清楚，证据确实、充分，但适用法律错误，量刑畸重的；②1979 年《刑事诉讼法》施行以前裁判的；③原审被告人（原审上诉人）、原审自诉人已经死亡或者丧失刑事责任能力的；④原审被告人（原审上诉人）在交通十分不便的边远地区监狱服刑，提押到庭确有困难的；但人民检察院提出抗诉的，人民法院应征得人民检察院的同意；⑤人民法院按照审判监督程序决定再审，按规定经两次通知，人民检察院不派员出庭的。

3. 再审期间的强制措施

人民法院决定再审的案件，需要对被告人采取强制措施的，由人民法院依法决定；人民检察院提出抗诉的再审案件，需要对被告人采取强制措施的，由人民检察院依法决定。

4. 再审的期限

人民法院按照审判监督程序重新审判的案件，应当在作出提审、再审决定之日起三个月以内审结；需要延长期限的，不得超过六个月。接受抗诉的人民法院按照审判监督程序审判抗诉的案件，审理期限适用上述规定；对需要指令下级人民法院再审的，应当自接受抗诉之日起一个月以内作出决定，下级人民法院审理案件的期限适用上述规定。

5. 再审对案件的处理

（1）原判决、裁定认定事实和适用法律正确、量刑适当的，应当裁定驳回申诉或者抗诉。

（2）原判决、裁定认定事实没有错误，但适用法律有错误，或者量刑不当的，应当改判。按照第二审程序审理的案件，认为必须判处被告人死刑立即执行的，直接改判后，应当报请最高人民法院核准。

（3）应当对被告人实行数罪并罚的案件，原判决、裁定没有分别定罪量刑的，应当撤销原判决、裁定，重新定罪量刑，并决定执行的刑罚。

（4）按照第二审程序审理的案件，原判决、裁定认定事实不清或者证据不足的，可以在查清事实后改判，也可以裁定撤销原判，发回原审人民法院重新审判。原判决、裁定认定事实不清，证据不足，经再审仍无法查清，证据不足，不能认定原审被告人有罪的，应当参照有关规定判决宣告被告人无罪。

人民检察院按照审判监督程序提出抗诉的案件，经人民法院审理并作出判决、裁定后，人民检察院认为仍然确有错误的，如果案件是依照第一审程序审判的，同级人民检察院应当向上一级人民法院提出抗诉；如果案件是依照第二审程序审判的，上级人民检察院应当按照审判监督程序向同级人民法院提出抗诉。

四、二审抗诉与再审抗诉的区别

二审抗诉与再审抗诉的区别，主要表现在：

（1）抗诉的对象不同。二审抗诉的对象是地方各级人民法院尚未发生法律效力的一审判决、裁定；而再审抗诉的对象是已经发生法律效力的判决和裁定。

（2）抗诉的权限不同。除最高人民检察院外，任何一级人民检察院都有权对同级人民法院的一审判决、裁定提出二审抗诉；而除了最高人民检察院有权对同级的最高人民法院发生法律效力的判决、裁定提出再审抗诉外，其他各级人民检察院只能对下级人民法院发生法律效力的判决、裁定提出再审抗诉。可见，基层人民检察院只能提出二审抗诉，无权提出再审抗诉；而最高人民检察院只能提出再审抗诉，无权提出二审抗诉。

（3）接受抗诉的审判机关不同。接受二审抗诉的是提出抗诉的人民检察院的上一级人民法院，而接受再审抗诉的是提出抗诉的人民检察院的同级人民法院。

（4）抗诉的期限不同。二审抗诉必须在法定期限内提出，而法律对再审抗诉的提起没有规定期限。

（5）抗诉的效力不同。二审抗诉将阻止第一审判决、裁定发生法律效力，而再审抗诉并不导致原判决、裁定在人民法院按照审判监督程序重新审判期间执行的停止。

概括而言，二审抗诉针对的是同级人民法院的判决、裁定，但最高人民检察院没有二审的抗诉权；再审抗诉是针对下级人民法院作出的判决、裁定，而最高人民检察院可以向最高人民法院提起再审抗诉。

第二十章　执行程序

第一节　执行概述

一、执行的概念和意义

1. 执行的概念

执行，是指人民法院将已经发生法律效力的判决和裁定交付执行机关，以实施其确定的内容以及处理执行中的诉讼问题而进行的各种活动。它主要包括两方面的内容：一是人民法院将已经发生法律效力的判决、裁定交付执行机关执行的活动；二是解决发生在执行过程中的裁判变更等诉讼问题而进行的活动。

判决和裁定发生法律效力后，应当立即交付执行。执行程序是我国刑事诉讼中与立案、侦查、起诉、审判并列的一个独立的诉讼程序，是由一系列执行行为构成的相对完整的刑事诉讼阶段，它具有以下一些特征：

（1）合法性。执行是一种刑事司法活动，直接涉及公民的人身权利、财产权利等权利的限制和剥夺，影响着刑罚目的的实现程度。因此，执行机关在执行过程中必须严格依照《刑事诉讼法》及有关司法解释中规定的操作程序进行，不能按照执行主体的自由意志行事或任意变更，否则就会侵犯公民的人身权利和财产权利。

（2）确定性。执行是将特定判决、裁定付诸实施的活动，其内容具有确定性。由于判决和裁定是人民法院代表国家对案件所作的裁判，具有权威性和排他性，不允许与它相矛盾的其他处理决定与它并存，因此，执行机关必须严格按照生效判决、裁定所确定的内容开展执行活动。

（3）及时性。对于生效的判决、裁定而言，已经发生法律效力，必须立即执行。只有将生效的判决、裁定付诸实行才能体现刑罚的威慑性，才能实现惩罚犯罪和保障人权的刑事诉讼目的。因此，刑事执行应该高效进行，应尽快执行生效的判决、裁定，任何人不得以任何理由拖延执行时间。

（4）强制性。人民法院代表国家行使审判权，它作出的生效裁判具有国家意志的强制性。对于已经生效的判决、裁定，必须按照判决、裁定所确定的内容严格加以执行，不论当事人同意还是不同意，都必须执行；如果当事人抗拒执行，将被依法追究法律责任。《刑法》第313条规定："对人民法院的判决、裁定有能力执行而拒不执行，情节严重的，处三年以下有期徒刑、拘役或者罚金。"执行的强制性由法律的强制性所决定，以国家军队、警察、法庭、监狱等为后盾。

2. 执行的意义

执行是刑事诉讼中立案、侦查、起诉、审判、执行五个主要阶段的最后一个阶段，执行是将判决、裁定中所宣告的刑罚和其他决定付诸实施，直接关系到惩罚犯罪、保障人权的刑事诉讼目的是否能够得以实现。因而，执行在刑事诉讼中具有重要的地位，具有重要的意义。

（1）通过判决、裁定的正确、及时执行，可以惩罚犯罪、预防犯罪。通过刑罚的执行，可以使犯罪分子承担相应的刑事责任，受到应得的法律制裁，这不仅是打击犯罪活动，保护国家和人民的利益，同时也对社会上有犯罪企图的社会不稳定分子起到警戒和震慑作用，使他们消除犯罪意图，达到刑罚的一般预防目的。

（2）通过判决、裁定的正确、及时执行，可以达到保障人权的目的。准确、及时地执行判决、裁定，不仅可以使被判处刑罚的犯罪分子受到应得的法律制裁，而且可以使无罪和被免除刑事处罚的在押被告人恢复自由，对于被害人来说，可以尽快对其由于犯罪行为所遭受的损失予以补救。

（3）通过判决、裁定的正确、及时执行，可以维护国家司法的严肃性和权威性，教育公民遵守法律，增强公民的法制观念，提高公民同违法犯罪行为作斗争的自觉性。

近代以来逐渐形成了以教育改造为主，以惩罚为辅的刑罚目的观。即刑罚的根本目的是教育改造罪犯，使他们不再重新犯罪危害社会，从而减少犯罪，增强社会的安全感和秩序。由此，刑罚执行所具有的教育、改造功能随之受到重视和强化，对刑罚执行的目的、方式、程序的理论研究和改革试验在世界各国都得到了广泛深入的开展，使刑罚执行在刑事诉讼中的地位和作用有了显著的提高。刑罚执行的改革完善概括起来主要有：①实行分押分管，以避免恶习传染和便于因人施教，个别改造；②执行不定期刑或累进处遇制，以鼓励犯人尽快改过自新；③大量使用监外执行的方法，如缓刑、假释等，使之不失去人身自由，保持与社会的联系，便于改造和今后重返社会；④完善犯人的各种权利，使其人格不受侮辱，保持尊严，以便重新做人。

二、执行的依据

《刑事诉讼法》第259条规定："判决和裁定在发生法律效力后执行。"人民法院的发生法律效力的判决和裁定是指以下几种：

（1）已过法定期限没有上诉、抗诉的判决和裁定。即地方各级人民法院作出的上诉期满而没有被上诉或抗诉的第一审判决和裁定。

（2）终审的判决和裁定，包括中级人民法院、高级人民法院第二审的判决和裁定，最高人民法院第一审和第二审案件的判决和裁定。

（3）最高人民法院核准死刑的判决和裁定以及高级人民法院核准的死刑缓期二年执行的判决和裁定。

三、执行的机关

依法享有执行权的机关是执行的主体。生效判决和裁定根据内容的不同，其执行机关也不相同。

（1）根据《刑事诉讼法》第262条、第271条和第272条的规定，死刑、罚金和没收财产的判决和裁定以及无罪或免除刑罚的判决，均由人民法院自己执行。

（2）根据《刑事诉讼法》第264条规定，判处死刑缓期二年执行、无期徒刑、有期徒刑的罪犯，由公安机关送交监狱执行刑罚。对于被判处有期徒刑的罪犯，在被交付执行刑罚前，剩余刑期在三个月以下的，由看守所代为执行。

（3）根据《刑事诉讼法》第265条、第269条的规定，监外执行、缓刑、假释、管制的判决和裁定，由社区矫正机构实行社区矫正。

（4）拘役、剥夺政治权利判决、裁定，由公安机关执行。

在交付有关部门执行时，人民法院应当按照案件的性质和刑罚的不同，把判决或裁定交付法律所规定的有关部门。

第二节　各种判决、裁定的执行程序

一、死刑立即执行判决的执行

死刑是剥夺犯罪分子生命的最严厉的一种刑罚，为了防止错杀无辜，无论判处死刑还是执行死刑，都必须十分慎重。我国《刑事诉讼法》第261条、第262条和第263条在死刑执行程序上作了严格而周密的规定。

1. 签发死刑执行命令

《刑事诉讼法》第 261 条规定："最高人民法院判处和核准的死刑立即执行的判决，应当由最高人民法院院长签发执行死刑的命令。"已经核准生效的死刑立即执行的命令，还应当经高级人民法院院长签发执行死刑的命令后，才能交付执行。执行死刑命令应当按照统一的样式填写，然后由院长签名，并加盖法院印章。任何判处死刑立即执行的判决执行都必须经过最高人民法院或高级人民法院院长签发执行死刑的命令程序，否则，不得执行死刑。

2. 执行死刑的主体

执行死刑的主体是原审人民法院。最高人民法院和高级人民法院的执行死刑的命令，均由高级人民法院交付原审人民法院执行，原审人民法院接到执行死刑命令后，应当在七日内执行。人民法院有条件执行的，应交付司法警察执行；没有条件的，可交由公安机关的武装警察执行。

人民检察院是执行死刑的监督机关。人民法院应当在交付执行死刑三日前，通知同级人民检察院派员临场监督。担负现场监督职责的人民检察院检察人员如果发现有违法情况，应当立即纠正。临场执行死刑时，由人民法院审判人员负责指挥执行。

二、死缓、无期徒刑和有期徒刑裁判的执行

1. 交付执行的机关与执行机关

（1）根据《刑事诉讼法》第 264 条规定，将判处死刑缓期二年执行、无期徒刑、有期徒刑的罪犯交付执行的机关是人民法院。

（2）对被判处死刑缓期二年执行、无期徒刑、有期徒刑的罪犯，由公安机关依法将该罪犯送交监狱执行刑罚。对被判处有期徒刑的罪犯，在被交付执行刑罚前，剩余刑期在三个月以下的，由看守所代为执行。

2. 执行交付

罪犯被交付执行刑罚的时候，应当由交付执行的人民法院将有关的法律文书在判决生效后 10 日以内将有关的法律文书送达公安机关、监狱或者其他执行机关。对于被判处死刑缓期二年执行、无期徒刑和有期徒刑的罪犯，送交执行的人民法院还应当将执行通知书、判决书（经第二审人民法院审理后维持原判的，还应当有裁定书）送达羁押该罪犯的公安机关。公安机关应当自收到上述文件之日起一个月内将该罪犯送交监狱执行刑罚。把罪犯交付执行刑罚时，交付执行的人民法院还应当将人民检察院的起诉书副本、人民法院的判决书、执行通知书、结案登记表同时送运监狱。监狱没有收到上述文件的，不得将罪犯收监。

3. 具体执行

(1) 执行机关收押罪犯，首先应当对罪犯进行身体检查。对于不适合收监执行的，可以暂不收监，但是对于暂不收监执行有社会危害性的，应当收监。收监罪犯应当严格检查其人身和随身携带的物品。

(2) 根据《刑事诉讼法》第 264 条第四款和《中华人民共和国监狱法》(以下简称《监狱法》) 的相关规定，罪犯收监后，刑罚执行机关应当通知罪犯家属。通知书应当自收监之日起五日内发出，告知罪犯所犯罪名、刑期及执行的地址等。

(3) 监狱、看守所等执行机关对于罪犯应当分管分押。按照惩罚和改造相结合、教育和劳动相结合的原则对罪犯进行改造。执行机关应当依法对罪犯进行法制、道德、文化、职业技术等方面的教育；有劳动能力的罪犯必须参加劳动。

(4) 有期徒刑的刑期从判决执行之日起计算，判决前先行羁押的，羁押一日折抵刑期一日。被判处有期徒刑的罪犯服刑期满，刑罚执行机关应当按期将其释放并发给释放证明书。

三、缓刑、假释、管制、监外执行等裁判的执行

(1) 交付执行机关。交付执行的机关是终审人民法院。判决尚未发生法律效力的，不能立即交付执行。

(2) 执行机关统一为司法行政机关所管理的社区矫正机构。《刑事诉讼法》第 269 条规定："对被判处管制、宣告缓刑、假释或者暂予监外执行的罪犯，依法实行社区矫正，由社区矫正机构负责执行。"

四、拘役、剥夺政治权利裁判的执行

对人民法院作出的拘役和剥夺政治权利的裁判，由公安机关执行。

1. 拘役的执行

拘役裁判生效后，由人民法院交由公安机关再交由拘役所执行。具体程序可参照有期徒刑的执行。

2. 剥夺政治权利的执行

《刑事诉讼法》第 270 条规定："对被判处剥夺政治权利的罪犯，由公安机关执行。执行期满，应当由执行机关书面通知本人及其所在单位、居住地基层组织。"

五、罚金、没收财产裁判的执行

1. 罚金的执行

罚金，是指人民法院依法判决犯罪公民或单位向国家交纳一定数额金钱的刑罚方法。《刑事诉讼法》第 271 条规定，罚金判决由人民法院负责执行。罚金可以附加适用。不得以其他刑罚代替罚金。

2. 没收财产的执行

没收财产，是指将犯罪个人所有财产的一部分或者全部依法无偿地收归国有的一种刑罚方法。没收财产可以附加适用。根据《刑事诉讼法》第 272 条规定和最高人民法院的有关规定，没收财产的判决，由第一审人民法院执行；在必要的时候，可以会同公安机关执行。

人民法院可以依法先采取查封、扣押、冻结被告人财产的措施，以防止执行前罪犯或者其他人将财产转移等影响判决执行的情况出现。没收财产的范围，只限于犯罪分子本人所有的部分财产或者全部财产。执行没收财产时，应当严格区分罪犯个人所有的财产与家属所有或应有的财产，不得没收属于犯罪分子家属所有或应有的财产；执行没收财产时，对于查封前犯罪分子所负的正当债务，需要从没收的财产中偿还的，经过债权人的申请，人民法院应当裁定在没收的财产中偿还。对于罪犯通过非法手段获得的他人财产，经原主申请，人民法院查证属实后，应当将原物退还原主。对于需要从没收的财产中执行附带民事诉讼的裁判以赔偿被害人物质损失的，应当从应当没收的财产中予以赔偿，再没收其财产。没收的财产，应当及时上缴国库。

六、无罪裁判和免除刑罚裁判的执行

《刑事诉讼法》第 260 条规定："第一审人民法院判决被告人无罪、免除刑事处罚的，如果被告人在押，在宣判后应当立即释放。"

宣告无罪和免除刑事处罚的判决，由人民法院执行。为了保障无罪公民的人身自由和合法权利及时得到恢复，对于宣告被告人无罪或免除刑罚的判决，即使人民检察院提出抗诉或当事人提出上诉，一审判决尚未生效，也不影响被告人的立即释放。如果第二审人民法院对于被告人改判处以刑罚的，则再按第二审判决收监执行。

第一审人民法院判决被告人无罪或者免除其刑罚后，应当将无罪或免除刑事处罚的判决书连同执行通知书送交看守所，看守所收到上述文书后应当填发《释放证明书》，并立即释放被关押的被告人。同时，人民法院应当协同有关单位做好善后工作。因错误追诉而造成损失的公民，可以依据《中华人民共和国国家赔偿法》（以下简称《赔偿法》）提起赔偿请求。对于免除处罚的被告人，人民法院可以根据案件不同情况予以训诫或责令具结悔过，赔礼道歉、赔偿损失，或是建议有关主管机关给予被告人行政处罚或者行政处分。

第三节　变更执行程序

变更执行程序，是指在刑事判决和裁定交付执行的过程中，执行机关根据执行中出现的法定情形，依照一定的法律程序，对于生效判决和裁定所作的更改，是对原判刑罚内容和执行方法上的变更。

一、死刑立即执行的变更

1. 停止执行死刑

根据《刑事诉讼法》第 262 条的规定和最高人民法院的有关规定，下级人民法院在接到执行死刑命令后，如果发现有下列情形之一的，应当依法停止执行，并立即报告核准死刑的人民法院，由核准死刑的人民法院作出裁定。

（1）在执行前发现判决可能有错误的。“可能有错误”表明死刑判决认定的事实或适用的法律可能不当，影响到判决的正确性。执行机关在执行前发现判决、裁定存在错误，在未经查对核实之前，应当停止执行。这一规定体现了法律对死刑执行的慎重要求。

（2）在执行前罪犯揭发重大犯罪事实或者有其他重大立功表现，可能需要改判的。司法实践表明，不少被判处死刑的罪犯，主观恶性还未达到非杀不可的程度，在执行前能够揭发重大犯罪或有其他重大立功表现。对于这类罪犯，应该给其最后的悔改机会，经过查证属实后，可以依法改判。

（3）罪犯正在怀孕。根据《刑法》规定，对于审判时正在怀孕的罪犯不适用死刑。审判时怀孕的妇女，不仅包括被告人在法院受理案件阶段是怀孕的妇女，也包括在羁押期间人工流产的妇女。执行死刑时发现罪犯正在怀孕，不仅要停止执行死刑，还应当报请核准死刑的人民法院依法改判。核准死刑的人民法院依法改判的，不得再判处死刑或死刑缓期二年执行。

2. 暂停执行死刑

《刑事诉讼法》第 263 条第四款规定：“在执行前，如果发现可能有错误，应当暂停执行，报请最高人民法院裁定。”指挥死刑执行的审判人员。应当对罪犯验明正身，以确保死刑执行正确无误。在执行前，如果发现可能有错误的，应当暂停执行，报请核准死刑的人民法院裁定。“可能有错误”应当包括《刑事诉讼法》第 262 条规定的应当停止执行死刑的三项情形在内的一切可能的错误。负责指挥死刑执行的审判员，只要发现可能存在错误，就应当决定暂停执行，报请核准死刑的人民法院裁定。

二、死刑缓期二年执行的变更

死刑缓期二年执行，是指对于应当判处死刑的犯罪分子，如果不是必须立即执行，在判处死刑的同时宣告缓期二年执行，对其进行监督改造，视其表现再行处理的一种执行制度。死刑缓期二年执行不是独立的刑罚种类，而是我国刑罚中死刑的一种特殊执行制度。

《刑事诉讼法》第261条第二款规定："被判处死刑缓期二年执行的罪犯，在死刑缓期执行期间，如果没有故意犯罪，死刑缓期执行期满，应当予以减刑的，由执行机关提出书面意见，报请高级人民法院裁定；如果故意犯罪，情节恶劣，查证属实，应当执行死刑的，由高级人民法院报请最高人民法院核准；对于故意犯罪未执行死刑的，死刑缓期执行的期间重新计算，并报最高人民法院备案。"

1. 减刑

对死刑缓期二年的罪犯减刑，必须在二年考验期满之后进行。考验期从判决确定之日起计算，判决前羁押的日期不能折抵考验期。刑罚执行机关不得任意拖延或提前对死缓犯予以减刑。

（1）减为无期徒刑。罪犯在死刑缓期执行期间，如果没有故意犯罪，二年期满以后，减为无期徒刑。这是正常情况下的减刑，即只要没有故意再犯罪，就可为无期徒刑。

（2）减为有期徒刑。罪犯如果确有重大立功表现的，二年期满以后，减为25年有期徒刑。

2. 故意犯罪的处理

2018年《刑事诉讼法》对于死刑缓期执行期间又故意犯罪的，放宽规定了两种处理结果：

（1）执行死刑。判处死刑缓期二年执行的罪犯，如果在考验期内任何时候故意犯罪，情节恶劣，查证属实，应当执行死刑的，由高级人民法院报请最高人民法院核准。2018年在"故意犯罪"之外，增加了"情节恶劣、查证属实"，显然有收紧之意。这样符合减少、控制死刑数量的总体要求。

（2）暂不执行死刑。对于在死刑缓期二年执行的考验期内，又故意犯罪，但情节不恶劣，或者未查实的，暂不予执行死刑。但将新罪和旧罪合并，仍然判处死刑缓期二年执行。死刑缓期执行的期间重新计算，并报最高人民法院备案。

3. 实际执行刑期

对判处死刑缓期执行的罪犯，在减为无期徒刑或者有期徒刑后，执行期间仍然存在再减刑的问题。为了维护刑罚的公平性和对罪犯改造的激励，《刑法（修正案）》第15条规定了再减刑的最低控制线，即实际执行刑期的限制。主要有两种情况：

（1）对于非限制减刑的犯罪，判处无期徒刑的，实际执行不能少于13年；判处有期徒刑的，不能少于原判刑期的1/2。

（2）属于限制减刑的犯罪，缓期执行期满后依法减为无期徒刑的，实际执行刑期不能少于25年；缓期执行期满后依法减为25年有期徒刑的，实际执行刑期不能少于20年。

三、暂予监外执行

暂予监外执行，是指被判处有期徒刑或者拘役的罪犯，由于出现了法律规定的某种特殊情形，不适宜在监狱或其他刑罚执行场所执行刑罚时，暂时采取不予关押的方式执行原判刑罚的一种方法。

1. 可予监外执行的情形

根据《刑事诉讼法》第265条的规定，对被判处有期徒刑或者拘役的罪犯，有下列情形之一的，可以暂予监外执行：

（1）有严重疾病需要保外就医的。严重疾病，是指罪犯病危或者患有严重传染病、不治之症等服刑场所医院难以救治的严重疾病。对于严重疾病的认定，应当由省级人民政府指定的医院诊断并开具证明文件，依照法定程序审批。对于保外就医的罪犯不符合保外就医条件的，或严重违反有关保外就医的规定的，应当及时收监。

对于适用保外就医可能有社会危险性的罪犯，或者自伤自残的罪犯，不得保外就医。

（2）怀孕或者正在哺乳自己婴儿的妇女。在妊娠终止后或被哺育的婴儿年满一周岁后，如果刑期尚未结束，应当及时将罪犯收监执行。

（3）生活不能自理，适用暂予监外执行不致危害社会的。这是指罪犯因老、弱、残等原因生活不能自理，需要由他人照顾才能生活。生活不能自理的情况消失后，如果刑期尚未届满的，应当及时将罪犯收监执行。

此外，对于被判处无期徒刑的罪犯，有前款第二项规定情形的，可以暂予监外执行。

2. 监外执行的决定与批准

（1）在裁判交付执行前，暂予监外执行由交付执行的人民法院决定。对于生效判决、裁定交付执行前，人民法院认为罪犯符合监外执行条件而作出暂予监外执行决定的，应当制作《暂予监外执行决定书》，载明罪犯基本情况、判决确定的罪名和刑罚、暂予监外执行的原因、依据等内容，同时将决定抄送人民检察院和罪犯居住地的公安机关。在监狱对交付执行的罪犯进行身体检查时，对于符合暂予监外执行条件的罪犯可以暂时不收监，书面说明理由后，由交付执行的人民法院决定暂予监外执行。

（2）在裁判交付执行后，暂予监外执行由监狱或者看守所提出书面意见，报省级以上监狱管理机关或者设区的市一级以上公安机关批准。在刑罚执行过程中，监狱等执行机关发现罪犯符合法律规定，需要暂予监外执行的，由执行机关提出书面处理意见，然后报省、自治区、直辖市的监狱管理机关批准，批准后，应当将暂予监外执行决定通知公安机关和原审人民法院，并将书面意见的副本抄送人民检察院。

3. 监外执行的程序

暂予监外执行交由社区矫正机构负责监管。由于监外执行是对原判刑罚的执行，因此，监外执行的时间应当计入刑期。暂予监外执行的情形消失后，罪犯刑期未满的，应当及时收监，继续执行剩余刑期。如果在暂予监外执行期间，罪犯的刑期已满，则不再收监，由原刑罚执行机关发给刑满释放的证明。罪犯在暂予监外执行期间死亡的，执行机构应当及时通知监狱等执行机关或人民法院，同时告知罪犯死亡的原因及过程。

4. 监外执行的收监

对暂予监外执行的罪犯，有下列情形之一的，应当及时收监：①发现不符合暂予监外执行条件的；②严重违反有关暂予监外执行监督管理规定的；③暂予监外执行的情形消失后，罪犯刑期未满的。

对于人民法院决定暂予监外执行的罪犯应当予以收监的，由人民法院作出决定，将有关的法律文书送达公安机关、监狱或者其他执行机关。

不符合暂予监外执行条件的罪犯通过贿赂等非法手段被暂予监外执行的，在监外执行的期间不计入执行刑期。罪犯在暂予监外执行期间脱逃的，脱逃的期间不计入执行刑期。

罪犯在暂予监外执行期间死亡的，执行机关应当及时通知监狱或者看守所。

四、减刑和假释

1. 减刑

减刑，是指被判处管制、拘役、有期徒刑、无期徒刑的罪犯，在执行期间，如果认真遵守监规，接受教育改造，确有悔改表现的，或者有立功表现的，可以依法对其减轻原判刑罚。根据《刑法》第 78 条的规定，有下列重大立功表现之一的，应当减刑：①阻止他人重大犯罪活动的；②检举监狱内外重大犯罪活动的，经查证属实的；③有发明创造或者重大技术革新的；④在日常生产、生活中舍己救人的；⑤在抗御自然灾害或者排除重大事故中，有突出表现的；⑥对国家和社会有重大贡献的。减刑可以由较重的刑罚减为较轻的刑罚（只限于无期徒刑减为有期徒刑），也可以由较长的刑期减为较短的刑期。

无期徒刑罪犯在刑罚执行期间，如果确有悔改或立功表现，服刑二年后，可以减为 18 年以上 20 年以下有期徒刑；对确有悔改并有立功表现的，可以减为 13 年以上 18 年以下有期徒刑，实际执行刑期不能少于 13 年。无期徒刑罪犯在执行期间重新犯罪被判处有期徒刑以下刑罚的，自新判决确定之日起二年内不予减刑。被判处五年以上有期徒刑的，一般在执行一年半以上方可减刑，两次减刑之间一般以间隔一年以上为宜。被判处 10 年以上有期徒刑的，一次减二年或者三年有期徒刑后，再减刑的，其间隔的时间一般不得少于二年。被判处不满五年有期徒刑的罪犯，可以比照上述时间适当缩短。对于有立功表现的，可以不受上述时间限制。但是，经过一次或几次减刑以后实际执行的刑期，判处管制、拘役、有期徒刑的，不能少于原判刑期的一半。

根据《刑事诉讼法》第 273 条第二款和《监狱法》等有关法律的规定，对于判处管制、拘役、有期徒刑、无期徒刑的罪犯，依法应当减刑时，应由各刑罚执行机关提出建议书，根据原判刑罚的不同，分别报请不同的人民法院审核裁定：①对于被判处无期徒刑的罪犯的减刑，应当由罪犯所在监狱提出书面意见，经过省、自治区、直辖市的监狱管理机关审核同意后，报请当地高级人民法院审核裁定；②对于被判处有期徒刑罪犯的减刑，应当由罪犯所在监狱或者社区矫正机构提出书面意见，报请当地中级人民法院审核裁定；③对于被判处一年以下有期徒刑或者交付执行时余刑在三个月以下有期徒刑的罪犯的减刑，由罪犯所在看守所提出书面意见，经当地县级以上公安机关审查同意，或者由社区矫正机构提出，报县级司法行政机关审核同意，报请当地中级人民法院审核裁定；④对于被判处拘役的罪犯的减刑，由罪犯所在拘役所提出书面意见，经当地县级公安机关审查同意后，报请当地中级人民法院裁定；⑤对于被判处管制、被宣告缓刑的罪犯的减刑，由社区矫正机构提出意见，报县级司法行政机关审核同意，报请当地中级人民法院裁定。

2. 假释

假释，是指被判处有期徒刑的罪犯，原判刑期执行 1/2 以上，被判处无期徒刑的罪犯实际刑期执行 13 年以上，如果认真遵守监规，接受教育改造，确有悔改表现，没有再犯罪的危险的，可以假释。如果有特殊情况，经最高人民法院核准，可以不受上述执行刑期的限制。对累犯以及因杀人、爆炸、抢劫、强奸、绑架等暴力性犯罪被判处10年以上有期徒刑、无期徒刑的犯罪分子，不得假释。《刑法》第81条对假释制度作了规定。

其中“特殊情况”应当包括下列几种情况：①在服刑期间有重大发明创造或突出的立功表现；②已经丧失活动能力，并有悔改表现，假释后不会再危害社会；③有专门技能，有关单位急需使用等。

《刑事诉讼法》第269条和《刑法》第17条均规定，对假释的犯罪人，在假释考验期限内，依法实行社区矫正，假释考验期满没有违反相关规定，就认为原判刑罚已经执行完毕，并公开予以宣告。社区矫正依据《社区矫正实施办法》执行。

3. 减刑、假释的程序

减刑、假释的程序基本上相同。

（1）监狱等执行机关报送材料。监狱等执行机关在报请人民法院审核裁定减刑、假释时，必须做到材料完备，手续齐全。执行机关应当移送以下材料：①减刑、假释建议书；②终审法院的判决书、裁定书、历次减刑裁定书的复印件；③罪案确有悔改或者立功、重大立功表现事实的书面证明材料；④罪犯评审鉴定表、奖惩审批表等。经审查，如果上述材料齐全的，应当受案；材料不齐全的，应当通知提请减刑、假释的执行机关补送。

（2）人民法院组成合议庭进行审核、裁定。人民法院审理减刑、假释案件，应当组成合议庭进行。合议庭对于监狱等执行机关移送的材料应当全面审查核实，经过查证核实，具备法定条件的，应当予以减刑、假释。对于不符合法律规定的减刑、假释条件的，不得予以减刑、假释。

减刑、假释的裁定书应当写明罪犯确有悔改或立功表现的事实，引用刑法、刑事诉讼法等法律规定的有关条款，并注明减刑、假释的起止日期。人民法院应当自收到减刑、假释建议书之日起一个月内予以审核裁定，案情复杂或者情况特殊的，可以延长一个月。减刑裁定书的副本或假释裁定书的副本应当抄送人民检察院，并送交原审人民法院存卷。

（3）人民检察院进行监督。人民检察院有权对减刑、假释进行监督。如认为不当，可以在收到裁定书副本20日内，向人民法院提出书面纠正意见，人民法院应当在收到书面纠正意见一个月以内，重新组成合议庭进行审理，做出最终裁定。

五、对新罪和漏罪的追诉

新罪和漏罪，是指罪犯在服刑期间又犯新罪或者发现了判决时所没有发现的罪行。

对于罪犯又犯新罪或有漏罪的，都应当依法追诉。《刑事诉讼法》第 273 条第一款规定："罪犯在服刑期间又犯罪的，或者发现了判决的时候所没有发现的罪行，由执行机关移送人民检察院处理。"第 308 条还规定，对罪犯在监狱内犯罪的案件由监狱进行侦查。

在刑罚执行期间，如果发现罪犯在判决宣告以前所犯的尚未判决的漏罪，由原侦查机关负责侦查并移送起诉；如果罪犯服刑地或者主要犯罪地的监狱、公安机关更适宜侦查的，可以由罪犯服刑地或者主要犯罪地的监狱、公安机关负责侦查并移送起诉。

在刑罚执行期间，如果发现罪犯实施了脱逃等新的犯罪行为，则由监狱等有管辖权的机关进行侦查。侦查终结后，写出起诉意见书，连同案卷材料、证据一并移送人民检察院进行审查，决定是否提起公诉。人民检察院认为需要追究刑事责任的，应当向有管辖权的人民法院提起公诉。人民法院应当依法进行审判，按照数罪并罚的原则，决定应当执行的刑罚。

对于罪犯脱逃后又犯新罪的，如果在犯罪地被捕获并被发现新罪的，由犯罪地的公安机关负责侦查并移送起诉；如果是被缉捕押解回执行场所后发现新罪的，由罪犯服刑地的监狱负责侦查并移送起诉。

第四节　人民检察院的执行监督

执行监督是指人民检察院对人民法院已经发生法律效力的判决、裁定的执行是否合法实行法律监督的活动。人民法院的判决和裁定发生法律效力后，在执行中如不能依法加以执行，就会破坏或影响刑事诉讼的结果，违背刑罚的目的。开展执行监督，有利于维护生效判决和裁定的稳定性和严肃性，有利于纠正冤假错案，保护公民的合法权益，从而保障刑事诉讼任务的实现。

一、对执行死刑的监督

《刑事诉讼法》第 263 条规定："人民法院在交付执行死刑前，应当通知同级人民检察院派员临场监督。"人民法院通常在交付执行死刑三日以前通知同级人民检察院派员监督。临场监督执行死刑的检察人员应当依法监督执行死刑的场所、方式和执行死刑的活动是否合法。

在执行死刑前，发现有下列情形之一的，应当建议人民法院停止执行：①被执行人并非应当执行死刑的罪犯的；②罪犯犯罪时不满 18 岁的；③判决可能有错误的；④在执行前罪犯检举揭发重大犯罪事实或者有其他重大立功表现，可能需要改判的；⑤罪犯正在怀孕的。

在执行死刑过程中，人民检察院临场监督人员根据需要可以进行拍照、摄像；执行死刑后，人民检察院临场监督人员应当检查罪犯是否确已死亡，并填写死刑临场监督笔录，签名后入卷归档。

二、对监外执行的监督

根据《刑事诉讼法》第 267 条的规定，为了防范滥用监外执行的决定或批准权，损害刑罚执行的严肃性，法律赋予人民检察院对监外执行予以监督。决定或者批准暂予监外执行的机关应当将暂予监外执行决定抄送人民检察院，监狱或者看守所提出监外执行的，要将书面意见抄送人民检察院，以便人民检察院了解和监督。

人民检察院可以向决定或者批准机关提出书面意见。人民检察院认为暂予监外执行不当的，应当自接到通知之日起一个月以内将书面意见送交决定或者批准暂予监外执行的机关，决定或者批准暂予监外执行的机关接到人民检察院的书面意见后，应当立即对该决定进行重新核查。

三、对减刑、假释的监督

《刑事诉讼法》第 274 条规定："人民检察院认为人民法院减刑、假释的裁定不当，应当在收到裁定书副本后二十日以内，向人民法院提出书面纠正意见。人民法院应当在收到纠正意见后一个月以内重新组成合议庭进行审理，做出最终裁定。"

人民检察院接到人民法院减刑、假释的裁定书的副本后，应当立即进行审查。为了解情况，检察人员可以向罪犯所在单位和有关人员调查，可以向有关机关调阅有关材料。经审查认为人民法院减刑、假释的裁定不当，应当在收到裁定书副本后 20 日以内提出纠正意见。

对人民法院减刑、假释裁定的纠正意见，由做出减刑、假释裁定的人民法院的同级人民检察院向该人民法院书面提出。人民检察院对人民法院减刑、假释的裁定提出纠正意见后，应当监督人民法院是否在收到纠正意见后一个月内重新组成合议庭进行审理，并监督重新做出的最终裁定是否符合法律规定。对最终裁定不符合法律规定的，应当向同级人民法院提出纠正意见。

四、对执行机关执行活动的监督

《刑事诉讼法》第 276 条规定："人民检察院对执行机关执行刑罚的活动是否合法实行监督。如果发现有违法的情况，应当通知执行机关纠正。"

第二十一章　未成年人刑事案件诉讼程序

未成年人刑事案件诉讼程序，是指对未成年人犯罪行为依法追究刑事责任时所适用的立案、侦查、起诉、审判、执行等一系列诉讼程序的总称。它主要通过一些特别的诉讼原则和制度而建立，是刑事诉讼中的特别程序

根据最高人民法院《关于审理未成年人刑事案件的若干规定》第 10 条规定，未成年人案件诉讼程序的适用范围包括：①被告人在实施被指控的犯罪时不满 18 周岁的案件；②被告人在实施被指控的犯罪时不满 18 周岁，并被指控为首要分子或者主犯的共同犯罪案件。

第一节　未成年人刑事案件诉讼程序的特有原则

一、教育为主、惩罚为辅原则

《刑事诉讼法》第 277 条第一款指出："对犯罪的未成年人实行教育、感化、挽救的方针，坚持教育为主、惩罚为辅的原则。"教育为主、惩罚为辅原则是教育、感化、挽救方针的原则体现。该原则的精神在我国《未成年人保护法》第 38 条和《预防未成年人犯罪法》第 44 条都有体现。

教育为主、惩罚为辅原则，是指公安司法机关在处理未成年人刑事案件时，应当坚持教育、感化、挽救方针，充分考虑未成年人特有的生理、心理特点，以挽救为目的，突出教育感化的手段和处理结果，将惩罚作为不得已的最后选择，尽可能地帮助涉案未成年人回归社会，健康成长。

未成年人人格尚未成型，社会理应给予他们必要的宽容，给予他们真诚改过的机会，即使对于已经犯有严重罪行的未成年人也一样。这就要求公安司法机关要像教师对待犯了错的学生那样，基于关爱和挽救的目的，分清未成年人的不同情况，采取讲法说理、陈明利害，甚至略施程序性强制手段等方法，促使其分清是非，诚信悔过，不再违法犯罪。扩大非犯罪化处理，促进多数可挽救的未成年人养成健康的人格，更好地适应社会。

当然，对于少数冥顽不化、恶习难改或者人性扭曲，有充分的证据证明犯

有重罪或者轻罪，无法教育挽救的未成年人，将其放入监狱等监管场所进行惩罚与改造，也是十分必要的。这是“惩罚为辅”的应有之义。

二、分案处理原则

分案处理原则，是指公安司法机关在刑事诉讼过程中应当对未成年人案件与成年人案件实行诉讼程序分离，包括分案处理、分案审理、分别关押、分别执行。

《刑事诉讼法》第280条和《预防未成年人犯罪法》第46条均规定，对被拘留、逮捕和执行刑罚的未成年人与成年人应当分别关押、分别管理、分别教育。从该原则的内容上看，包括三个方面：一是在刑事诉讼中适用拘留、逮捕等强制措施时，必须与成年犯罪嫌疑人分开关押和看管；二是在处理未成年人与成年人共同犯罪或者牵连的案件时，在不妨碍审理的前提下，坚持分案处理、分案审判；三是执行阶段，不得与成年犯人同处一个监所。确立分案处理原则的目的，是为了充分保护进入诉讼阶段的未成年人，使其免受来自成年犯罪人的不良影响或交叉感染。更重要的是，可以充分发挥刑事诉讼程序的教育挽救功能，给未成年人以更多的保护和优待，更多的选择机会，实现个体正义。

三、保障未成年人诉讼权利原则

未成年人由于身心尚未发育成熟，在刑事诉讼中，处于比较弱势的地位。因此，法律规定，未成年犯罪嫌疑人、被告人除享有成年犯罪嫌疑人、被告人的各项诉讼权利外，基于其身份特点，还享有一些特殊的权利。例如《刑事诉讼法》第278条规定，未成年犯罪嫌疑人、被告人没有委托辩护人的，人民法院、人民检察院、公安机关应当通知法律援助机构指派律师为其提供辩护。第281条规定，在讯问和审判的时候，应当通知未成年犯罪嫌疑人、被告人的法定代理人到场。讯问女性未成年犯罪嫌疑人，应当有女工作人员在场。法定代理人可以进行最后陈述的补充陈述等。

该原则要求，公安司法机关在办理未成年人刑事案件时，要保障未成年人依法享有的各项诉讼权利，包括权利告知，积极协调为其履行诉讼权利创造条件，不压制、限制其行使权利；对于妨害其行使诉讼权利的人或事给予及时处理等。

四、审理不公开原则

审理不公开原则，是指人民法院在开庭审理未成年人刑事案件时，不允许群众旁听，不允许记者采访，报纸等印刷品不得刊登未成年被告人的姓名、年龄、职业、住址及照片等。

该原则的法律依据是《刑事诉讼法》第285条和《预防未成年人犯罪法》第45条第三款的规定。前者规定："审判的时候被告人不满十八周岁的案件，不公开审理。但是，经未成年被告人及其法定代理人同意，未成年被告人所在学校和未成年人保护组织可以派代表到场。"后者规定，对未成年人犯罪案件，新闻报道、影视节目、公开出版物不得披露该未成年人的姓名、住所、照片及可能推断出该未成年人的资料。不公开审理的未成年人刑事案件不得以任何方式公开被告人的形象。

审理不公开原则的意义在于维护未成年人的名誉，防止公开审理对其造成的精神创伤而导致不利于教育改造的不良后果，因此，不公开审理原则也是教育、感化、挽救方针的体现。

五、全面调查原则

全面调查原则，是指公安司法机关办理未成年人刑事案件的过程中，不仅要调查案件事实与情节，而且要对未成年人的成长经历、生理及心理特征、家庭与生活环境、犯罪原因等情况进行调查，必要时还要进行医疗检查和心理学、精神病学的调查分析。

《刑事诉讼法》第279条规定："公安机关、人民检察院、人民法院办理未成年人刑事案件，根据情况可以对未成年犯罪嫌疑人、被告人的成长经历、犯罪原因、监护教育等情况进行调查。"这是全面调查原则的法律依据，也是教育、感化、挽救未成年人所需要坚守的一个特殊原则。

全面调查原则的目的在于通过对未成年人的人格、素质、生活经历和所处环境进行调查分析，以查清未成年人走上犯罪道路的原因和条件，对其人身危险性和再犯的可能性进行预测评估，为案件的实质处理判定有针对性的解决方案，以取得良好的教育与改造效果。

第二节　未成年人刑事案件诉讼程序的特有制度

一、合适成年人在场制度

1. 合适成年人在场制度的概念和意义

合适成年人在场制度是指公安司法机关在讯问、询问或审判未成年人时，应当通知其法定代理人或者其他合适的成年保护者到场，以保障未成年人权益的一种刑事诉讼制度。我国《刑事诉讼法》第 281 条规定：“对于未成年人刑事案件，在讯问和审判的时候，应当通知未成年犯罪嫌疑人、被告人的法定代理人到场。无法通知、法定代理人不能到场或者法定代理人是共犯的，也可以通知未成年犯罪嫌疑人、被告人的其他成年亲属，所在学校、单位、居住地基层组织或者未成年人保护组织的代表到场，并将有关情况记录在案。到场的法定代理人可以代为行使未成年犯罪嫌疑人、被告人的诉讼权利。”该条是对我国成年人在场制度的完善。

合适成年人的到场，改变了讯问、询问的封闭性和公安司法机关可能给人造成的压迫感，有利于缓解未成年人的紧张情绪，改变未成年人孤立无援的处境，对于维护未成年诉讼参与人，特别是犯罪嫌疑人、被告人的身心健康，具有重要的作用。从程序效用看，合适成年人在场，一方面可以防止和减少司法伤害，维护未成年人的合法权益；另一方面有助于确保刑事诉讼活动的合法有效，保证证据的真实可采性，促进刑事诉讼的顺利进行。由于未成年人的智力、身心发育尚未成熟，容易受到外界的不良干扰，尤其是对某些收集证据人员的“诱导”“诱供”“启发”等不正当手段不具有辨别能力，容易按收集证据人员的要求作出陈述或供述，并且未成年犯罪嫌疑人对证据收集人员的违法取证行为一般也不知、不敢或不会反映。因此，合适成年人在场制度是保证刑事诉讼程序公正的必然选择。

2. 合适成年人的范围与作用

根据我国《刑事诉讼法》第 281 条的规定，合适成年人主要包括如下几种人：

（1）法定代理人。即监护人，通常是父母、祖父母、兄姐等亲属，当然也可能是指定的其他监护人。

（2）其他成年亲属。在无法通知或者法定代理人不能到场，或者法定代理人是共犯的情况下，就可以通知其他成年亲属，也就是法定代理人之外的其他成年亲属。

（3）所在学校、单位、居住地基层组织或者未成年人保护组织的代表。其他成年亲属如果无法通知或者不能到场，或者不合适，则由未成年人所在学校、单位、居住地基层组织或者未成年人保护组织的代表到场。法律按此顺序排列，既尊重和保护了未成年人对亲情的需要，又考虑了特殊情况下亲属不能或者不合适到场的替代人选，相比 1996 年《刑事诉讼法》的规定，更为周延和完善。

（4）讯问女性未成年犯罪嫌疑人，应当有女工作人员在场。这是基于性别的特殊考虑而做的特别规定，是对未成年人女性犯罪嫌疑人权益的特别关照。

合适成年人在场的任务与作用主要是保证未成年人能够得到公正的对待，有效防范违法侵权行为的发生，保护未成年人人格尊严、诉讼权利不受侵犯，给未成年人提供心理或精神的依靠，使其能够正确进行诉讼行为。

3. 合适成年人在场制度适用的范围

合适成年人在场制度通常适用于未成年人犯罪嫌疑人、被告人。因为作为受到刑事追究的相对人，未成年人将会较长时间地陷入焦虑不安、恐惧恍惚的身心困境中，极其需要成年亲属等的帮助和开导。同时，作为被追诉人，他们往往会被认为是“坏孩子”，在诉讼中受到不公正对待的可能性随时存在，因而是最需要合适成年人在场的弱势者。

同时，在刑事诉讼中，还会有未成年被害人、证人，公安司法机关也要对他们进行调查询问，甚至会要求他们出席法庭审判。对未成年被害人、证人的询问，无论在法庭外还是法庭内，也都会对给他们造成极大的心理压力，如果没有亲属等在场予以帮助与缓解，就可能影响他们的陈述。如果公安司法人员询问方式欠妥，那么陈述的真实性、稳定性就难以保证。因此，我国《刑事诉讼法》第281条第五款规定：“询问未成年被害人、证人，适用第一款、第二款、第三款的规定。”也就是说，上述关于合适成年人的在场、合适成年人的范围与作用，同样适用于未成年被害人、证人。

二、附条件不起诉制度

1. 附条件不起诉制度的概念

附条件不起诉制度，在我国是指检察机关根据法律的授权，对于未成年人涉嫌犯罪的轻微刑事案件，符合起诉条件但有悔罪表现的，可以作出附加条件要求的不起诉决定，并设置一定的考验期，期限届满并满足了附加条件的，即不再提起公诉的制度。也有人称之为“暂缓起诉制度”。这是我国《刑事诉讼法》确立的专门用于处理未成年人刑事案件的一项制度，旨在通过不起诉程序，终结一部分未成年人刑事案件，达到教育、感化、挽救未成年人的目的。

2. 附条件不起诉的程序

（1）听取意见。人民检察院在作出附条件不起诉的决定以前，除了听取未成年犯罪嫌疑人及其法定代理人的意见外，还应当听取公安机关、被害人的意见。

（2）附条件不起诉的考验期。附条件不起诉的考验期为六个月以上一年以下，从人民检察院作出附条件不起诉的决定之日起计算。

（3）监督考察主体。在附条件不起诉的考验期内，由人民检察院对被附条件不起诉的未成年犯罪嫌疑人进行监督考察。未成年犯罪嫌疑人的监护人，应当对未成年犯罪嫌疑人加强管教，配合人民检察院做好监督考察工作。

三、犯罪记录封存制度

1. 犯罪记录封存制度的概念和意义

犯罪记录封存制度，是指曾受到法院有罪宣告或者被判处过刑罚的人，在具备法定条件时，司法机关封存其犯罪记录，使其恢复正常公民的法律地位，不因前科而影响其社会生活的一项刑事法律制度。我国确立的犯罪记录封存制度仅适用于未成年人犯罪案件，因而成为我国未成年人刑事诉讼程序中一项重要的制度。

犯罪记录封存制度的建立，具有十分重要的意义。①有利于最大限度地保护未成年人的身心健康。弱化其本人和社会的犯罪标签意识，减少未成年人的自卑感，增强其积极向上的信心和勇气，避免其破罐子破摔；②有助于消除社会歧视。避免犯罪记录可能给其本人读书、升学、求职就业、升职、婚恋等带来的不利影响，给未成年人创造一个平等的社会生存环境，也有助于恢复未成年人与其家人、亲属之间和睦的关系，弥合亲情；③符合我国签署的国际公约的原则精神。《联合国保护被剥夺自由少年规则》中规定："释放时，少年的记录应封存，并在适当的时候加以销毁。"《联合国少年司法最低限度标准规则》中也规定，对未成年罪犯的档案应严格保密，不能让第三方利用，也不得在其后的成人诉讼案件中加以引用。我国作为这两项国际公约的签署国，有义务逐步完善国内现行法律体系，建立起与国家承诺一致的未成年人司法制度。

2. 犯罪记录封存制度的适用条件

我国《刑事诉讼法》第286条规定："犯罪的时候不满十八周岁，被判处五年有期徒刑以下刑罚的，应当对相关犯罪记录予以封存。"根据该规定，犯罪记录封存制度适用的条件有两个：

（1）犯罪的时候不满18周岁。也就是说，对于犯罪的时候不满18周岁的未成年人，鉴于其身心发育尚未成熟，犯罪具有一定的可宽宥性，才适用犯罪记录封存制度。

（2）被判处五年有期徒刑以下刑罚的。在我国，被判处五年有期徒刑以下刑罚的犯罪，均是相对较轻的犯罪，对这些犯罪才适用犯罪记录封存制度。

3. 犯罪记录封存制度的适用效果

犯罪记录被封存的，司法机关不得向任何单位和个人提供，但司法机关为办案需要或者有关单位根据国家规定进行查询的除外。依法进行查询的单位，应当对被封存的犯罪记录的情况予以保密。

四、指定辩护制度

依据我国法律，未成年犯罪嫌疑人、被告人如果没有委托辩护人的，人民法院、人民检察院、公安机关应当通知法律援助机构指派律师为其提供辩护。这是未成年人刑事案件与一般刑事案件在辩护制度上的重要区别。

第三节 未成年人刑事案件的特别程序

一、立案程序

在审查未成年人案件的立案材料时，要特别注意两个方面的问题：一是将其出生的年、月、日作为审查的重点；二是注意审查未成年人是否被教唆犯罪，未成年人的生活环境、经历以及心理、生理特征等材料。

二、侦查程序

（1）贯彻全面调查原则，扩大侦查范围。未成年人刑事案件的侦查除与成年人刑事案件一样要查明案情、收集证据和查获犯罪人外，还应当坚持全面调查的原则，查明未成年人的准确年龄、生活教育条件、作案动机、走上犯罪道路的原因、生理心理素质，特别应注意查明那些全面地说明未成年人个性的材料，从而为教育、挽救、改造服务。

（2）慎重适用强制措施。对未成年人采取强制措施时，要慎重对待，尽量不采用或少采用强制措施。对于必须逮捕的未成年犯罪嫌疑人，应采取严格的条件。对被拘留、逮捕的未成年人与成年人应当分别关押、分别管理、分别教育。

（3）采取适当传唤讯问方法。传唤未成年犯罪嫌疑人，可以采用较为缓和的方式，例如通过其父母、监护人进行。讯问时，可以选择其较为熟悉的场所，应当通知其法定代理人到场，并可以邀请其熟悉的亲友、教师参加。讯问时要使用符合未成年人的语言和方式，以减轻其心理负担，消除对立情绪。

（4）依法保障未成年犯罪嫌疑人聘请律师的权利。根据《刑事诉讼法》第 34 条的规定，犯罪嫌疑人自被侦查机关第一次讯问或者采取强制措施之日起，有权委托辩护人。为切实保障未成年犯罪嫌疑人的这一权利，未成年犯罪嫌疑人如果没有委托辩护人的，这时公安机关应当通知法律援助机构指派律师为其提供辩护。

三、起诉程序

（1）工作机构和工作人员专门化。人民检察院设有未成年人检察机构，简称“未检办”。

（2）指定或者帮助申请法律援助。人民检察院审查起诉未成年人刑事案件，对未成年犯罪嫌疑人没有委托辩护人的，应当为其指定承担法律援助义务的律师为其辩护。对于未成年被害人或者其法定代理人提出聘请律师意向，但因经济困难或者其他原因没有委托辩护人、诉讼代理人的，应当帮助其申请法律援助。

（3）听取有关人员的意见、讯问未成年犯罪嫌疑人。人民检察院审查起诉未成年犯罪嫌疑人，应当听取其父母或者其他法定代理人、辩护人、未成年被害人及其法定代理人的意见；应当讯问未成年犯罪嫌疑人，并应当通知合适的成年人在场。

（4）安排会见、通话。必要时，检察人员可以安排在押的未成年人与其法定代理人，近亲属等进行会见、通话。会见、通话时，检察人员可以在场。会见、通话结束后，检察人员应当将有关内容及时整理并记录在案。

（5）不起诉的适用条件与程序。对于符合附条件不起诉的未成年犯罪嫌疑人，人民检察院可以作出附条件不起诉的决定。不起诉决定书应当向被不起诉的未成年人及其法定代理人公开宣布，并阐明不起诉的理由和法律依据。不起诉决定书应当送达被不起诉的未成年人及其法定代理人，并告知其依法享有的权利。对于公安机关移送起诉的案件、有被害人的案件，也应分别送达不起诉决定书。要求复议、复核的，按照一般规定执行。

（6）分案起诉。人民检察院审查未成年人与成年人共同犯罪案件，一般应当将未成年人与成年人分案起诉。但是具有下列情形之一的，可以不分案起诉：①未成年人系犯罪集团的组织或者其他共同犯罪中的主犯的；②案件重大、疑难、复杂，分案起诉可能妨碍案件审理的；③涉及刑事附带民事诉讼，分案起诉妨碍附带民事诉讼部分审理的；④具有其他不宜分案起诉情形的。

（7）起诉书的制作以及移送起诉的材料。人民检察院制作起诉书中应当注明未成年人的出生年月日。对未成年犯罪嫌疑人、被告人、未成年罪犯的有关情况和办案人员开展教育感化工作的情况，应当记录在卷，随案移送。

四、审判程序

根据最高人民法院《关于审理未成年人刑事案件的若干规定》，未成年人案件的审判程序具有下列几个特点：

1. 审判组织和审判人员专门化

根据最高人民法院《关于审理未成年人刑事案件的若干规定》第6条和第7条的规定，中级以下人民法院（包括中级人民法院）应当建立与其他审判庭同等建制的未成年人刑事审判庭。

2. 做好开庭前的准备工作

（1）少年法庭对于人民检察院提起公诉的未成年人刑事案件，应当查明是否附有被告人年龄的有效证明材料。

（2）少年法庭在向被告人的法定代理人送达起诉书副本时，应当告知其在开庭审判中的权利、义务和注意事项。

（3）控辩双方可以就未成年被告人性格特点、家庭情况、社会交往、成长经历以及实施被指控犯罪前的表现等基本情况进行调查，并制作调查报告，在开庭审理前提交合议庭。必要时，少年法庭也可以就上述情况进行调查。

（4）少年法庭应为辩护律师提供阅卷的便利和会见少年被告人的时间。

3. 法庭审理程序

（1）开庭前，少年法庭应当通知被告人的法定代理人到庭。法定代理人在法庭上享有申请回避、发问、辩护等诉讼权利。开庭审理时，已满18周岁被告人的法定代理人行使上述诉讼权利时，必须征得被告人同意。

（2）未成年被告人在法庭上可以坐着回答问题。在法庭上不得对未成年被告人使用戒具。

（3）在法庭审理过程中，审判人员应当根据未成年被告人的智力发育程度和心理状态，注意掌握庭审节奏和气氛；审判人员要注意不失严肃，用语准确且通俗易懂；注意防止对未成年被告人的诱供行为。在庭审过程中，审判人员应当立即制止对未成年被告人进行训斥、讽刺和威胁的行为。

（4）法庭调查时，审判人员要准确核实未成年被告人在案件发生时的年龄。在查明案件事实核实证据的同时，还应当注意查明未成年被告人实施被指控行为的主观和客观原因。法庭审理中，如果控辩双方向法庭提出判处被告人有期徒刑或拘役宣告缓刑、管制、免予刑事处罚的建议的，审判人员应当要求建议方向法庭提供未成年被告人家庭监护条件或者其所在社区帮教措施的书面材料。

（5）未成年人刑事案件的证人是未成年人的，经人民法院准许，可以不出庭。

（6）人民检察院可以提出适用缓刑建议。

（7）被告人最后陈述后，法定代理人可以补充陈述。

（8）合议庭在宣判后应当组织公诉人、辩护人及未成年被告人的法定代理人对未成年被告人进行法庭教育。

（9）未成年人刑事案件宣告判决，应当公开进行，但不得召开群众大会。

（10）第二审程序应一律采用直接审理的方式，严格禁止书面审理。

五、执行与社区矫正

对判决、裁定已经发生法律效力并应当收监服刑的未成年罪犯，少年法庭应当填写结案登记表并附送有关未成年罪犯的调查材料及其在案件审理中的表现材料，连同起诉书副本、判决书或者裁定书副本、执行通知书，一并送达执行机关。对于被判处交付执行前余刑在三个月以上有期徒刑、无期徒刑的未成年犯，应当在未成年犯管教所执行。

对于被判处管制、拘役宣告缓刑、有期徒刑缓刑，或者被假释、监外执行的未成年罪犯，由其住所地社区矫正机构负责考察、教育。

第二十二章　当事人和解的公诉案件诉讼程序

第一节　当事人和解的公诉案件诉讼程序概述

一、当事人和解的公诉案件诉讼程序概念

当事人和解的公诉案件程序，简称和解程序，是我国2012年《刑事诉讼法》中增加的一个特别程序，是指：对于一些符合法定条件的公诉案件，如果犯罪嫌疑人、被告人真诚悔罪，通过向被害人赔偿损失、赔礼道歉等方式获得被害人谅解，双方当事人自愿达到和解协议的，公安机关、人民检察院和人民法院可以对犯罪嫌疑人、被告人作出不同方式处理的程序。

二、当事人和解的公诉案件诉讼程序设置的意义

1. 提高刑事诉讼的民主化程度，更大限度地保障人权。

我国设立当事人和解的公诉案件程序，在公安司法机关的主持下，通过当事人双方的充分参与、沟通和协商，在国家刑罚权和公民、社会组织补偿权之间进行适当的平衡，有助于更大限度地保障当事人的权利。

2. 有助于贯彻宽严相济的刑事政策

宽严相济刑事政策是我国处理刑事案件的基本政策，它要求对不同的犯罪和犯罪人应当区别对待。当事人和解的公诉案件程序，体现的是对部分较轻的刑事案件，在犯罪嫌疑人、被告人真诚悔罪，积极赔偿等获得被害人谅解的情况下，所给予的宽缓化处理，是从宽处理案件的一条重要通道。相反，对于严重的、拒不悔罪的或者拒绝给予被害人赔偿的等案件，则应当从严把握，从严惩处，不能适用该程序。

3. 有利于提高诉讼效率，节省司法资源

通过和解方式，快速解决一部分较轻的刑事案件，可以减轻公、检、法机关的工作负担，减少在侦查、审查起诉、审判和执行各环节不必要的人、财、物投入，降低诉讼成本。同时，基于和解结案的，当事人一般也不会通过上

诉、申诉等启动救济程序，减少诉累和缠诉。

4. 有利于促进社会和谐稳定

在公诉权力机关的主持下，允许双方当事人协商、和解，既尊重了法律的有效性，又最大限度地尊重了当事人的意愿，还可以防止冲突的升级或扩大化。通过三方都能够接受的案件解决方案的实施，可以有效修复被犯罪所破坏的社会关系，促进社会的和谐稳定和人民生活的安宁。

第二节　当事人和解的公诉案件范围与诉讼程序

一、当事人和解的公诉案件范围

根据我国《刑事诉讼法》第 288 条的规定，下列公诉案件，可以适用当事人和解程序：

（1）因民间纠纷引起，涉嫌《刑法》（分则）第四章、第五章规定的犯罪，可能判处三年有期徒刑以下刑罚的案件。

（2）除渎职犯罪以外的可能判处七年有期徒刑以下刑罚的过失犯罪案件。这类案件也必须同时符合下文所列的三个条件。

（3）犯罪嫌疑人、被告人在五年以内没有故意犯罪的。这是在上述两类公诉案件之外增加的一个限制性规定，是对上述案件范围的限缩。对五年内没有过故意犯罪的人，才允许适用和解程序，反之，如果犯罪嫌疑人、被告人在五年内曾经有过故意犯罪，说明其主观恶性较大，法律禁止其适用和解程序。

二、公诉案件适用当事人和解的条件

法律虽然列举了适用和解程序的公诉案件范围，但是，在此范围内的公诉案件却未必都能适用和解程序。依据法律的规定，需要具备三个条件，而且缺一不可。这三个条件是：

（1）属于法律规定的公诉案件范围。

（2）犯罪嫌疑人、被告人愿意和解。

（3）被害人自愿和解。被害人是否同意和解，对和解程序的适用也至关重要。被害人如果是未成年人，还应当征得其法定代理人的同意才可适用和解。

三、当事人和解的公诉案件诉讼程序

（1）在立案、侦查、审查起诉和审判各个阶段，公安机关、人民检察院、

人民法院都应当就是否适用和解程序征求意见。也就是说，对于法定范围内的案件，从立案开始，在每一个诉讼阶段，办案机关都应当听取当事人和其他有关人员的意见，如果双方都愿意和解，办案机关就要重点审查和解是否出于自愿，是否符合法律的规定。经过审查，对于符合适用和解条件的案件，则主持制作和解协议书。

（2）对于达成和解协议的案件，办案机关就要作出如下处理：①在侦查阶段达成和解协议的，公安机关在移送起诉或者不起诉时，可以向人民检察院提出从宽处理的建议；②在审查起诉阶段达成和解协议的，人民检察院可以向人民法院提出从宽处罚的建议；对于犯罪情节轻微，不需要判处刑罚的，可以作出不起诉的决定；③在审判阶段达成和解协议，或者在审查起诉阶段已经达成和解协议被提起公诉的案件，人民法院可以依法对被告人从宽处罚。

第二十三章　刑事缺席审判程序

第一节　刑事缺席审判程序概述

一、刑事缺席审判程序的概念

在刑事诉讼中，法院在被告人没有到庭情况下进行审理，并对被告人的人身权利或财产权利给予裁判处分的，就称为刑事缺席审判。刑事缺席审判与对席审判相对应，是国际上通行的一种诉讼制度。刑事缺席审判制度是现代刑事审判制度不可缺少的组成部分，是刑事审判制度完善和具有弹性的重要标志。

我国刑事诉讼法中过去一直没有确定这个程序。《刑事诉讼法》在第三章专门规定了刑事缺席审判程序，使我国的刑事审判程序更趋缜密和完善。

二、刑事缺席审判程序的意义

1. 实现程序法治与程序公正

刑事缺席审判正是维护程序法治、体现程序公正的重要的制度保障。这是因为，第一，刑事缺席审判表明，不管犯罪嫌疑人、被告人如何抗拒追诉，都不能阻止刑事诉讼程序的正常推进，国家法律不会因为某个人的违反而停止生效；第二，对于意在逃避追诉或审判的犯罪嫌疑人、被告人，缺席审判意味着对其违反法律程序行为的惩罚，因为在缺席审判的情况下，被告人在法庭上的知情权、辩护权及由此而影响到的实体权利等，都可能受到不同程度的减损。这种惩罚性效果有助于在追诉方和被告方之间维持一种程序上的公平——毕竟，追诉方没有错，为什么要让追诉和审判停止不前呢？

2. 凸显刑事审判的权利性及对人的尊重

缺席审判不仅体现了如上所说的对被告人的程序惩罚功能，它还凸显了刑事审判这项诉讼权利对被告人的重要性，同时也体现了对被告人人格与自由的尊重。

3. 提高诉讼质量和效率，减少刑事诉讼的成本投入

刑事缺席审判由于避免了刑事诉讼程序的中断，可以确保侦查效果的鲜活性、起诉的实效性和审判的及时性，因而会提高刑事诉讼的质量和效率。

当然，刑事缺席审判制度的局限性也是一目了然的。比如，可能因缺席审判而使被告人失却抗辩的机会，不能进行有效的陈述、辩论、质证等，辩护权、上诉权等受到限制或剥夺等。正因为如此，它就只能适用于刑事诉讼中的例外情况。

第二节　刑事缺席审判程序适用的情形

一、犯罪嫌疑人、被告人逃亡境外的三类案件

分别为：贪污贿赂犯罪案件；严重危害国家安全犯罪案件；严重的恐怖活动犯罪案件。

上述三类案件，监察机关、公安机关移送起诉，人民检察院认为犯罪事实已经查清，证据确实、充分，依法应当追究刑事责任的，可以向人民法院提起公诉。人民法院进行审查后，对于起诉书中有明确的指控犯罪事实，符合缺席审判程序适用条件的，应当决定开庭审判。

根据立法精神，刑事缺席审判程序并不适用于在我国大陆境内犯罪嫌疑人、被告人逃避侦查、起诉和审判的案件。国内发生的刑事案件，一旦作案人逃跑藏匿，公检法机关就不可以按照缺席审判程序，将案件向前推进，作出起诉和审判。

二、被告人患有严重疾病无法出庭而申请审理的案件

《刑事诉讼法》第 296 条规定，因被告人患有严重疾病无法出庭，中止审理超过六个月，被告人仍无法出庭，被告人及其法定代理人、近亲属申请或者同意恢复审理的，人民法院可以在被告人不出庭的情况下缺席审理，依法作出判决。

三、被告人虽死亡但需要依法判决的案件

（1）被告人死亡的，人民法院应当裁定终止审理，但有证据证明被告人无罪，人民法院经缺席审理确认无罪的，应当依法作出判决。

（2）人民法院按照审判监督程序重新审判的案件，被告人死亡的，人民法院可以缺席审理，依法作出判决。

这两类案件，由于被告人死亡而不得不适用缺席审判程序。以往这类案件多是通过法院的书面审理作出裁判，但依照《刑事诉讼法》第 297 条的规定，今后人民法院对这两类情形，就应当适用缺席审判程序进行审理。

第三节　刑事缺席审判程序

一、管辖

被告人在境外的，由犯罪地、被告人离境前居住地或者最高人民法院指定的中级人民法院组成合议庭进行审理。这里包含两层含义：

（1）地区管辖。被告人在境外且需要缺席审判的，由犯罪地、被告人离境前居住地或者最高人民法院指定管辖。显然，犯罪地或被告人离境前居住地管辖是一般情形，在没有犯罪地或居住地，或者根据案情需要，最高人民法院可以指定管辖地。

（2）级别管辖。刑事缺席审判是由中级人民法院管辖，必须组成合议庭审判，以确保审判质量。

二、开庭传票与起诉书副本的送达

根据《刑事诉讼法》第 292 条的规定，人民法院适用缺席审判程序，需要依法先行履行开庭通知义务，只有在依法送达传票等的情况下，被告人不到庭的，才可缺席审判。具体有两个步骤：

（1）送达传票和起诉书副本等文书，通知开庭。人民法院应当通过有关国际条约规定的或者外交途径提出的司法协助方式，或者被告人所在地法律允许的其他方式，将传票和人民检察院的起诉书副本送达被告人。

（2）传票和起诉书副本送达后，被告人未按要求到案的，人民法院应当开庭审理，依法作出判决，并对违法所得及其他涉案财产作出处理。

在缺席审判程序中，应当确定如下情况为已经送达被告人：①在跨国跨境送达中，以被委托送达的司法机关送出后签署的回执为送达标志；②境外司法机关因找不到被告人而无法协助送达的，可委托其公告送达，公告期满即视为送达；③对于因患病而缺席的被告人，送达其本人或者近亲属即视为送达；④被告人死亡的案件，送达其近亲属。

三、辩护

在缺席审判中，刑事辩护是必不可少的，这是为了确保最低限度的司法公正。我国《刑事诉讼法》规定，人民法院缺席审判案件，被告人有权委托辩护人，被告人的近亲属可以代为委托辩护人。被告人及其近亲属没有委托辩护人的，人民法院应当通知法律援助机构指派律师为其提供辩护。

四、判决书的送达

法律规定，人民法院在宣判后，应当将判决书送达被告人及其近亲属、辩护人。从语句表达看，判决书是要分别送达被告人、近亲属和辩护人。但在客观上，可理解为首先应当送达近亲属和辩护人，在有被告人时，仍然要送达被告人。

判决书送达被告人有两种情形：一是对于因患病而未出庭的被告人，法院通过一般程序送达被告人及其近亲属；二是因在境外而未到庭的被告人，人民法院要将判决书送达其境内参与诉讼的近亲属，并仍然要通过司法协助或者其他法律途径送达其本人。其近亲属接收即为送达。

五、上诉和抗诉

被告人或者其近亲属不服判决的，有权向上一级人民法院上诉。辩护人经被告人或者其近亲属同意，可以提出上诉。

这里需注意的是，对于缺席审判的判决书，法律允许被告人及其近亲属提出上诉。享有上诉权的既有近亲属也有被告人，二者并列，哪一方行使上诉权都可。这样做的好处是，给予近亲属上诉权，更有利于保护被告人的合法权益，更为实际便利，有利于程序的顺畅。

人民检察院认为人民法院的判决确有错误的，应当向上一级人民法院提出抗诉。

六、程序回转

在审理过程中，被告人自动投案或者被抓获的，人民法院应当终止缺席审判程序，按照普通程序重新审理。

七、生效裁判的执行

罪犯在判决、裁定发生法律效力后到案的，人民法院应当将罪犯交付执行刑罚。交付执行刑罚前，人民法院应当告知罪犯有权对判决、裁定提出异议。这里的异议，是裁判生效后提出的，不属于上诉，类似于申诉或者是执行异议。

罪犯对判决、裁定提出异议的，人民法院应当按照普通审判程序，对案件进行重新审理。之所以如此规定，是为了给迟到的被判刑人一个程序救济的机会。罪犯的异议可能是有理的，也可能是无理狡辩，法律并没有规定先审查其异议的合理性，因而，只要提出异议，就应当依法重新审理。

依照生效判决、裁定对罪犯的财产进行的处理确有错误的，应当予以返还、赔偿。

第二十四章　违法所得没收程序

第一节　违法所得没收程序的概念和意义

一、概念

违法所得没收程序的全称是犯罪嫌疑人、被告人逃匿、死亡案件违法所得的没收程序。该程序是我国2018年修改的《刑事诉讼法》增加的一个特别程序，是指公安机关、人民检察院和人民法院，对于法定的重大案件，在犯罪嫌疑人、被告人逃匿或者死亡的情况下，对其违法所得及其他涉案财物所采用的依法予以没收的审理程序。该审理程序独立于原有的刑事诉讼程序而存在，因而又被称为独立没收程序。

二、意义

1. 是国内法与国际公约相衔接的现实需要

2003年10月31日，第58届联合国大会全体会议审议通过了《联合国反腐败公约》，2003年12月10日，中国政府在该公约上签字，2005年10月27日，中国十届全国人大常委会第十八次会议以全票批准加入。该公约第54条第一款第三项规定："各缔约国应根据本国法律，采取必要的措施，以便在因为犯罪人死亡、潜逃或者缺席而无法对其进行起诉的情形或其他有关情形下，能够不经过刑事定罪而没收因腐败犯罪所获得的财产。"违法所得没收程序的设置，正是我国履行国际公约义务、将国内法与国际法相衔接的重要表现。

2. 是挽回国家、集体、其他组织或个人财产损失的法律途径

我国以往对犯罪案件中的违法所得，是通过追赃、追缴或者附带民事诉讼方式进行的，追赃、追缴在刑事诉讼本身找不到程序依托，附带民事诉讼则需要与刑事案件一并审判。由于我国刑事诉讼中没有缺席审判程序，一旦犯罪嫌疑人或被告人逃匿、死亡，刑事程序就无法推进或者无法审判，因而有关涉案财产的处理也就没了程序路径。违法所得没收程序的设置，填补了我国刑事诉

讼程序中的一个空白，为及时从犯罪案件中挽回国家、集体、其他组织或公民个人的财产损失提供了一个法律通道。

3. 是展开刑事司法协助，进行犯罪资产追回的依据

各国为应对日益猖獗的跨国、跨境的严重刑事犯罪，普遍展开了国际、区际刑事司法协助。这种协助不仅涉及追逃、引渡等，还同时存在犯罪资产的追缴与追回协助。我国设置违法所得没收程序，也有助于与其他国家或地区展开犯罪资产追回方面的互助合作，更有效地打击跨国、跨境的严重刑事犯罪。

4. 是从经济上控制犯罪、打击犯罪的有效手段

没收违法所得及其他涉案财物，可以有效剥夺犯罪个人或者组织的再犯能力。遏制犯罪人通过犯罪获取非法利益的动机，让犯罪者无利可图，有助于在经济上实现对犯罪的控制和打击。

5. 是保护犯罪嫌疑人、被告人合法财产的程序保证

通过非法所得没收程序，公安司法机关可以依法甄别财产是否为非法所得或者其他不正当财产，只有在符合法定条件时才可以没收，否则将不能没收。这种程序设定，也有利于保护犯罪嫌疑人、被告人的合法财产不受侵犯，毕竟程序提供了一个法定的标准和执行的尺度。

第二节　违法所得没收程序适用的条件

一、适用于重大犯罪案件

1. 贪污贿赂犯罪案件

2. 恐怖活动犯罪案件

恐怖活动犯罪通常是有组织、有雄厚财力支持的犯罪，因此，适用违法所得没收程序收缴犯罪者的违法财产，就成为打击比类犯罪的有效手段之一。这类犯罪包括：组织、领导、参加恐怖组织罪，资助恐怖活动罪，劫持航空器犯罪，劫持船只、汽车罪，暴力危机及飞行安全罪等。

3. 其他重大犯罪案件

法律在贪污贿赂犯罪、恐怖活动犯罪后用“等重大犯罪案件”，一是表明将列举的两类犯罪视为重大犯罪，因为性质严重；二是说明这是不完全列举，除此之外的其他重大犯罪案件，也都可以适用违法所得没收程序。

这里指的“重大犯罪案件”，一般是根据刑事犯罪的性质、危害性、情节、社会影响而言的，但实际上也包括犯罪本身并不严重，但涉案财产金额巨大的案件。

二、被追诉人逃匿或者死亡

在被追诉人逃匿或者死亡的情况下，才能启动违法所得没收程序，因为此时正常的刑事追诉程序已经无法继续，需要单独启动没收程序以收缴违法所得等涉案财产。

1. 犯罪嫌疑人、被告人逃匿

在刑事诉讼过程中，如果犯罪嫌疑人、被告人逃匿，按照我国现有的程序设计，原有的追诉程序就得中止，但是，犯罪嫌疑人、被告人由于涉嫌犯罪而获取的违法所得以及用于实施犯罪的财物，则是存在的，而且相对独立。因而，公安司法机关可以依法对该部分财产先予追回、没收，以削弱犯罪人再犯的经济能力，也可以防止这些财产被转移、使用而给社会造成的损失。《刑事诉讼法》规定，对犯罪嫌疑人、被告人逃匿，在通缉一年后不能到案的，即可启动违法所得没收程序。

2. 犯罪嫌疑人、被告人死亡

在刑事诉讼过程中，犯罪嫌疑人、被告人如果死亡，刑事追诉一般就不再继续，因为失去了刑事责任的承担者和程序参与者，追究没有太多意义。但是，如果存在违法所得等需要处理的财物，就需要单独启动违法所得没收程序予以收缴。

三、有依法应当追缴的违法所得等涉案财产

没收的前提是有违法所得等涉案财产存在。即使是贪污贿赂犯罪、恐怖活动犯罪，如果案件中没有查到违法所得等涉案财产，就没有必要启动没收程序。这里有两个需要把握的要点：

（1）必须要有违法所得等涉案财产，而且这些财产已经被查获。没有涉案财产，或者虽然怀疑有违法所得或涉案资金但没有查获，则不能启动没收程序。必须在查获并控制这些财产的情况下，启动没收程序才有意义，申请才会被法院所接受。

（2）违法所得等涉案财产是依法应当被追缴的。按照《刑法》的规定，应当追缴违法所得或者其他涉案财产的犯罪，启动没收程序予以追缴即是有法律依据的，如果没有法律上的依据，一般是不能没收的。也就是说，违法所得等涉案财产的没收，应当严格依法进行。

四、人民检察院向人民法院提出了没收违法所得的申请

这是适用违法所得没收程序所必需的程序要件。人民检察院提出申请，才

可以启动该程序，人民法院是不可以自行启动审理程序的。公安机关在侦查中认为有需要追缴违法所得情形的，应当写出没收违法所得意见书，移送人民检察院，由人民检察院决定提起申请。人民检察院在没收违法所得的申请中，应当提供与犯罪事实、违法所得相关的证据材料，并列明财产的种类、数量、所在地及查封、扣押、冻结的情况。

第三节　违法所得没收案件的审理

一、审判管辖

《刑事诉讼法》第 299 条第一款规定："没收违法所得的申请，由犯罪地或者犯罪嫌疑人、被告人居住地的中级人民法院组成合议庭进行审理。"该款规定了违法所得没收案件的地区管辖和级别管辖。

二、公告

人民法院受理没收违法所得的申请后，应当先发出公告。因为没收程序针对的是不在案的犯罪嫌疑人、被告人的财产，如果犯罪嫌疑人、被告人在案，就不能适用没收程序，如果财产不是违法所得或其他涉案资金等，也不能通过没收程序予以没收。因此，公告就是没收程序必不可少的步骤，是程序正当性的关键。

公告的作用在于：

（1）公开告知人民法院已经受理了没收违法所得的申请，没收程序已经启动。

（2）告知犯罪嫌疑人、被告人的近亲属和其他利害关系人所享有的权利。犯罪嫌疑人、被告人的近亲属和其他利害关系人有权申请参加诉讼，也可以委托诉讼代理人参加诉讼。

公告期间为六个月。人民法院在公告期满后对没收违法所得的申请进行审理。利害关系人参加诉讼的，人民法院应当开庭审理。

三、查封、扣押、冻结财产

对于违法所得或者其他涉案财产，公安、检察机关可以在侦查、审查起诉阶段采取强制性措施加以控制。人民法院在必要的时候，也可以查封、扣押、冻结申请没收的财产，以防范这些财产遭到破坏或者被人私自转移。

四、利害关系人参与审理

在犯罪嫌疑人、被告人逃匿或者死亡的情况下，要确定与其相关的财产的法律归属，就应当有其近亲属或其他利害关系人的共同参与。这既是公正程序的要求，也关乎其近亲属和其他利害关系人的民事权益。因此，法律规定，犯罪嫌疑人、被告人的近亲属和其他利害关系人有权申请参加诉讼，也可以委托诉讼代理人参加诉讼。利害关系人参加诉讼的，人民法院应当开庭审理。

五、法庭审理

1. 审理主体

违法所得没收案件的审理，由中级人民法院组成合议庭进行。也就是说，此类案件的审理不适用独任制审判，必须实行合议制。

2. 审理方式

违法所得没收案件的审理方式有两种：一种是开庭审理。如果犯罪嫌疑人、被告人的近亲属或利害关系人参加诉讼的，人民法院应当开庭审理；另一种是不开庭审理。如果经过公告，没有利害关系人申请参加审理，人民法院就可以根据人民检察院提出的没收违法所得的申请，进行不开庭审理并作出处理结论。

3. 审理结果

（1）对于属于被害人的财产，依法裁定返还被害人。

（2）对经查证属于应当追缴的违法所得及其他涉案财产，应当裁定予以没收，上缴国库。

（3）对不属于应当追缴的财产的，应当裁定驳回申请，解除查封、扣押、冻结措施。

（4）在审理过程中，在逃的犯罪嫌疑人、被告人自动投案或者被抓获的，人民法院应当决定终止没收程序的审理。

4. 司法救济

对于人民法院作出的上述裁定，犯罪嫌疑人、被告人的近亲属和其他利害关系人可以提出上诉，人民检察院可以提出抗诉。法律没有专门规定上诉期限和程序，因而应当适用于刑事诉讼法规定的一般上诉期限和程序。对裁定的上诉期为五天，从接到裁定书的第二天起开始计算。上诉、抗诉引起第二审人民法院对案件的重新审理的，二审的裁定是终审的裁定，一经送达就立即生效。

如果事后查明没收犯罪嫌疑人、被告人的财产是错误的，则应当予以返还，在不能返还的情况下，应当根据所造成的损失予以赔偿。

第二十五章　精神病人强制医疗程序

第一节　强制医疗程序的概念和意义

一、概念

精神病人强制医疗程序，其全称是依法不负刑事责任的精神病人的强制医疗程序。该程序是指公安司法机关对不具有刑事责任能力但有社会危险性的精神病人，依法强行隔离，送入专门医院进行强制治疗的特别诉讼程序。

精神病人强制医疗程序，从性质上讲是一种基于社会防卫的保安处分程序，不同于一般的刑事诉讼程序，因而被列入我国的特别程序中。在德国刑事诉讼法典中有“特别种类程序”，其中就包括“保安处分程序”。俄罗斯刑事诉讼法典中也有“适用医疗性强制方法的诉讼程序”。

二、意义

1. 是维护公共安全和社会安宁的迫切需要

严重的精神病患者，由于失去辨别能力和控制能力，往往会给公共安全、他人的生命健康财产造成严重威胁或损害。但依照法律，这些人又不具有刑事责任能力，不能依照《刑法》对他们实施惩治与教育。因此，为了维护公共安全、社会安宁和民众的生命健康财产等不受精神病患者的威胁，依法对他们实施强制医疗，是非常有必要且迫切的。

2. 是保护健康公民不受非法强制的有效手段

精神病人强制医疗程序的设置，对于防范健康公民“被精神病”而受到非法的强制医疗，具有明显的过滤性审查功能，是保护健康公民不受非法强制的有效手段。

3. 是保护精神病人合法权益的必要措施

精神病患者在不能辨别是非、不能控制行为的情况下实施的危害行为，极有可能给自己带来反击性的伤害，如他人基于紧急避险或者正当防卫所给予的打击，警察的抓捕，或者他人报复性的杀伤等。强制医疗程序的设置，也是发挥公权力积极干预的力量，以期给予确有必要治疗的病患者提供强制医疗的条件，保护他们的合法权益。

第二节　强制医疗程序适用的对象

我国《刑事诉讼法》第302条规定："实施暴力行为，危害公共安全或者严重危害公民人身安全，经法定程序鉴定依法不负刑事责任的精神病人，有继续危害社会可能的，可以予以强制医疗。"该条对于强制医疗程序适用的对象，限定为精神病人，并且作了三个方面的条件限定。

一、精神病人有暴力危害行为

我国强制医疗程序适用的首要条件，是精神病人实施了暴力危害行为。这里需要重点把握三个要点：

（1）必须是精神病人实施了暴力危害行为，才可进行强制医疗。

（2）暴力危害行为必须是精神病人实施的，对实施暴力危害行为的非精神病人，则不能实施强制医疗。

（3）暴力危害行为，是指法律规定的"实施暴力行为，危害公共安全或者严重危害公民人身安全"。从法条语义和实践情形来理解，这里的暴力危害行为，在严重程度上应当等同于犯罪行为，在现实性上应当是已经实施了的，或者正在实施，或者具有随时发生的现实危险性。如果不具有这些行为特征，则不能作为可施行强制医疗的行为前提。

二、经法定程序鉴定依法不负刑事责任

1. 经过法定程序鉴定

也就是依照刑事诉讼法关于司法鉴定的程序，进行司法精神病鉴定。

2. 行为人不具有刑事责任能力，依法不负刑事责任

经过鉴定，行为人属于完全没有辨别、控制能力的精神病人，依照我国《刑法》，不应负刑事责任。在此情况下，才有必要考虑强制医疗这样的控制措施。

三、有继续危害社会可能

行为人具有继续危害社会的可能性，是采取强制医疗措施的第三个必备要件。强制医疗本身既有治疗功能，还有进行社会防卫的管控功能。对于有过暴

力危害行为、经鉴定属于不负刑事责任的精神病人，只有在其具有继续危害社会的可能性时，才可以对其实施强制医疗。反过来说，如果行为人的病状减轻或者被治愈，已经没有社会危害性了，就不能对其实行强制医疗。

第三节　强制医疗案件的审理

一、强制医疗的适用申请

从提出强制医疗适用申请开始，强制医疗程序即被正式启动。

强制医疗的适用申请，由人民检察院向人民法院提出。对于公安机关移送的或者在审查起诉过程中发现的精神病人符合强制医疗条件的，人民检察院应当向人民法院提出强制医疗的申请。公安机关在侦查中，发现精神病人符合强制医疗条件的，应当写出强制医疗意见书，移送人民检察院。

对实施暴力行为的精神病人，在人民法院决定强制医疗前，公安机关可以采取临时的保护性约束措施。

二、强制医疗的决定权

《刑事诉讼法》第 303 条明确规定，对精神病人强制医疗的，由人民法院决定。由于强制医疗直接关乎公共安全和公民的人身自由权利，为了保障程序公正、公开和处理结果的正确性，法律将强制医疗的决定权赋予人民法院，由人民法院按照司法程序进行法庭审理，在充分听取利害双方的意见后作出处理决定。

三、对强制医疗案件的审理

1. 审判组织

人民法院受理强制医疗的申请后，应当组成合议庭进行审理。

2. 审理方式为被申请方参与的对审

人民法院审理强制医疗案件，应当通知被申请人或者被告人的法定代理人到场。被申请人或者被告人没有委托诉讼代理人的，人民法院应当通知法律援助机构指派律师为其提供法律援助。

3. 审理期限

人民法院经审理，对于被申请人或者被告人符合强制医疗条件的，应当在一个月以内作出强制医疗的决定。

第四节　强制医疗决定的救济

一、申请复议

人民法院作出强制医疗决定后，如果有关人员对决定不服，可以向上一级人民法院申请复议。有权申请复议的人员包括：

（1）被决定强制医疗的人及其法定代理人、近亲属。

（2）被害人及其法定代理人、近亲属。被害人及其法定代理人、近亲属如果认为强制医疗决定有错误，也有权申请上一级人民法院复议。

由于人民法院对强制医疗申请审理后作出的是司法决定，而不是判决或者裁定，所以，当事人不可以提起上诉，只能依法申请复议。

二、定期复查

《刑事诉讼法》第306条规定："强制医疗机构应当定期对被强制医疗的人进行诊断评估。对于已不具有人身危险性，不需要继续强制医疗的，应当及时提出解除意见，报决定强制医疗的人民法院批准。"

定期复查是强制医疗机构的一项法定义务。在发现不需要继续强制医疗时，应当及时提出解除意见，报原决定的人民法院批准。

三、申请解除权

被强制医疗的人及其近亲属有权申请解除强制医疗。如果被强制医疗人本人或者其近亲属，认为不应当继续进行强制医疗的，有权申请解除强制医疗。

四、人民检察院的法律监督

人民检察院对强制医疗的决定和执行实行监督。人民检察院如发现强制医疗有错误，或者发现不应当继续实施强制医疗的，应当及时向有关单位提出纠正意见或者检察建议，有关单位应当及时回复，尽快处理。被强制医疗的人及其近亲属也可以向人民检察院提出申诉，请求人民检察院对强制医疗予以法律监督。